Wolfgang von Stetten

Wolfskinder – Glücksmomente

LEITZ
WOLFS-
KINDER
T-Z
G
WOLFS-
KINDER
K-
WOLFS-
KINDER
A-B
KORRES.
Balten
Wolfskinder
ELBA
LEITZ
RADO
Balten
Wolfskinder
WOLFS-
KINDER
C-F
XXX
WOLFS-
KINDER
XXX
H-J
1991

WOLFGANG VON STETTEN

Wolfskinder – Glücksmomente

30 Jahre litauisch-deutsche Begegnungen

molino

Stetten, Wolfgang von (Autor)
Wolfskinder – Glücksmomente
30 Jahre litauisch-deutsche Begegnungen
ISBN 978-3-948696-10-8

Satz und Gestaltung: wunderlichundweigand, Schwäbisch Hall
Lektorat: Kathleen Uttrodt, Schwäbisch Hall
Druck und Bindung: Friedrich Pustet, Regensburg

Inhalt

Geleitworte 11

Rita Süssmuth 11

Vytautas Landsbergis 13

Erwin Teufel 15

Wie es zu diesem Buch kam 17

1

Mein Name ist Maryte: Was nach dem Krieg in Ostpreußen passierte 21

2

Walter und Herta – wie Hänsel und Gretel: Warum ich dieses Buch schrieb 27

3

Die einsame Blume Edelweiß: Wer die Wolfskinder sind 35

Wolfskinder – Wie es zu dem Namen kam 36

Typen der Wolfskinder 40

Der Verein Edelweiß-Wolfskinder 42

4

Von der Wissbegier: Wieso ich mich für Litauen interessiere 45

5

Der abenteuerliche Besuch: Was ich auf meiner ersten Reise nach Litauen erlebte 51

Reisepläne 51

Eine kurze Geschichte Litauens 54

Schwierige Vorbereitungen 63

Vom Touristen zum Staatsgast 66

6

Vom Einfallsreichtum: Warum man als Politiker erfinderisch sein muss 77

Beinahe ein Eklat 77

Pragmatische Lösungen 81

Die letzten Toten auf dem Weg zur Freiheit 82

Die Kunst der Improvisation 93

Der Held wird abgewählt 103

7

Eine kämpferische Frau: Wie ich zu den Wolfskindern fand 109

Jurate Aleksandraviciene – Angelika von Sacksen – Angelika Pasenau 109

Die Haltung von Frau Kibelka 112
Wie es mit Frau von Sacksen weiterging 117
Wer war Olaf Pasenau? 123

8
Wiedersehen: Warum Freude und Tränen so nah beieinander liegen 127
Ein Loch im Zaun 129

9
Antanas Račas: Mein unermüdlicher Motor 143
Im Gefängnis 148
Teil der Bewegung: Sajūdis 149
Für starke Beziehungen zu Deutschland 150
Einsatz für die deutsche Sprache 160
Die Kirche 160
Der dynamische Dirigent 165

10
Im Dickicht der Staatsbürgerschaft: Wie ich gegen Betonjuristen kämpfte 169
Juristisches Gezerre 171
Noch mehr Hürden 173
Verwirrungen, Verzögerungen, Irritationen 181
Für tot Erklärte leben länger 184
Erfreuliches 191

11

Spenden über die Stauder Stiftung: Wie ich über meinen Schatten springen musste 193

Hedwig Stauder 193

Wie alles begann 197

Sachspenden? Nein, danke! 220

Aus 100 Litas im Monat wurden 150 Euro 226

Mit fremden Federn schmücken? 233

Die missverstandene Spende 237

Klara Kraft-Kierspel 238

Honorarkonsul von Litauen 240

12

Das Wolfskinderkreuz: Warum es einen Ort zum Trauern braucht 245

13

Bücher, Ausstellungen und Filme: Wie das Schicksal der Wolfskinder öffentlich wurde 257

Sonya Winterberg und Claudia Heinermann – Wie ein Meisterwerk entstand 257

Zurück ins Verderben! 260

Christopher Spatz: Wissenschaft und ihre Wirkung 261

Alvydas Šlepikas: Schreiben rettet die Würde 263

Ausgestellte Schicksale 265

»Wolfskinder – Verlassen zwischen Ostpreußen und Litauen« 269
»Wolfskinder: Auf dem Brotweg von Ostpreußen nach Litauen 1945–1948« 274
Rick Ostermann: Ein wahrer Film 276

14
Wie ein Traum in Erfüllung ging: Besuche und Reisen 281
Zu Besuch in Deutschland 281
Beim Bundespräsidenten 289
Gegenbesuche in Litauen 297
Heimat Königsberg 301

15
Wo ist Heimat?: Was gebrochenes Deutsch über Brüche im Leben verrät 305

Zum Schluss: Wolfskinder – Wanderer zwischen drei Welten 313

Der Autor 314

Anhang 319
Liste der Spender 319
Die besonders großzügigen Spender der letzten Jahre 320
Erste Spendenaktion der Confrérie de la Chaîne des Rôtisseurs 1993 324
Die Spender der Jahre 2018–2021 326

Liste der Begünstigten 328

Gründerliste des Vereins Edelweiß 334

Mitglieder des Deutsch-Baltischen-Freundeskreises und der Deutsch-Baltischen-Parlamentariergruppe 341

Zusammenfassung des Besuchs Vilnius 6. bis 8. März 1991 346

Freiheitsurkunde Litauens 347

Aus der Isolierung geholt 348

Geleitwort zu »100 Jahre Deutsch-Litauische Beziehungen« 350

Epilog zum Buch »Wolfskinder« von Claudia Heinemann 353

Nachwort zu »Mein Name ist Marytė« – Die Stauder Stiftung 355

Personenverzeichnis 357

Geleitworte

Wie kein zweiter Politiker*

Sie sind die Kinder des Zweiten Weltkriegs, die Kinder der Flucht und Vertreibung – und Kinder Ostpreußens. Niemand hatte sie vorbereitet auf den gewaltvollen Verlust der Mutter und der Angehörigen, den Hunger, die Kälte und schließlich das jahrzehntelange Verlassensein; auf die Traumata ihrer Kindheit, die sie ein Leben begleiten würden und die sich bis in die Gegenwart auswirken.

Als sich Litauen auf einem Parteitag Ende 1989 von der sowjetischen Führung in Moskau lossagte, stieß das Land auf das deutliche Nein Gorbatschows zur Unabhängigkeit der baltischen Staaten. Deutschland wollte auf keinen Fall einen Konflikt mit Gorbatschow wegen der Unabhängigkeitsforderungen im Baltikum. Das hätte das Ziel der deutschen Einheit gefährden können. Wenn ich auch die Zurückhaltung Kohls und Genschers nachvollziehen konnte, suchten wir damals nach Wegen, wie wir die Litauer politisch und praktisch unterstützen konnten.

Es wurde damals auch nicht gesehen, dass das Einsetzen für die Belange Litauens eng mit dem Schicksal einer dort lebenden Minderheit – [den später sogenannten »Wolfs-

* Dieses Vorwort entstand ursprünglich zum Buch von Sonya Winterberg »Wir sind die Wolfskinder«. Was Bundestagspräsidentin a. D. Frau Prof. Dr. Rita Süssmuth damals schrieb, ist noch heute aktuell und wird deswegen in Auszügen auch diesem Buch vorangestellt.

kindern«] – zu tun hatte, die, anders als etwa die Russlanddeutschen, über keine Lobby verfügte und deren Herkunft vonseiten der Bürokratie aufgrund fehlender Dokumente in Zweifel gezogen wurde.

In außenpolitischen Belangen haben Kanzleramt und Außenministerium größeres Gewicht als der Bundestag. Mit den uns zur Verfügung stehenden Mitteln wurden die Parlamentarier aber dennoch sehr früh aktiv. Der Deutsch-Baltische-Freundeskreis war es in erster Linie, der wichtige Hilfe im Bestreben nach Unabhängigkeit Litauens leistete. Damals gehörten ihm rund 100 Parlamentarier aller Fraktionen (außer PDS) an. Gegründet wurde er im Frühjahr 1991 durch Wolfgang Freiherr von Stetten, der zudem den Vorsitz übernahm.

Wie kein zweiter Politiker engagierte sich fortan Wolfgang von Stetten für die neuen deutsch-baltischen Beziehungen. Sein Büro im Langen Eugen in Bonn wurde kurzerhand zum Deutsch-Baltischen Informationsbüro, eine Art Übergangsbotschaft, und seine persönlichen Beziehungen zu den führenden Parlamentariern der Region bereiteten den Boden für die vertrauensvolle Zusammenarbeit, die nicht zuletzt 2004 in den Beitritt der baltischen Staaten zur Europäischen Union und zur NATO mündete. Damit war das kollektive Trauma, die Angst vor einem erneuten Übergriff Moskaus, beendet.

In diesem Kontext muss das außerordentliche Engagement Wolfgang von Stettens für Litauen, aber auch für die deutsche Minderheit gewürdigt werden. Im Jahr 1992 kam er erstmals in Kontakt mit dem Verein »Edelweiß«, in dem sich viele Betroffene kurz zuvor zusammengeschlossen hatten.

Ihre Sache machte er sich in den folgenden Jahren zu eigen. Ob es um Familienzusammenführungen, den komplizierten Staatsbürgerschaftsnachweis, Wiedereinbürgerungsverfahren oder schlicht humanitäre Hilfe ging, von Stetten wurde für viele Betroffene zum Vater, den sie nie hatten. Unermüdlich stand er ihnen zur Seite, wenn sich die Bürokratie der Ämter und Behörden unerbittlich zeigte, und unermüdlich sammelt er bis heute Spenden, um, wie er selbst sagt, »ein wenig Not zu lindern«. Eine Not, die das Leben ohne elementarste Schulbildung und unterhalb des Existenzminimums in Litauen trotz EU-Mitgliedschaft mit sich bringt.

Rita Süssmuth

30 Jahre gemeinsame Geschichte

Es gibt wenige deutsche Politiker, die sich in den letzten Jahrzehnten so um die deutsch-litauische Beziehung verdient gemacht haben, wie Wolfgang von Stetten. Er hat Litauen schon zur Zeit des Kalten Kriegs nicht nur als Teil des »Ostens« oder des Baltikums gesehen, sondern als eigenständigen und bedeutsamen Nachbarn in Europa! Seit über dreißig Jahren setzt er sich dafür ein, dass die deutsch-litauische Vergangenheit aufgearbeitet und anerkannt wird, damit sie uns zur Richtschnur für eine gemeinsame Zukunft werden kann.

Seine Arbeit als Diplomat und Honorarkonsul fiel in die entscheidenden Jahre der jüngsten Geschichte Litauens.

Gleichzeitig hat er unserer Nation eine Stimme in der Bundesrepublik Deutschland gegeben und sich früh und mit aller Kraft für die Aufnahme Litauens in die Europäische Gemeinschaft und insbesondere der NATO eingesetzt. Es waren vor allem die sogenannten Wolfskinder – deutsche Kinder, die in Litauen eine neue Heimat gefunden haben –, um die sich Wolfgang von Stetten gekümmert hat und die von seiner Stiftung bis heute eine Rente bekommen. Hier geht es um eine vergleichsweise kleine Gruppe von Menschen. Aber an ihrem Schicksal, das uns alle berührt, spiegelt sich ein Stück Weltgeschichte!

Für mich persönlich ist es eine große Freude, dass er seine Arbeit und sein Engagement in diesem Buch dokumentiert. Es eröffnet einen neuen Blick auf unsere gemeinsame Geschichte, weil es den Schwerpunkt nicht auf die Schrecken der Nachkriegszeit legt, sondern auf alle positiven Entwicklungen. An ihnen hat Wolfgang von Stetten selbst großen Anteil. Übrigens kommt sein Buch zur richtigen Zeit und macht uns Mut für die unmittelbare Zukunft: Selbst in den schwierigsten Momenten kann man großes Glück erfahren!

Vytautas Landsbergis

Mensch sein heißt Mitmensch sein

Unter den vielen Menschen, die ich im Laufe meines Lebens und meiner politischen Tätigkeit landesweit, europaweit und teilweise weltweit kennenlernen durfte, schätze ich Wolfgang von Stetten ganz besonders. Ich schätze seine Bildung, seinen Einsatz für Mitmenschen in seiner Heimat und weit darüber hinaus. Ich schätze sein mitmenschliches Verhalten und seine Nächstenliebe. Er hat auch ein vorbildliches Gefühl für Menschen in Not.

Alle paar Jahre greift er ein neues Thema auf. Schon lange, fast 30 Jahre, hilft er den »Wolfskindern«, vielen vergessenen Kindern, die ihre Eltern in Kriegszeiten und Nachkriegszeiten durch Vertreibung und Flucht verloren haben.

Es sind Kinder Ostpreußens und darüber hinaus.

Durch dieses Buch sollen die Erinnerungen an sie Menschen Augen öffnen für die notleidenden Menschen in der Nachkriegszeit und in aller Welt. Sie sind Teil unserer Verantwortung. Wir sollen helfen, so gut wir es können.

Erwin Teufel

Dieses Buch widme ich dem

LITAUISCHEM VOLK,

dessen Bewohner in der Nachkriegszeit zehntausend Deutsche, insbesondere Kinder, von den Litauern »Kleine Deutsche – vokietukai« genannt, später »vilko vaiko – Wolfskinder«, vor dem Verhungern gerettet haben.

Schloß Stetten, Juli 2021

Wolfgang von Stetten

Wie es zu diesem Buch kam

Als ich im März 1991 das erste Mal nach Litauen fuhr, war es einfach Interesse an einem der drei baltischen Staaten.

Wenn mich Antanas Račas, der mich am Flughafen empfing, nicht sozusagen in Beschlag genommen hätte – er sagte immer, der liebe Gott habe ihm im Traum gesagt, da käme jemand aus Deutschland, der die deutsch-litauischen Beziehungen fördern könnte –, wäre es wohl ein normaler, interessanter Besuch ohne größere Folgen geblieben. So wurde er auf Staatsebene »hochgehoben« – mit 30-jährigen Folgen. Ich bin dankbar dafür, denn das Projekt hat mein ganzes politisches Leben durchzogen. So konnte ich als Einzelner andere dafür begeistern, mitzuhelfen, die deutsch-litauischen Beziehungen aufzubauen und zu festigen. Viele Hunderte konnte ich überzeugen, dass Hilfen für spezielle Gruppen notwendig waren, so für die Opfer des 13. Januar und von Medininkai, für die Holocaust-Überlebenden und die Wolfskinder.

Allein die Wolfskinder-Angelegenheiten füllen 30 volle Ordner. Dieses umfangreiche Archiv, das sich in fast drei Jahrzehnten angesammelt hat, ist Grundlage meines Buches. Ein Unwetter im Mai 2016 löste nicht nur die Sturzflut aus, welche den Ort Braunsbach zerstörte – es ließ auch den Archivkeller in meiner Jagdhütte im wahrsten Sinne des Wortes »absaufen«. Mehrere Monate dauerte es, bis alle 200 Ordner abgetrocknet und zu 90 % wieder brauchbar waren.

Aus allen Unterlagen über die Wolfskinder habe ich die wesentlichen Vorgänge herausgenommen und sie nach Jahreszahlen geordnet.

Darüber hinaus las ich zahlreiche Bücher von Wolfskindern und über Wolfskinder und habe daraus Anregungen übernommen. Sehr viele Bücher handeln von Einzelschicksalen von 1945 bis Anfang der Fünfzigerjahre, zum Teil bis Ende der Achtzigerjahre.

Aus dem Rohmanuskript entstand dann mit Unterstützung der Lektorin Kathleen Uttrodt, des Gestalters Stefan Weigand und nach Korrektur durch den Verleger Matthias Slunitschek dieses in Ihrer Hand befindliche Buch. Dafür wurden auch Tausende Bilder gesichtet. Viele Bilder stammen von Kurt Gesper, der bei uns »Haus- und Hoffotograf« heißt, weil er seit Jahrzehnten Festspiele, Feiern, Veranstaltungen, Empfänge usw. fotografiert und begleitet.

Auszug aus den vielen Akten zu den Wolfskindern aus drei Jahrzehnten

Die grundlegende Literatur zum Thema Wolfskinder

Arbeitsordner nach dem fatalen Hochwasser

Haus- und Hoffotograf Kurt Gesper
und Frau Luise

1

Mein Name ist Maryte:
Was nach dem Krieg in Ostpreußen passierte

Sie sagt:
All das steigt aus der Vergangenheit auf wie aus dem Dunst. Menschen und Ereignisse, in vom Wind vor sich hergetriebenem Schnee oder in geräuschlos dahinschwebenden Nebel gehüllt. Alles in weite Ferne gerückt, nicht aber vergessen. Einige Details sind deutlich sichtbar, andere schon verloren, gerade wie auf einem langsam vergilbenden Foto. Zeit und Vergessen haben alles mit Schnee und Sand, Blut und trübem Wasser überdeckt.
Die Menschen scheinen aus dem Nebel, aus dem Frost, aus dem wolkigen Winter aufzutauchen, nehmen eine schwarze Farbe an, werfen einen Schatten auf die vom Krieg zertrampelte, blutgetränkte Erde und entschwinden. Sie treten nur für eine Episode, für einen kurzen Erinnerungsblitz oder für einige nicht immer chronologisch angeordnete Punkte aus der gestrichelten Linie der Geschichte hervor:
Da ist die Aufschrift auf dem Plakat, die einen gleich hinter der Memel anbrüllt: »Wojn Krasnoj Armii! Pered toboj logowo faschistskogo swerja« (»Soldat der Roten Armee! Vor dir liegt der Bau des faschistischen Tieres«); da sind die russischen Soldaten, beladen mit ihrer Beute:

Wanduhren, Vorhänge, Silberteller;
da ist der an die Wand genagelte Frauenkörper ohne Kopf;
da ist die Meute halb verhungerter Menschen, die den krepierten Gaul des Wasserbringers in Stücke reißen;
da ist die Mutter mit ihren Kindern, die geradewegs in den grollenden Eingang der Memel watet und in die Strömung eintaucht, ausdruckslos, gedankenlos, als wäre sich zu ertränken einfach und alltäglich;
da sind die Leichen, die von den Flüssen weggetragen werden – dunkel und aufgedunsen – ohne Vor- und Nachnamen;
da sind die zerwühlten Gräber;
da sind die Ruinen der gesprengten Kirchen;
da sind die Broschüren für die sowjetischen Soldaten, die sie auf Russisch auffordern: »Tötet alle Deutschen und auch deren Kinder. Es gibt keine unschuldigen Deutschen. Nimm ihr Eigentum. Nimm ihre Frauen. Das ist dein Recht, das ist deine Beute«;
da sind die Frauen, die ihre Kinder gegen Kartoffeln, Mehl, Essen eintauschen, an litauische Bauern verkaufen, damit ihre anderen Kinder überleben;
da sind die Soldaten, betrunken und grölend, zum Vergnügen schießen sie Vögel und darauf auch Menschen ab – genauso frohgemut und sinnlos, ohne auch nur einen Augenblick nachzudenken, – der Krieg hat sie gebrannt wie der Hochofen den Ton;
da sind die Frauen, die Laufgräben zuschütten und vor Hunger und Ermattung sterben;
da sind die Kinder, die die vom Krieg hinterlassenen Geschosse zum Explodieren bringen;

da sind die Wölfe, gewohnt, Menschenfleisch
zu verzehren;
da ist der Hund mit der schwarz angelaufenen
Menschenhand zwischen den Zähnen;
da sind die hungrigen Augen, da ist Hunger, Hunger und
noch einmal Hunger;
da sind die Leichen – Tod und Leichen;
da sind die Neusiedler, Kolonisten, die alles noch Übrige
zerstören: Kirchen, Burgen, Friedhöfe, Drainage-Systeme,
Weidegatter;
da sind die leeren und öden Felder, auf denen sich selbst
der Wind verirrt, da er keinen bekannten Pfad durch
Ruinen und Ödnis mehr findet;
das ist Nachkriegspreußen, zertreten, vergewaltigt,
erschossen.

Alvydas Šlepikas, Mein Name ist Maryte

Dies sind die ersten beiden Seiten aus dem Buch *Mein Name ist Maryte* von Alvydas Šlepikas. Es beruht auf Erzählungen Überlebender. Sehr einfühlsam, aber auch klar werden die Nachkriegsereignisse in Königsberg und später Litauen geschildert.

Aber es gab Ausnahmen. Frau Ruth Nauck, geborene Hofmann, schildert im Jahre 2020 folgende Situation: »Es ist am 24. Januar 1945, als die Front der russischen Soldaten unser Heimatdorf Sorgenort einnahm. Eine Frau, die russisch sprach, empfing die Soldaten an der Brücke. Wir Dorfbewohner hofften, dass man mit uns etwas nachsichtiger umgehen würde. Wir hofften vergeblich. Es wurde geplündert, geraubt, geschossen, zwangsentführt nach Sibirien. Die Vorräte waren nach Monaten verbraucht und gestohlen. Zu kaufen gab es nichts. Wir wussten nicht, was uns die Zukunft bringt. Wir waren verzweifelt. Eines Tages sprach die Nachbarin, Tante Ina, mit mir, dass wir etwas machen wollen. Sie sagte zu mir: ›Ihr und wir, 7 Personen, legen uns abends ins Bett, schließen die Klappe vom Ofen und werden morgen nicht mehr wach.‹ Aus tiefstem Herzen seufzte ich und sagte in meinem Inneren: Ich möchte noch nicht sterben! Der Abend war da. Wir versammelten uns im Nachbarhaus. Eine Uhr besaßen wir nicht mehr. Es kann 18.30 Uhr gewesen sein. Ich sitze im Vorraum der Küche auf einer Bank. Es kommt jemand herein und setzt sich mir gegenüber auf einen Stuhl. Es ist ein russischer Soldat, sehr gepflegt, in einer Uniform mit etlichen Orden und Ehrenzeichen. Er spricht nicht, ich auch nicht. So sitzen wir Stunde um Stunde, ohne ein Wort zu sprechen. Wir tauschen nur unsere Blicke. Es wird dunkel und geht auf Mitternacht zu. Alles ist still und stumm. Ich beschließe für mich, nach Hause zu gehen. Am nächsten Morgen sehen wir uns, die beiden Familien, wie immer. Der Soldat war gegangen, er wurde nicht mehr gesehen. Von diesem Abend sprach niemand mehr.«

Der sowjetische Soldat, vermutlich ein Offizier, hatte wohl die Absicht, diese Familien vor Plünderungen und Vergewaltigungen zu schützen. Er hat, ohne es zu wissen, die kollektive Selbsttötung verhindert, weil er diesen Familien die Kraft gab, an das Gute zu glauben. Der Ort Sorgenort kam mit der Teilung Ostpreußens in polnische Hoheit. Auch hier hungerten sie und wurden geschlagen. Der Großvater beging Selbsttötung. Die Polen vertrieben alle Deutschen. Mit einem Viehwaggon kamen sie im August 1946 nach Gummersbach bei Köln.

Die Rettung der Wolfskinder durch litauische Familien ist auch eine Geschichte der Menschlichkeit. Diese soll hier erzählt werden.

Im vorliegenden Buch kommt eines der Wolfskinder regelmäßig selbst zu Wort: Ingrid Knispel (Ingrid Ramoškienė). Im Dezember 2020 habe ich ein langes Telefongespräch mit ihr geführt. Zitate aus dem Gespräch durchziehen dieses Buch und geben ihr – stellvertretend für alle anderen Wolfskinder – eine Stimme. Die Besonderheit ihrer Ausdrucksweise, ihr nicht perfektes Deutsch, erinnert beim Lesen an die Brüche in ihrem Leben.

2
Walter und Herta – wie Hänsel und Gretel:
Warum ich dieses Buch schrieb

Königsberg. Der Krieg ist vorbei – das Grauen nicht. Es herrschen Hunger, Not und Verzweiflung.

»Der dreizehnjährige Walter und seine elfjährige Schwester Herta sind plötzlich ganz allein: Der Vater ist an der Ostfront gefallen, die Mutter wurde von einmarschierenden Russen vergewaltigt und getötet. Walter und Herta fliehen zu ihrer Großmutter aufs Land. Doch auch die Großmutter stirbt – an Hunger, Kälte und Erschöpfung.

Eine Nachbarin rät den beiden: ›Kinderchen, wenn ihr am Leben bleiben wollt, müsst ihr nach Litauen rüber. Die Litauer mögen uns Deutsche nicht so recht, aber es sind herzensgute und gläubige Menschen, die euch nicht verhungern lassen. Walter, du bist schon ein großer Junge. Nimm dein Schwesterchen bei der Hand und verschwindet von hier. Geht rüber nach Litauen!‹« (Richard L. Neu: Edeltraut – Ramute. Wie ein »Wolfskind« in Litauen, S. 45)

Zu Fuß oder auf Eisenbahnzügen strömen zehn- bis fünfzehntausend hungernde und frierende Kinder nach Litauen. Viele hundert sterben – durch Herunterfallen vom Zug, durch Erfrieren, Hunger oder Krankheit.

Ich bin gekommen nach Litauen
wir sind mit Zug gekommen
aber mit Zug war schrecklich

muss man abwarten,
wenn Zug schon Anfahrt macht
dann ich springe
ich hab so Angst
ich weiß nicht, wo wir sind ausgestiegen
da waren gegangen wie alle Wolfskinder auch
und haben gebettelt
Wo Essen gekriegt
immer manchmal Essen gekriegt
manchmal war Hund da
und … Hetze macht Hund.
Nicht alle waren gute Menschen.
Eine war: »Oh schade!«
Die Kinder die Milch hat gegeben und Brotstück.
Andere sagt: »Rausgehen Faschisten!«
Das waren solche gute und schlechte.
Ingrid

Aber vielen Tausend wird geholfen. Mit ihren kleinen Geschwistern an der Hand, betteln sie sich von Hof zu Hof, von Haus zu Haus.

Es gibt inzwischen viele Bücher von Betroffenen, welche die dramatische Situation und die grausamen Erlebnisse der später so genannten Wolfskinder schildern. Bei all den schrecklichen Ereignissen, die in den Büchern geschildert werden, kommen oft die guten Seiten und Zeiten zu kurz – die Glücksmomente.

Glücksmomente? Ja, es gab sie, zwischen all dem Leid und Elend. Auf sie ist der Fokus in diesem Buch gerichtet. Es gab die Gesten von Mitmenschlichkeit und Hilfe, es gab die litauischen Familien, die nicht nur ihr Brot teilten, sondern auch kleine Deutsche bei sich aufnahmen. Oft muss ich bei diesen Schilderungen an das Märchen von Hänsel und Gretel denken: Als die Hungersnot zu groß wird, werden sie in den Wald geschickt.

Otto Golz erlebte sie als Elfjähriger: »Und da gab es kein Essen, hatten Hunger. Die Mutter sagte, dass ich selbst Brot verdienen muss. So ging sie mit den Brüdern von einem Bauern zu dem anderen. Ich ging auch von einem zum anderen und bat um Brot. So verirrten wir uns und ich konnte meine Mutter nicht finden.«

Hier die Lebensgeschichte von Hans Gladstein: »Wir hungerten sehr, sehr. Mama kochte Nesseln ohne nichts. Letzten Endes hat uns Mama viel Mal geküsst und mich mit meinem jüngeren Bruder Alfred nach Litauen geschickt. Sie selbst blieb mit Oma, die keine Kraft mehr hatte. Von Mama und Oma habe ich nichts mehr gehört. So im Jahr 1946 ging ich nach Litauen mit mehreren Kindern. Wir alle waren hungrig, schwach und schmutzig. Wie wilde Tiere. Mein Bruder Alfred konnte nicht mehr gehen. Mir scheint, dass ich ihn in der Stadt Siauliai bei fremden Leuten ließ. Er ist vermisst. Bettelnd kam ich nach Plunge, wo im Vorort mich fremde Leute fanden. Ohne Bewusstsein lag ich am Grabenrand neben dem Weg. Diese guten Leute nahmen mich mit und ich blieb da für immer. Ich musste nicht mehr betteln gehen.«

Erika Rieß und ihr Bruder wurden an der Straße zurückgelassen: »Nächstes Mal ließ Fritz uns an der Straße mit dem Versprechen, dass er gleich zurückkommt. Aber mein Bruder horchte, dass die Tante dem Fritz uns nicht nach Hause mitbringen befahl. Es war draußen bitter kalt und wir beide weinten. Zwei vorbeigehende Frauen nahmen uns mit in ein leeres Haus.«

Kennen Sie das Kinderlied noch?

> Hänsel und Gretel verliefen sich im Wald.
> Es war so finster und auch so bitterkalt.
> Sie kamen an ein Häuschen von Pfefferkuchen fein.
> Wer mag der Herr wohl von diesem Häuschen sein?

Sie irrten umher, frierend und hungrig. Da plötzlich fanden sie ein Haus: Hoffnungsvoll klopften sie an … Anders als Hänsel und Gretel fanden die deutschen Bettelkinder oftmals freundliche Aufnahme bei guten Leuten. Elfriede Riemer erzählt: »Wenn ich malen könnte, würde ich heute ein reetgedecktes Haus zeichnen. Davor sitzt eine alte Frau auf der Bank und betet ihren Rosenkranz. Sie sieht mich mit meiner Schwester den Weg langkommen, legt sofort den Kranz beiseite, holt aus der Küche Brot und gibt jedem von uns ein Stück. Diesen Moment habe ich vor Augen, als wäre es gestern gewesen« (Spatz, S. 276).

Joachim Posse schildert: »Schnurstracks marschierten wir auf den nächsten Bauernhof zu. Wir wurden freundlich empfangen und konnten uns am offenen Herdfeuer aufwärmen. Unsere Kleider am Körper dampften. Wir bekamen reichlich zu essen: Aufgewärmtes Sauerkraut mit viel Schweinefleisch und Pellkartoffeln. Es war köstlich.«

Eva Potaschkina, geb. Briskorn berichtet von einem Erlebnis in Vilnius: »Ich bettelte um Essen. Mein Körper war vom Hunger geschwollen. Eine alte Frau nahm mich an die Hand und sagte etwas. Ich verstand sie nicht. Sie brachte mich in ein kleines Lokal und setzte mich auf einen Stuhl. Eine Frau brachte mir ein Butterbrot und eine heiße Tasse Tee. Das war so herrlich, dass ich in Tränen ausbrach.«

Lothar Klas beschreibt seine Erfahrungen in seinem Buch »Doch wir überlebten«: »Wir müssen wohl mit unserem erbärmlichen Aussehen Mitleid bei den litauischen Frauen erregt haben. Im Vorübergehen reichten sie uns wortlos Brot aus ihren Einkaufstaschen und sogar einige Rubelscheine. Wir waren ergriffen und sehr dankbar ... Nur der Durst plagte uns noch. Unsere sehnsüchtigen Blicke sagten wohl alles. Ohne ein Wort zu sagen, reichte man uns ein Glas Milch oder Kakao. Wir waren selig.«

Liesbeth Dejok erinnert sich: »Was wir gegessen haben, kann kein Mensch glauben. Einmal ging ich dann mit. Mich hat so ein kleiner Bauer behalten. Das waren sehr liebe Leute. Die hatten zwei Mädchen wie auch ich.«

Siegfried Gronau schlug sich als Zehnjähriger allein nach Litauen durch: »Eine Frau in der Tür lächelte mich an und sagte auf Deutsch: ›Komm rein, Junge, ich bringe dich wieder in Ordnung, ich wasche und entlause dich.‹ Ich hatte schon wieder sehr viele Läuse und das hat sie bei mir gesehen. Ich freute mich, dass es hier so gute Menschen gibt wie diese Frau. Sie hat mich lange gewaschen, das tat mir so gut, dieses Baden, denn seit Ende 1944 hab ich so etwas nicht mehr gehabt. Ein sauberes und weiches Bett hat sie mir gemacht. Man kann heute sagen, es war ein Himmelbett für mich.«

Dieses Buch widme ich dem litauischen Volk, insbesondere den Bürgerinnen und Bürgern, welche die geflohenen Ostpreußenkinder mit ihrer Barmherzigkeit vor dem Hungertod retteten: Sie gaben ihnen ein Stück Brot, einen Apfel, eine warme Suppe. Vor dem Erfrieren bewahrte die Kinder ein Platz hinter dem Ofen oder im warmen Stall.

Beim Lesen der realen Lebensberichte überlebender Wolfskinder kann man das Grauen der Nachkriegsjahre miterleben. Viele Kinder mussten mit ansehen, wie ihre Eltern oder Geschwister vergewaltigt, erschlagen oder erschossen wurden, in der Kälte erfroren oder schlichtweg verhungerten ... Das sind Bilder, die man als Leser nicht mehr aus seinen Gedanken tilgen kann.

Viele litauische Menschen gaben den hungernden und bettelnden Wolfskindern Anlass, auch wieder an das Gute zu glauben. So bezeugen es die obigen und die folgenden Erlebnisse – Glücksmomente!

Elfriede Sciukiene, geb. Müller erzählt: »Mit einigen Flüchtlingen kam ich nach Litauen, um nicht zu verhungern. Hier verirrte ich mich und blieb ganz alleine im fremden Land. Es war sicherlich sehr schwer ohne Sprache. Nicht immer gaben Leute mir das Essen. Sehr oft übernachtete ich unter dem freien Himmel mit vor Hunger knurrendem Bauch. Ich ging bettelnd von einem Hof zu dem anderen. Endlich kam ich zu einer Stadt, die Kaunas hieß. Hier gab es gute Leute, die mir Essen und eine Unterkunft gaben.«

Damit brachten sie sich selbst in große Gefahr: Für Litauer war es strengstens verboten, deutsche Kinder – »Nazikinder« – bei sich aufzunehmen. Die Kinder mussten gemeldet werden, kamen in Lager oder wurden nach Sibirien verfrachtet. So hatten die kleinen Deutschen und die Litauer einen gemeinsamen Feind: die sowjetischen Soldaten – und willfährige litauische Helfer. Sie wurden »Stribai« genannt – ein schlimmeres Wort als Verräter. Von den Litauern wurden sie noch mehr gehasst als die sowjetischen Soldaten.

Obwohl offiziell »Sowjetrepublik«, wurden die Litauer von den russischen Besatzern schikaniert und zu Zehntausenden nach Sibirien verbannt.

Er immer war auch bereitet,
er hat immer gesagt:
»Wenn ich gehe nach Sibir, du musst laufen weg!«
Ich hab gesagt: »Oh, wo ich muss laufen?«
Was das Sibir ist?
Sibir, wo ist so weit und so kalt ist dort.
Ingrid

Grundlage für dieses Buch sind meine Erlebnisse der letzten 30 Jahre – meine Begegnungen und Gespräche mit ehemaligen »Wolfskindern«, ihre Lebensberichte und die vielen hundert Briefe, die sie mir schrieben. Darin enthalten: Schmerz, Enttäuschung, Bitterkeit – aber auch Dankbarkeit und ... Glücksmomente.

Natürlich kann ich nicht Hunderte Briefe hier abdrucken. Diese Glücksmomente sind nur ein kleiner Ausschnitt des umfangreichen Briefwechsels und der unzähligen Gespräche aus Jahrzehnten.

3
Die einsame Blume Edelweiß:
Wer die Wolfskinder sind

> Das Edelweiß ist eine Bergpflanze, die auf dürftigem Boden gedeiht. Ungeachtet der Kälte blüht das Edelweiß weiß und schön. Wir hatten ebenso keine häusliche Wärme genossen ... Deshalb haben wir als Wahrzeichen unseres Vereins die Bezeichnung »Edelweiß« gewählt ... Litauen hat uns aufgenommen, litauische Mütter haben den Staub des langen Weges von uns gewischt, ihr Brot mit uns geteilt und uns an ihren Tisch gesetzt. Wir sprechen ihnen unseren Dank aus.
>
> **Frau von Sacksen, Brief von 1991**

Die ersten Bemühungen zur Gründung des Vereins begannen im März 1990, nach der Unabhängigkeitserklärung Litauens. Man durfte sich wieder als Deutscher zu erkennen geben und über das Deutsche Rote Kreuz Suchaktionen starten.

Am 14. September 1991, wenige Tage nach der Wiederanerkennung Litauens als freier Staat, wurde der Verein Edelweiß gegründet. Vorsitzender wurde Jonas Balsys (Olaf Pasenau), stellvertretende Vorsitzende Jurate Aleksandraviciene (Angelika von Sacksen), Vorstandmitglieder wurden Valeria Adomeitiene (Waltraud Freund), Birute Goriene (Ruth Deske), Jonas Jodaitis (Hans-Manfred Swars). Eine Liste der 93 Gründungsmitglieder ist im Anhang zu finden.

Der Verein gab sich eine umfangreiche Satzung, aus der ich hier nur den ersten Absatz zitiere: »Wir sind Deutsche, die der in den Nachkriegsjahren vom kommunistischen System verübte Genozid aus unseren Heimstätten vertrieben und unsere Angehörigen, Kindheit, Vater- und Familiennamen weggenommen hat. Litauen hat uns Obdach gewährt und uns großgezogen. Wir sind seine Bürger und werden uns bemühen, durch unsere Arbeit am Aufbau der freien litauischen Republik teilzunehmen.«

»Wir sind seine Bürger« war die Auffassung der Wolfskinder, führte aber zu folgenschweren Problemen mit der Staatsbürgerschaft.

Wolfskinder – Wie es zu dem Namen kam

In den Heimatbriefen Kreis Gerdauen erschien 1988 und 1991 der Name Wolfskinder (Spatz, Anmerkung 156), ansonsten sprach man bis 1990/1991 von »ostpreußischen Hungerkindern«, »Bettelkindern« oder von »vokietukai« – litauisch für »kleine Deutsche«. Dieser Ausdruck war auf beiden Seiten nicht positiv besetzt. Die Deutschen fühlten sich diskriminiert (»Faschistenkinder«). Weil die Deutschen den Krieg anfingen und verloren, hatten die Litauer ihn mitverloren – und damit auch ihre Freiheit.

Natürlich regt der Begriff Wolfskinder die Fantasie an. Woran denkt man dabei? An Romulus und Remus, die von einer Wölfin aufgezogen wurden? An Mogli aus dem

»Dschungelbuch« – oder an Kaspar Hauser? Die meisten stellen sich darunter Kinder vor, die versuchen, allein im Wald zu überleben – fernab der Zivilisation.

Hungrig wie Wölfe waren die Kinder – und einsam fühlten sie sich in der Fremde. Denn Essen und einen Schlafplatz bekam nur, wer allein an eine Tür klopfte ...

Wenn die Türen nicht aufgemacht wurden, fand der Überlebenskampf auch im Wald unter Wölfen statt – wenn es gut ging, in irgendwelchen Hütten. Wenn die Kinder bei Bauern unterkamen, mussten sie sich völlig unterwerfen und anpassen: Es genügte nicht, sich unauffällig zu verhalten und klaglos alle verlangten Arbeiten auszuführen. Wer an einem Ort bleiben wollte, brauchte eine neue Identität: Name, Geburtsort, Muttersprache. All das hatte man aufzugeben (Spatz, S. 109). Durch die Namensänderungen liefen oft auch Suchaktionen ins Leere, die überlebende Eltern oder Geschwister von Deutschland aus anstrengten.

Im Dokumentarfilm »Wolfskinder« berichtete der Regisseur Eberhard Fechner 1991 von einer ostpreußischen Flüchtlingsfamilie, deren Kinder sich auf den Trecks aus ihrer Heimat verloren hatten und bald nach dem Krieg auf wundersame Weise wieder zusammenfanden. Fechners Filmtitel setzte sich aus verschiedenen Gründen durch:

Ich verwendete diesen einprägsamen Namen in allen Schreiben, auch offiziellen Briefen. Spatz schreibt auf Seite 255: »Der Vorsitzende der Deutsch-Baltischen Parlamentariergruppe, Wolfgang Freiherr von Stetten, verwendete seit seinem ersten Kontakt mit Vertretern des Vereins Edelweiß im Jahre 1992 den Begriff in allen offiziellen Schreiben, sodass die Bezeichnung aus praktischen

Gründen bald auch vom Bundesministerium des Inneren, dem Bundesverwaltungsamt und der Deutschen Botschaft in Vilna übernommen wurde.«

Die Historikerin Ruth Kibelka übernahm den Ausdruck in ihrer Publikation *Wolfskinder* von 1994. Dadurch wurde er im wissenschaftlichen Bereich verankert. Frau Kibelka konnte gut Litauisch. Durch ihre Sprachkenntnis kam sie oft tiefer an die Vergangenheit der Wolfskinder heran als andere.

Der Begriff war nicht unumstritten bei den Wolfskindern (alle Zitate nach Spatz, S. 260ff.):

> »Wolfskinder? Vielleicht ist Wirklichkeit, vielleicht auch Märchen. Ein Wolf hat doch mal ein Kind aufjenommen und großgezogen. Ich weiß nicht, wer hat den Namen ausgedacht, aber das passt zu unserem Schicksal. Wir sind wie die kleinen Wölfe ausgesetzt, damals, verstehen Sie?« (Christel Fischer)

> »Ich war ja nie in den Wäldern, ich habe mich nie so viel rumgetrieben, war ja gleich fest.« (Eva Doll) Anmerkung: Gemeint ist ein fester Schlaf- und Arbeitsplatz bei einer Bauernfamilie.

> »Ich weiß ja nicht, ob ich nun eine in dem Sinne bin. Wolfskinder. Kann ich nichts zu sagen. Weil ich sowas nicht erlebt habe … Ich habe nicht einmal draußen übernachtet.« (Helga Bröl)

> »2002 war ich das erste Mal in meinem Leben auf einem Ostpreußentreffen, in Leipzig. Da kam irgendwann eine Dame an unseren Tisch geschossen und sagte zu mir, ›Ich habe gehört, Sie sind auch ein Wolfskind.‹ Mir passte das gar nicht, denn mit Wölfen hatte ich nichts zu tun. Ich habe mich gerade gemacht und gesagt: ›Bin ich behaart, habe ich Reißzähne oder was?‹ Später habe ich mich an das Wort daran gewöhnt, störte mich nicht mehr, weiß ja, was sie damit meinen, ihr habt damals so und so gelebt, ja. Aber nach wie vor sag ich jedem, Wolfskinder, das stimmt nicht. Aufgewachsen wie ein streunender Hund, immer an der Wand lang schleichen, Kopf unten, Schwanz unten und immer abwarten, wer schmeißt dir einen Knochen hin, immer auf niederer Stufe. Aber mit den Wölfen, da könnte ich mich nie vergleichen.« (Hubert Schweig)

Aber damit genug, schließlich bezeichneten sich die Edelweiß-Mitglieder auch selbst so: »Das war zwei, drei Jahre nach der Gründung, da war das Wort schon bekannt in Deutschland ... Da haben wir gesagt, das passt auch, das hat auch zu tun mit der Armut, der Einsamkeit und dem Kämpfen. Ab da hießen wir Edelweiß-Wolfskinder.« (Marianne Beutler, Archiv v. Stetten)

Nach der Wende setzte sich auch in Litauen das Wort Wolfskinder – »vilko vaiko« – durch. Aber Wolfskind war nicht gleich Wolfskind.

Typen der Wolfskinder

Christoph Spatz teilt die Wolfskinder in 5 Typen auf (S. 83f.). Ich will diese mit Nuancen übernehmen, weil sie sich vielfach überschneiden.

Typ 1: Die Pendler
Diese Kinder wechselten häufig zwischen Königsberger Gebiet und Litauen, hielten ständigen Kontakt zu ihrer Familie. Die meisten wurden 1947/48 zwangsweise in die sowjetisch besetzte Zone (SBZ) überführt. So fand deren Odyssee spätestens nach zwei bis drei Jahren ein Ende.

Typ 2: Die Scheinwaisen
Damit sind Wolfskinder gemeint, die mit ihrer Familie (meist nur ihrer Mutter) nach Litauen wanderten und dort von der Mutter bei litauischen Familien abgegeben oder zurückgelassen wurden. Als die Mütter von Transporten in die SBZ hörten, holten sie ihre Kinder und wurden 1947/48 in die SBZ befördert oder wurden 1951 in die DDR transportiert.

Typ 3: Die Adoptivkandidaten
Das waren Wolfskinder, die von litauischen Pflegeeltern adoptiert wurden, oft von Familien, die eigene Kinder im Krieg verloren hatten, oder von kinderlosen Ehepaaren. Die im Frühjahr 1951 auftauchende Möglichkeit der Rücktransporte war oft nicht bekannt oder die Kinder fühlten sich wohl. Vielleicht machte ihnen auch Angst, dass die Transporte möglicherweise nach Sibirien gingen.

Typ 4: Die Arbeitskräfte
Damit waren Kinder und Jugendliche gemeint, deren Notlage durch litauische Bauern ausgenutzt wurde. Sie mussten auf dem Hof oder auch im Haushalt arbeiten, hatten keine feste Bindung zur litauischen Familie und wechselten oft. Hier spricht Spatz auch von sexuellen Gefahren und Gelegenheitsprostitution, die naturgemäß die jungen Mädchen betrafen.

Bei den unzähligen Gesprächen mit Wolfskindern wurden die Vergewaltigungen der Mütter, aber auch eigene erlittene Vergewaltigungen durch die Russen sehr detailliert und umfangreich geschildert. Nicht ein einziges Mal wurde mir von sexuellen Übergriffen durch Litauer berichtet. Obwohl ich aus den vielen Büchern wusste, dass das keine Einzelfälle waren, habe ich nicht danach gefragt.

Typ 5: Die älteren Jugendlichen mit Schulbildung
Sie hatten eine gefestigte nationale Identität und bewegten sich verhältnismäßig souverän durch Litauen.
Viele nützten die Rückkehr 1951 (von den Wolfskindern »Heimkehr ins Reich« genannt). Andere blieben, gründeten Familien und bewahrten sich ihre Identität.

Bei vielen Tausend Schicksalen gab es natürlich Dutzende von Unterkategorien und Überschneidungen.

Für mich gab es nur *eine* Kategorie: Das waren die Wolfskinder, die – aus welchen Gründen auch immer – den »Absprung« nach Deutschland nicht geschafft hatten und 1990/1991 noch in Litauen lebten. In meinen Augen hatten sie den Krieg 40 Jahre länger verloren. Dabei soll das Schicksal der bis 1951 ausgesiedelten ostpreußischen Kinder aber nicht bagatellisiert werden.

Der Verein Edelweiß-Wolfskinder

Bei der Gründung 1991 zählte der Verein erst 93 Mitglieder. Er wuchs auf über 219 Mitglieder im Jahre 1997 bis 260 jeweils zuzüglich der Familienmitglieder im Jahre 2000. Dann nahm die Mitgliedschaft rapide ab: 2009 noch 114, 2013 noch 78 und 2021 nur noch 35 (Stand: Juni 2021). Der Verein ist in sechs Regionen gegliedert: Kaunas, Šiauliai, Taurage, Marijampole, Klaipeda und Vilnius.

Vereinsvorsitzende waren 1991–1994 Olaf Pasenau (Jonas Balsys, mit Frau Angelika von Sacksen im Hintergrund) sowie 1994–1996 Ingrida Herta Knispel-Ramoškienė. Seit 1996 ist Alfreda Luise Quitsch-Kažukauskienė Vorsitzende des Vereins. Zweimal im Jahr treffen sich die Vereinsmitglieder, alle zwei Jahre wird Bericht erstattet und gewählt.

»Wer bin ich eigentlich wirklich?«, fragen sich viele der Wolfskinder. Luise Quitsch berichtet: »Ziel des Vereins ist nach wie vor, bis heute in Litauen lebende ehemalige Wolfskinder ausfindig zu machen, ihnen beim Erfahren und Anmelden ihrer tatsächlichen Geburtsdaten, Geburtsorte und Namen, bei der Suche nach Angehörigen in Deutschland sowie zum Erhalt der deutschen Staatsangehörigkeit behilflich zu sein. Neben diesen wesentlichen sozialen Aspekten leistet der Verein auch Bildungsarbeit: Er hilft den Vereinsmitgliedern, ihren Kindern und Enkelkindern Deutsch zu lernen, sowie die deutsche Kultur und Geschichte kennenzulernen. Die Vereinsmitglieder machen gemeinsame Ausflüge, feiern zusammen und singen gemeinsam im Chor, außerdem gibt es Jugendgruppen. Der Verein ›Edelweiß-Wolfskinder‹ leistet einen Beitrag zur Bewahrung des historischen Gedächtnisses, der Kultur, Tradition und Sprache der Deutschen, unterhält eine eigene Bibliothek und kümmert sich in vielfältiger Weise um soziale Belange.«

Kulturpflege beim Verein Edelweiß: Singen von alten Heimatliedern

ich hab gelesen und gehört in Radio,
ich hab gehört,
welche ist Deutsche,
kommen eine Versammlung,
was Račas hat gemacht für uns.
Ich bin gefahren nach Kelme,
das war hier ein Kulturhaus,
da war andere Deutsche.
auf Deutsch, haben gesungen
und das war sehr schön
und haben so geweint.
Da haben schon Freundschaft gemacht,
das war sehr schön.
Ingrid (1990)

4
Von der Wissbegier:
Wieso ich mich für Litauen interessiere

Glücksmomente waren der Anfang. Ich weiß noch, wann ich den Namen »Litauen« zum ersten Mal hörte: Schon in jungen Jahren verfolgte ich im Radio lieber die Nachrichten und Kommentare als Hörspiele und Musik. Das behielt ich auch bei, als ich mit vierzehn Jahren Internatsschüler wurde. Im Internat durfte man nur im Aufenthaltsraum Radio hören. Hinter Blumentöpfen versteckt, hatte ich heimlich ein Radio mit Kopfhörern. So konnte ich weiter das aktuelle Weltgeschehen verfolgen.

1955 flog unter der Führung von Konrad Adenauer (CDU) und Carlo Schmid (SPD) eine deutsche Delegation nach Moskau. Ihr Ziel war es, die Beziehungen zu normalisieren und die Rückkehr der letzten 10.000 Kriegsgefangenen zu erwirken.

Es war zehn Jahre nach dem Ende des Krieges, sieben Jahre nach der Blockade Berlins, drei Jahre nach dem Neutralitätsgebot Stalins, zwei Jahre nach Ende des Koreakriegs und zwei Jahre nach dem Aufstand in der DDR vom 17. Juni 1953. Adenauer war 1949 mit nur einer Stimme Mehrheit zum Kanzler der Bundesrepublik gewählt worden – seiner eigenen. (Ich wähle mich auch immer selbst nach dem Motto: Wenn ich mir selbst die Position nicht zutraue, warum sollen es dann andere?)

Adenauer hatte folgende Richtlinien der Politik ausgegeben: absolute Westbindung, Ablehnung aller Pseudoangebote Stalins und der Sowjetunion, mit eigenen Soldaten wieder anerkannt in den Reihen der Westmächte zu werden, verhandeln auf Augenhöhe.

Stalins Tod 1953 gab das Signal für die Reise nach Moskau. Dr. Rolf-Dietrich Keil hat in seinem Buch »Mit Adenauer nach Moskau – Erinnerungen eines Dolmetschers« sehr ausführlich beschrieben, welche Schwierigkeiten dabei beseitigt werden mussten. Das wichtigste Ziel war die Rückholung der deutschen Kriegsgefangenen – die es nach Lesart der Sowjetunion gar nicht gab. Für sie waren es lediglich deutsche Kriegsverbrecher, die ihre Strafen verbüßten. Eine weitere Schwierigkeit war, dass die Bundesrepublik Deutschland mit der Aufnahme der diplomatischen Beziehungen nicht automatisch die Grenzen der bestehenden Sowjetunion bestätigen wollte: Deutschland erkannte u. a. die Annektierung der drei baltischen Staaten Litauen, Lettland und Estland nicht an. Es waren dramatische Verhandlungen. Adenauer drohte mit der Abreise. Die Sowjetführer Bulganin und Chruschtschow waren zu keinem Abkommen bereit, in dem diese Fragen ausdrücklich verankert waren. Sie versprachen mündlich die Rückführung der Deutschen und einen Briefaustausch über die gegensätzlichen Auffassungen über die Grenzen der Sowjetunion.

In der deutschen Delegation gab es Streit: Kann man der mündlichen Zusage zweier kommunistischer Führer trauen – oder nicht? Der Außenminister von Brentano und der spätere Präsident der Europäischen Union, Hallstein, sprachen sich für einen Abbruch der Gespräche und die Heimreise aus. Adenauer entschied mit Rückendeckung von Carlo Schmid, den Kommunistenführern zu vertrauen. Diese hielten ihr Ehrenwort.

Handschlag zwischen Bulganin und Adenauer besiegelt das Ehrenwort

Der Jubel in Deutschland kannte keine Grenzen. Schon bei der Rückkehr der Delegation wurde gejubelt – mehr noch, als die ersten abgemagerten Heimkehrer in Friedland eintrafen ... Glücksmomente für ein ganzes Volk.

Wie gesagt: Ich war damals 14 Jahre alt und wusste nichts von den Ländern Litauen, Lettland und Estland. Das weckte meine Neugier. Als geschichtsinteressierter junger Mann las ich deshalb in Lexikas über die baltischen Staaten (im Internet konnte ich ja noch nicht »googeln«).

Das Geschacher von 1939 um diese drei Staaten fand ich höchst unwürdig. Es empörte mich, wie Deutschland und die

Sowjetunion das Baltikum im August 1939 unter sich aufteilten: Lettland und Estland wurden im Zusatzprotokoll des Hitler-Stalin-Paktes der Sowjetunion zugeschlagen, Litauen sollte an Deutschland fallen. Im September 1939 dann, nach dem deutschen Überfall auf Polen und nachdem die Rote Armee Ostpolen militärisch besetzt hatte, kam es zu neuen, geheimen Vereinbarungen. Litauen wurde – gegen Bares – der Sphäre der Sowjetunion zugeschlagen.

Ich fand es empörend, dass die Westmächte, allen voran die USA, Großbritannien und Frankreich, die Okkupation dieser drei Länder 1940 durch die Sowjetunion, 1941 durch Deutschland und 1944/45 erneut durch die Sowjetunion mehr oder weniger klaglos hinnahmen. Es war mir noch verständlich, dass sie dies in Teheran 1943 und in Jalta 1944 aus Rücksicht auf den Krieg nicht ansprachen. Es gab aber keinerlei Grund, nach dem Kriegsende 1945 bei der Konferenz in Potsdam diese drei Staaten sozusagen als »Morgengabe« Stalin zu überlassen.

Bedauerlicherweise habe ich dann diese drei Länder fast vierzig Jahre aus den Augen verloren. Mein politisches Interesse galt zeitnahen Ereignissen: Das waren die Aufstände in Polen und Ungarn 1956, der Mauerbau 1961, die Kubakrise 1962, der Einmarsch der sozialistischen »Freunde« 1968 beim Prager Frühling und der Afghanistankrieg.

Die »Singende Revolution« von 1988 brachte mir die Länder wieder in Erinnerung. Vage erinnerte ich mich auch an eine Straßburger Resolution von 1983, wo die Freiheit dieser drei Staaten verlangt wurde.

Am 23. August 1989 gaben sich mehr als eine Million Menschen die Hände, um gemeinsam für die Unabhängigkeit der baltischen Staaten von der Sowjetunion zu demonstrieren. Die auch als »Baltischer Weg« bekannte Menschenkette reichte von Vilnius in Litauen über Riga in Lettland bis nach Tallinn in Estland. Auf der einen Seite stand der Musikprofessor Vytautas Landsbergis, auf der anderen Seite der Schriftsteller Lennart Meri.

Über eine Million Menschen bilden symbolisch eine Kette von Vilnius über Riga nach Tallinn

Mir war klar: Deutschland hat eine besondere Verantwortung für diese drei Länder. Zu dieser Zeit hatte ich noch nichts von ostpreußischen Flüchtlingskindern gehört. Ich wusste auch nichts davon, dass einige als Erwachsene immer noch in Litauen lebten. Aber ich kannte die schlimmen Erfahrungen von Menschen durch Vertreibung und Flucht, von Tod und

Leid. Zum einen hatte ich in Büchern darüber gelesen, zum anderen hatten mir Flüchtlinge und Vertriebene davon berichtet, die in Schloß Stetten einquartiert waren.

Es darf nicht vergessen werden: ein Drittel des Deutschen Reiches wurde annektiert und okkupiert. Rund 14 Millionen Deutsche mussten flüchten oder wurden vertrieben. Auch weit über zweihunderttausend Litauer, Letten und Esten flohen vor der erneuten Okkupation 1944/45 durch die Sowjetunion nach Westen. Sie lebten Monate oder Jahre in Deutschland, bevor die meisten von ihnen in die USA übersiedelten.

Etwa ein bis zwei Millionen der Flüchtlinge oder Vertriebene verloren noch nach dem Ende des Krieges ihr Leben durch Ermordung, Hinrichtung, Selbstjustiz, Hunger oder Krankheit. In Ostpreußen wüteten die sowjetischen Sieger am grausamsten.

◆

5
Der abenteuerliche Besuch: Was ich auf meiner ersten Reise nach Litauen erlebte

Reisepläne

Ich habe schon erzählt, dass ich mich für die baltischen Staaten interessierte – aufgrund der verbrecherischen Handlungen von Hitler und Stalin.

So wollte ich nach der »Wiederentdeckung« der baltischen Frage durch die Menschenkette von Vilnius über Riga nach Tallin ins Baltikum reisen. Dabei hatte ich keine Präferenz für das eine oder andere Land.

»Warum interessieren Sie sich denn für die baltischen Staaten? Haben Sie dort Verwandtschaft? Oder etwa frühere Liegenschaften?« Solche Fragen bekam und bekomme ich auch heute noch öfter zu hören. Nein, dem ist nicht so. Meine Familie gehört zum alten fränkischen Adel und wohnt seit über 800 Jahren auf dem Stammsitz Künzelsau – Schloß Stetten.

Meine Reisepläne habe ich dann zunächst aufgeschoben: Ursache war der frühere Bundestagspräsident, Dr. Jenninger. Als unser Wahlkreisabgeordneter erklärte er, nicht mehr für die Bundestagswahl 1990 zu kandidieren. Ich strebte seine

Nachfolge an und musste zunächst die Kandidatur bei den CDU-Mitgliedern gewinnen. Für weitere Aktivitäten fehlten mir Zeit und Impetus.

Inzwischen hatte die Sajūdisbewegung im März 1990 Litauens Unabhängigkeit erklärt – fast unbemerkt und ohne große Resonanz. Auch die von Gorbatschow verhängten Sanktionen, Blockaden und das Reiseverbot für Diplomaten hinterließen kein großes Echo.

Gratulation!

Bemerkenswert war in dieser Zeit, dass die kommunistische Partei Litauens unter Führung von Algirdas Brazauskas aus der sowjetischen KPdSU austrat und sich für selbstständig erklärte: Obwohl Gorbatschow persönlich nach Vilnius reiste, um diesen Beschluss rückgängig zu machen, widerstand Brazauskas diesem Druck. Die politischen Schikanen und die Blockade ließen den Freiheitswillen Litauens nur erstarken.

Um die brenzlige Situation Anfang der Neunzigerjahre, um die Sorge und Angst der Litauer zu verstehen, lohnt sich ein kurzer Blick in die Geschichte des Landes.

Stoppt von Stetten!!!

Demokratie wählen - Bachmaier wählen!!!

H. Bachmaier, MdB seit 1983

Für die Menschen unseres Kreises setzt Hermann Bachmaier sich in Bonn ein.

Er will u. a.:

- Die deutsche Einheit finanzieren durch die Erhebung einer Ergänzungsabgabe für Großverdiener, durch den Verzicht auf die weitere Unternehmenssteuersenkung und durch die Umschichtung bisheriger Kosten der Teilung sowie massive Einsparungen im Verteidigungshaushalt.
- Die Verankerung des Schutzes unserer Umwelt im Grundgesetz.
- Den schnellstmöglichen Ausstieg aus der Kernenergie.
- Die Schaffung von menschenwürdigen und bezahlbaren Wohnungen.
- Die gesetzliche Verankerung des Rechtsanspruchs auf einen Kindergartenplatz.
- Die gesellschaftliche und finanzielle Aufwertung der Pflegeberufe.
- Die Einführung einer gesetzlichen Pflegeversicherung zur besseren Absicherung des Pflegerisikos im Alter.
- Eine mittelfristige Halbierung des Verteidigungshaushalts.

Wenn Sie wollen, daß diese und viele andere Forderungen in Bonn in die Tat umgesetzt werden, dann sollten Sie mit der Erststimme Hermann Bachmaier und mit der Zweitstimme Oskar Lafontaine wählen!

V

Oder wollen Sie den sozialpolitischen Raubritter vom Schloß Stetten im deutschen Bundestag sehen???

Hier einige Zitate des CDU-Rechtsauslegers v. Stetten, der wieder alle drei Strophen der deutschen Nationalhymne singen will:

1. "Es geht nicht an, daß Menschen mit deutscher Abstammung zu fünfzig oder mehr in Turnhallen hausen, während Wirtschaftsasylanten in Hotels leben."
2. "Streiks sollen nicht mit Kaffeeklatsch, sondern mit Kampf beantwortet werden."
3. "Mit dem § 218 könnte ich leben als Kompromiß im Zuge der Wiedervereinigung."
4. "Von der Neuen Armut in der Bundesrepublik zu sprechen, ist ein fast unzüchtiger Begriff." - "Wenn aber einer sein Geld versäuft, dann ist der Staat daran nicht schuld."
5. "Die Vereinigung darf nicht auf dem Rücken der Armen und Schwachen ausgetragen werden. Wir müssen hier nur drei Jahre lang auf eine Rentenerhöhung verzichten, dann ist genug Geld vorhanden."
6. "Jedes Gerede über Steuererhöhung zur Finanzierung der deutschen Einheit ist sozialistisches Gefasel!"

Liebe Wählerinnen und Wähler der Grünen und der F.D.P.!

Wir möchten Sie eindringlichst bitten, Ihre Erststimme nicht an den Kandidaten Ihrer Partei zu **verschenken**, da dieser, wenn überhaupt, nur über die Zweitstimme in den Bundestag gelangen kann, wie auch der hiesige CDU-Kandidat. V. Stetten ist auf der CDU-Landesliste ganz unten plaziert und muß diesen Wahlkreis mit den Erststimmen gewinnen, um in den Bundestag einzuziehen. Helfen Sie, einen MdB v. Stetten zu verhindern, geben Sie Ihre Erststimme Hermann Bachmaier!

Liebe Wählerinnen und Wähler der CDU!

Denken auch Sie darüber nach!!!

V.i.S.d.P. Jochen Dürr, Schenkenseestr. 28, Tel.: (0791) 47679 und Bernd Köster, Bonatzweg 9, Tel.: (0791) 3303, 717 Schwäb. Hall

Eine kurze Geschichte Litauens

Die erste Erwähnung Litauens fand 1009 statt. Die Quedlinburger Annalen berichten auf Lateinisch (zitiert nach »100 Jahre Deutsch-Litauische Beziehungen«, Seite 16ff.):

> »Der heilige Erzbischof und Mönch Bruno,
> genannt Bonifatius,
> wurde im 11. Jahr seines Mönchstandes
> an den Grenzen von Ruscien und Litauen
> von den Heiden mit 18 Gefährten enthauptet
> und erhob sich am 9. März in den Himmel.«

Vergeblich versuchte man über drei Jahrhunderte, die Litauer zu christianisieren und zu besiegen. Der Philologe Georg Heinrich Ferdinand Nesselmann schrieb 1845: »Der Raum, welchen die Litauer einnahmen, war kein übermäßig großer und das Volk, welches in dem vielfach mit Wald und Sumpf durchsetzten Gebiet saß, kann an Zahl nicht übermäßig stark, aber muss allem Anschein nach von gewaltiger Kraft und Widerstandsfähigkeit gewesen sein.«

Das waren die Litauer – und das sind sie noch heute. So haben sie 1000 Jahre wechselvoller Geschichte überlebt. Litauen expandierte im 13./14. Jahrhundert mehr und mehr und eroberte neben dem heutigen Weißrussland auch große Teile der heutigen Ukraine über Kiew bis ans Schwarze Meer.

Diese Eroberungen wurden begonnen durch Mindaugas I., der sich mit Hilfe des livländischen Ordens gegen seine Widersacher durchsetzte, sich 1251 taufen ließ und sein Ziel mit der Königskrone 1253 erreichte. Er war der erste und einzige gekrönte König Litauens, weil Mindaugas II. (Herzog von Urach) 665 Jahre später nicht gekrönt wurde.

Feier zum hundertjährigen Jubiläum der Republik Litauen in Schloß Stetten: Inigo Fürst von Urach, Graf von Württemberg, Enkel von König Mindaugas II. und dessen Urenkel Sohn Eberhart, rechts: Mindaugas' Urenkel: Felix Fürst zu Hohenlohe-Waldenburg mit Fürstin Barbara

1386 heiratete der Litauer Fürst Władysław II. Jagiełło die polnische Königin Hedwig und trat zum Christentum über. Aus der »Personalunion« mit Polen wurde 200 Jahre später, 1569, eine »Realunion«: ein Staat, in dem die Polen mehr und mehr Einfluss erlangten. In der Oberschicht und dem Adel wurde polnisch gesprochen, litauisch auf dem Lande.

Daraus entstand die polnisch-litauische Großmacht im osteuropäischen Bereich.

Das historische Litauen – von der Ostsee bis ans Schwarze Meer, die heutigen Landesgrenzen in schwarzer Kontur

Sie spielte vom 15. bis 17. Jahrhundert eine große Rolle. In den danach folgenden Kriegen zerfiel das Reich und wurde in der 3. Polnischen Teilung 1795 zwischen den Großmächten Österreich, Russland und Preußen aufgeteilt. Litauen fiel an das russische Zarenreich. Aufstände gegen Russland, z. B. 1830 und 1863, wurden blutig niedergeschlagen.

Noch während des Ersten Weltkrieges 1917 erklärte sich Litauen für unabhängig. Im März 1918 wurde die Unabhängigkeit durch das Deutsche Reich anerkannt. Im Juni wählten die Litauer Wilhelm Herzog von Urach-Württemberg zum König (Mindaugas II.). Das Königreich stand aber nur auf dem Papier. Wilhelm war nie in Litauen und am 2. November 1918 erklärte sich Litauen zu einem Freistaat, nachdem die Monarchien in Europa der Reihe nach gestürzt waren. Es wurden unruhige Jahre. 1919 verteidigte man sich gegen einen Bolschewikeneinfall, im April 1919 wurde das Gebiet um Vilnius von den Polen erobert und Polen einverleibt.

Im Versailler Vertrag war ein Teil Ostpreußens um das Memelgebiet (heute Klaipeda) unter französisches Protektorat gestellt worden. Die Bevölkerung dort war halb litauisch, halb deutsch und es sollte eine Volksabstimmung stattfinden. Litauen nutzte die Schwäche des deutschen Reiches aus – Einfall der Franzosen ins Ruhrgebiet, wirtschaftliche Schwierigkeiten – und vertrieb kurzerhand 1923 die Franzosen. Der Völkerbund hat diese Annektion nachträglich anerkannt – ohne Volksabstimmung –, das Memelgebiet wurde völkerrechtlich Litauen zugeschlagen.

Die Besetzung von Vilnius durch die Polen führte zu Spannungen zwischen Litauen und Polen, die umgekehrte Besetzung des Memelgebietes durch Litauen zu Spannungen mit Deutschland. Im März 1939 wurde auf Druck des Deutschen Reiches das Memelgebiet »freiwillig« an Deutschland zurückgegeben. Hitler selbst war nach Memel/Klaipeda gekommen, um auf dem Balkon des Theaters zur jubelnden Menge zu sprechen.

Es waren aber nicht nur Glücksmomente für die Empfänger – sondern auch für mich als Organisator, Verwalter und Verteiler der Spenden.

Wolfgang von Stetten

Charlottenburg-Berlin, den 20. Juli 1918.

Fürstenplatz 3.

Euer Durchlaucht,

Hiermit haben wir die Ehre, Euer Durchlaucht mitzuteilen, dass die litauische Volksvertretung Euer Durchlaucht am 13. Juli zum litauischen König unter dem Namen Mindaugas II. gewählt hat.

Wir hoffen, dass bald eine offizielle Abordnung aus Litauen kommen und Euer Durchlaucht diese Nachricht persönlich und offiziell überreichen wird.

In ausgezeichnetster Hochachtung

Euer Durchlaucht

ergebenste

Domherr K. Olšauskis-Olšewski

Prof. A. Voldemaras.

ner Durchlaucht

zog Wilhelm von Urach, Graf von Württemberg

Korpshauptquartier

Generalkommando zur bes. Verfügung 64

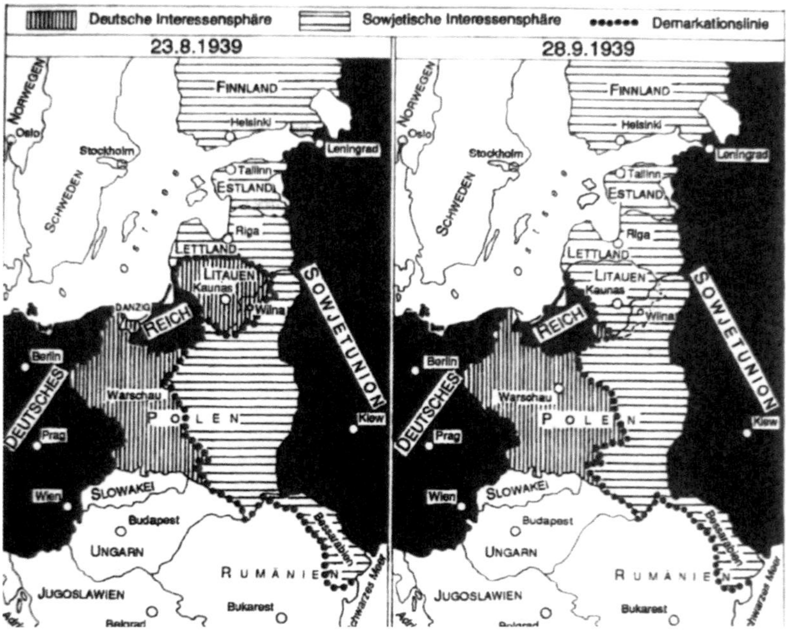

Die Karten zu den geheimen Zusatzprotokollen vom 23. August und 28. September 1939 offenbaren die Interessensverschiebungen

Unerwartet und verblüffend für alle Welt wurde am 23. August 1939 ein Nichtangriffspakt zwischen dem nationalsozialistischen Deutschland und dem kommunistischen Sowjetreich abgeschlossen, die sich vorher wie Feuer und Wasser gegenüberstanden. Das war das Signal für den Zweiten Weltkrieg.

Nach den Erfolgen der deutschen Truppen im Westen Polens und der russischen Truppen im Osten Polens wurde am 28. September 1939 ein Grenz- und Freundschaftsvertrag zwischen beiden Mächten geschlossen. Bei beiden gab es aber geheime Zusatzprotokolle, die unter anderem die baltischen Staaten betrafen.

Geheimes Zusatzprotokoll vom 23. August 1939: »Für den Fall einer Territorial-politischen Umgestaltung in den zu den baltischen Staaten (Finnland, Estland, Lettland, Litauen) gehörenden Gebieten bildet die nördliche Grenze Litauens zugleich die Grenze der Interessenssphären Deutschlands und der UdSSR. Hierbei wird das Interesse Litauens am Vilnaer Gebiet beiderseits anerkannt.«

Geheimes Zusatzprotokoll zum Freundschaftsvertrag vom 28. September 1939: »Die Bevollmächtigten stellten das Einverständnis der Deutschen Reichsregierung und der Regierung der UdSSR über Folgendes fest: Das am 23. August 1939 unterzeichnete geheime Zusatzprotokoll wird in seiner Ziffer 1 dahingehend abgeändert, dass das Gebiet des litauischen Staates in die Interessenssphäre der UdSSR fällt, weil andererseits die Woiwodschaft Lublin und Teile der Woiwodschaft Warschau in die Interessenssphäre Deutschlands fallen.«

Die Folge war, dass Litauen bereits im Oktober 1939 unter Druck Stützpunkte für die Rote Armee einräumen musste. Am 15. Juni 1940 rückten sowjetische Truppen in Vilnius ein und schon am 3. August 1940 wurde Litauen die 13. Sowjetrepublik. Von 1941 bis 1945 erlebten (und erlitten) die Litauer die deutsche Besatzung. Unter der sowjetischen Vorherrschaft blieb das Land Sozialistische Sowjetrepublik der UdSSR bis zur Unabhängigkeitserklärung 1990/91. (Siehe Dornfeld/Sebald: 100 Jahre Deutsch-Litauische Beziehungen. Mit einem Geleitwort von Wolfgang von Stetten, in: Politik und Unterricht, 4/92.)

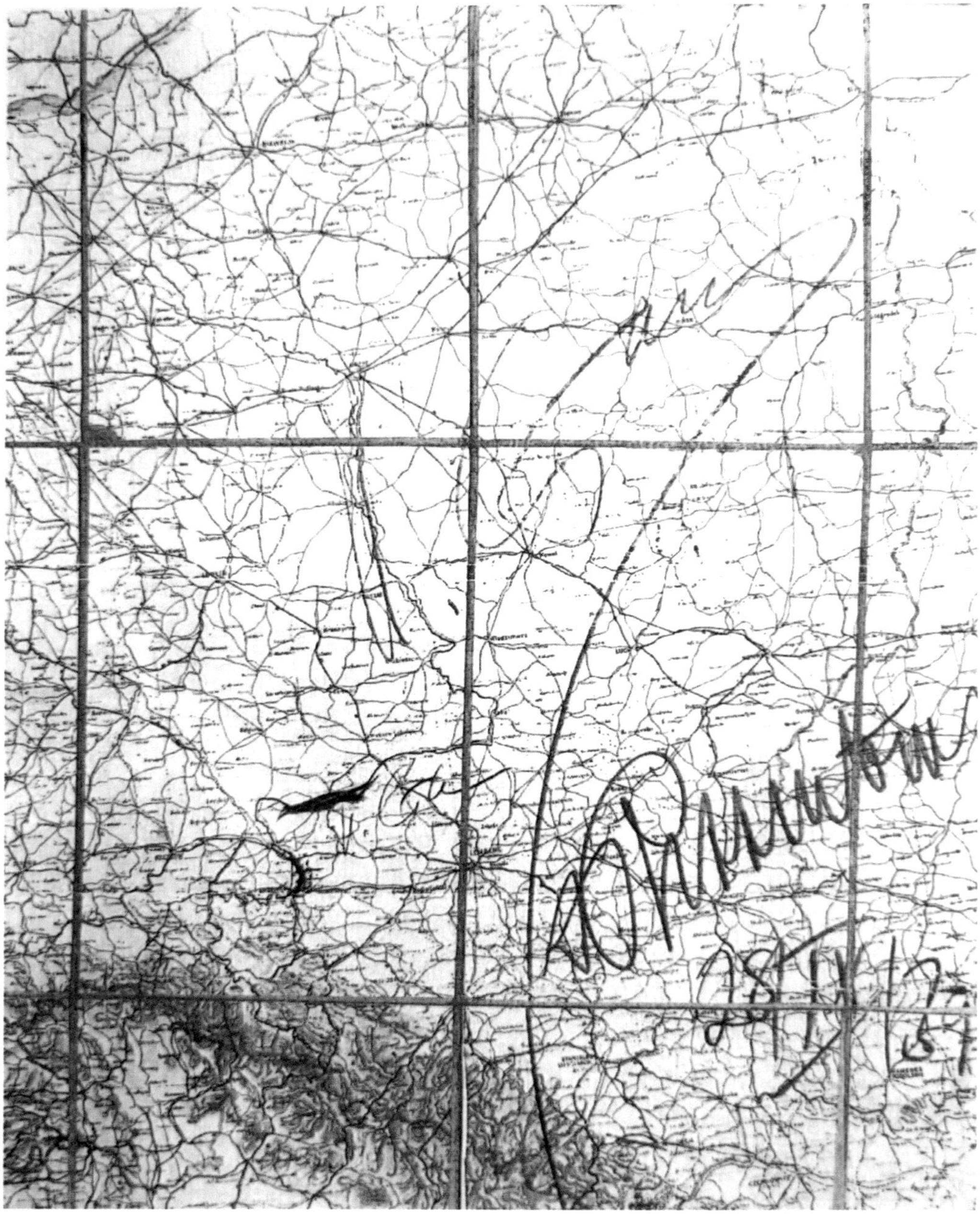

Mittig: Stalins Unterschrift, rechts unten: von Ribbentrop, 28.IX.39

Schwierige Vorbereitungen

Am 2. Dezember 1990 wurde ich in den deutschen Bundestag gewählt und wollte die geplante Reise nachholen. Doch als Bundestagsabgeordneter hatte ich inzwischen den Status eines Diplomaten – die russische Botschaft lehnte darum ein Visum ab. Wegen der Unruhen war das Baltikum für Diplomaten Sperrgebiet.

Am 13. Januar 1991 kam es bei einer friedlichen Demonstration in Vilnius zu Gewalt. Zur Wiederherstellung der politischen Macht der Sowjetunion wurden der Fernsehturm und die Fernsehstation der litauischen Hauptstadt besetzt. Die litauische Bevölkerung protestierte dagegen: Menschenketten um den Fernsehturm und das Pressehaus wurden gebildet. Die Litauer verbarrikadierten das Parlament zum Schutz mit Betonklötzen und Stacheldraht. Aus dem Fenster wandte sich Professor Landsbergis mit leidenschaftlichem Appell an die Welt. Waffenlose Demonstranten wurden von Panzern der Sowjetarmee überrollt oder erschossen. Es gab 14 Tote und viele Verletzte. Dieser Tag ging als Blutsonntag in die litauische Geschichte ein.

Vielleicht war der Zeitpunkt des Mordanschlages bewusst so gewählt: Im Donner des Bombenhagels auf Bagdad verhallten die Schreie der Opfer von Vilnius. Das Ausland reagierte mit zurückhaltendem Protest gegenüber Gorbatschow. Aber zu diesem Zeitpunkt war kein Land, kein Politiker mutig genug, die unbedingte Freiheit Litauens zu fordern – geschweige denn, seine staatliche Unabhängigkeit anzuerkennen. Die Sorge, dass Gorbatschow sich in diesem Krieg auf die Seite Iraks schlagen könnte, war zu groß.

Ich versuchte erneut eine Reise – diesmal wollte ich gezielt nach Litauen. Mir war in Erinnerung, dass man über »Intourist« nach Litauen Pauschalreisen buchen konnte. Vielleicht konnte ich »als Tourist getarnt« mein Ziel erreichen? Meine Sekretärin, Frau Monika Mandt, war durch meinen Vorgänger zur »Reiseexpertin« geworden. Ich beauftragte sie mit der Buchung: eine Woche Vollpension für 920 DM. Wir verschwiegen, dass ich Abgeordneter war, und ich hoffte, dass der KGB noch keine Akte über mich angelegt hatte. Es klappte! Kurzfristig wurde sogar das Diplomatenvisum für meine Reise vom 6. bis 8. März 1991 nach Litauen genehmigt und im Eilverfahren abgeholt. Aber die deutsche Botschaft teilte über das Generalkonsulat Petersburg noch mit, dass vonseiten der deutschen Botschaft keinerlei Unterstützung oder Begleitung gewährt werden könne – anders, als sonst bei Reisen von Abgeordneten üblich.

Der spätere erfolgreiche Botschafter von Estland, Henning von Wistinghausen, war damals Generalkonsul von Leningrad/St. Petersburg und begleitete unsere späteren Reisen im Baltikum.

Beinahe wäre die Reise aber doch noch ins Wasser gefallen: Am Tage vorher musste ich etwas Falsches gegessen haben. Mir war hundeelend – mit allen Begleiterscheinungen. An Schlaf war nicht zu denken. Dennoch fuhr ich frühmorgens mit zwei schweren Koffern voller Geschenken zum Flughafen Bonn. Der erste Flug ging nach Berlin-Tegel. Die Fahrt vom Flughafen Tegel zum Flughafen Schönefeld erschien mir wie eine Ewigkeit.

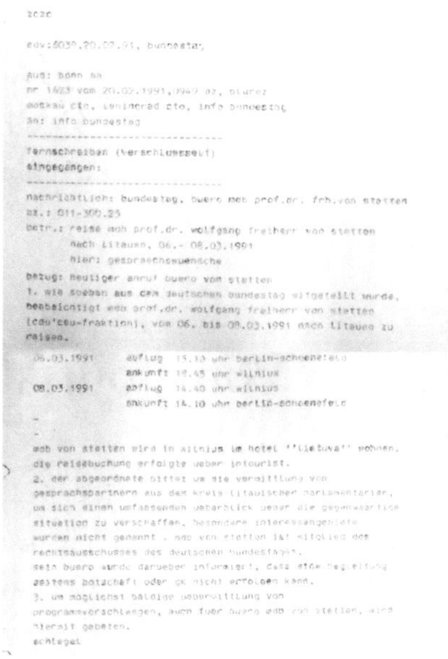

edv: 6039, 20.02.91, bundestag

aus: bonn aa
nr 1673 von 20.02.1991, 0949 oz plurez
an: info bundestag

2020
edv: 6039, 20.02.91, bundestag

aus: bonn aa
nr 1673 vom 20.02.1991,0949 oz, plurez
moskau oto, Leningrad oto, info bundestag
an: info bundestag
----
fernschreiben (verschluesselt)
eingegangen:
----
nachrichtlich:
bundestag, buero mdb prof. dr. frhr. von stetten
nach Litauen, 06.- 08.03.1991
hier: gespraechswuensche
bezug: heutiger anruf buero von stetten
1.wie soeben aus dem deutschen bundestag mitgeteilt wurde, beabsichtigt mdb prof. dr. wolfgang freiherr von stetten (cdu'csu-fraktion), vom 06. bis 08.03.1991 nach Litauen zu reisen.

06.03.1991	abflug	15.10 uhr berlin-schoenfeld
	ankunft	18.45 uhr wilnius
08.03.1991	abflug	14.40 uhr wilnius
	ankunft	14.10 uhr berlin-schoenfeld

mdb von stetten wird in wilnius im hotel «lietuva« wohnen. die reisebuchung erfolgte ueber intourist.
2. der abgeordnete bittet um die vermittlung von gespraechspartnern aus dem kreis litauischer parlamentarier, um sich einen umfassenden uberblick ueber die gegenwaertige situation zu verschaffen. besondere interessengebiete wurden nicht genannt. mdb von stetten ist mitglied des rechtsausschuss des deutschen bundestags. sein buero wurde darueber informiert, dass eine begleitung seitens botschaft oder gk nicht erfolgen kann.
3. um moglichst baldige uebermittlung von programmvorschlaegen, auch fuer buero mdb von stetten, wird hiermit gebeten.
schlegel

Ich stopfte mich mit unterwegs gekauften Medikamenten voll und war froh, als ich im Flugzeug saß. Erst durch einen harten Ruck wachte ich auf. Wir waren in Vilnius gelandet.

Vom Touristen zum Staatsgast

Die Kontrollen waren alles andere als ermutigend: Zunächst durch die sowjetischen Behörden, anschließend durch litauische Zoll- und Passbeamte. Ich hoffte, dass mich ein Taxi in das Hotel »Lietuva« bringen könnte. Vorsorglich hatte ich einen großen Zettel mit dem Namen des Hotels geschrieben, weil ich nicht wusste, ob die Taxifahrer außer Russisch und Litauisch eventuell auch Deutsch oder Englisch verstehen.

Es kam ganz anders. Am Ende des Ausgangs winkte ein kleiner kräftiger Mann und kam schnurstracks auf mich zu. Es war Antanas Račas, Mitglied des litauischen Parlamentes und Beauftragter für die Beziehungen zu Deutschland. (Von ihm wird noch ausführlich die Rede sein.)

Račas sprach sehr gut deutsch, denn er war früher Deutschlehrer. So ging die Verständigung hervorragend. Trotzdem war noch zusätzlich ein Dolmetscher, Prof. Kilius, anwesend und eine junge Dame vom Außenministerium: Frau Kuzmiezkaite. Wie ich später erfuhr, war sie die Tochter des stellvertretenden Ministerpräsidenten. Wir stiegen in die Diplomatenkarosse und folgten dem Polizeiauto.

Anstatt in das Touristenhotel »Lietuva« fuhren wir in das Regierungshotel »Draugyste« – aus dem Touristen war ein Staatsgast geworden. Dabei durfte ich mir nicht anmerken lassen, dass mir übel war. Die zwei Stunden Pause bis zum Abendessen taten mir gut, änderten aber am Zustand wenig. Das unspektakuläre Abendessen schildere ich dennoch, weil ich dabei zum ersten Mal mit dem komplizierten Staatsbürgerrecht der Sowjetunion in Berührung kam.

Zum vereinbarten Zeitpunkt ging ich in das Restaurant – dunkel, wenig einladend. Man geleitete mich zu einem Tisch in einer Nische, auf dem – wie in Litauen üblich – bereits Vorspeisen und Getränke standen, unter anderem auch eine Flasche Wodka. Mir ging es immer noch nicht gut. Noch war ich allein und so vergaß ich meine gute Erziehung. Ich öffnete die Wodkaflasche, goss kräftig ein und trank – nach dem saloppen Motto: »Entweder verreißt es dich – oder es hilft!« Und es half.

Dann kam fast tänzelnd ein junger Mann, der sich vorstellte als Emanuel Zingeris, Mitglied des Parlamentes und Signatar der Freiheitsakte.

Ich begrüßte ihn freudig mit den Worten, dass er mein zweiter litauischer Gesprächspartner sei. Bevor ich fortfahren konnte, wurde ich bereits unterbrochen. Zingeris erklärte mir, er sei nicht Litauer, sondern Jude. Auf meine verblüffte Frage, ob er denn Israeli sei, verneinte er und erklärte mir, er besitze zwei Pässe: einen sowjetischen und einen litauischen. Den sowjetischen Pass benötige er noch, solange die Republik Litauen als freies Land nicht allgemein anerkannt sei. In seinem sowjetischen Pass steht unter Staatsangehörigkeit: Sowjetunion, unter Volkszugehörigkeit: Jude.

In seinem litauischen Pass steht Staatsangehörigkeit: Litauen, Volkszugehörigkeit: Jude. »Obwohl Sie in Litauen geboren sind, steht im sowjetischen Pass als Volkszugehörigkeit Jude?«, fragte ich zweifelnd. Er bejahte dies und ich wusste noch nicht, welch eine große Rolle diese Unterscheidung für die Wolfskinder bei der Wiedererlangung bzw. Bestätigung der deutschen Staatsbürgerschaft spielen würde.

Die nächsten eineinhalb Tage waren ausgefüllt mit politischen Gesprächen bei nahezu allen Parteien, einem Besuch der altehrwürdigen Universität Vilnius bei Professor Namavičius – dem späteren Botschafter in Bonn, einem Gespräch mit der einzigen lutherischen Gemeinde in Vilnius und einer umfangreichen Pressekonferenz.

Eine mutige Menschenmasse schützt das Parlament vor den sowjetischen Panzern

Das wichtigste Gespräch war aber das mit dem Präsidenten des Seimas – des litauischen Parlamentes: Vytautas Landsbergis. Er hatte nach der Unabhängigkeitserklärung quasi die Stellung des Präsidenten der Republik Litauen inne.

Das Gespräch im verbarrikadierten Parlament begann sehr frostig. Landsbergis vermutete, dass wieder so ein besserwisserischer Abgeordneter aus Deutschland käme, der den Litauern Vorwürfe mache, wie schlecht sie die Russen behandeln würden. (Dies war Mitte Februar bei einem Kurzbesuch der SPD-Abgeordneten Erler und Sperling auf dem Weg von Moskau nach Berlin geschehen.)

Aus einem Höflichkeitsbesuch wurde eine anderthalbstündige Diskussion. Ich hatte mir vorher Kenntnisse über das Land Litauen und seine Geschichte angeeignet. Diese konnte ich dabei vertiefen und erweitern. Aus diesem Gespräch erwuchs eine jahrzehntelange Freundschaft, immer wieder befeuert durch Antanas Račas. Sogar seinen 80. Geburtstag feierte Präsident Landsbergis auf Schloß Stetten.

Eine missglückte Rückreise tat dem keinen Abbruch: Ich hatte das Flugzeug von Vilnius nach Berlin versäumt. Auf dem Reiseplan stand 14 Uhr Vilnuser Zeit, das Flugzeug flog aber nach Moskauer Zeit eine Stunde früher. Und so flog ich mit der nächsten Maschine nach Moskau. Leider erreichte ich die Lufthansa-Maschine von Moskau nach Frankfurt nicht mehr. Mein Versuch, mit der deutschen Botschaft Kontakt aufzunehmen, schlug fehl. Es war Frauentag – ein staatlicher Feiertag – und niemand zu erreichen. Die Restaurants am Flughafen waren geschlossen, die Kioske ebenso und Auskunft bekam ich auch keine.

Das erste Treffen mit Präsident Landsbergis (rechts: Prof. Kilius), das frostig begann …

… und freundschaftlich endete (Mitte: Antanas Račas)

Landsbergis feierte seinen 80. Geburtstag auf Schloß Stetten
(rechts: Ministerpräsident Erwin Teufel)

Ich sprach kein Wort russisch und konnte die kyrillische Schrift nicht entziffern. So irrte ich durch den Flughafen, auf der Suche nach einem geöffneten Restaurant. Nichts! Daher entschloss ich mich, in einem viertklassigen Hotel ein paar Stunden zu schlafen. Am nächsten Morgen saß ich – übermüdet, aber glücklich – in einem deutschen Flieger nach Hause (siehe Kurzbericht der Reise im Anhang).

Sie können sich vermutlich lebhaft vorstellen, welcher Unmut mich zu Hause erwartete: Hatte ich doch die beiden CDU-Kreisparteitage meines Wahlkreises (im Hohenlohekreis und in Schwäbisch Hall) versäumt – und das als frisch gewählter Abgeordneter bei den ersten Parteitagen nach der Wahl.

Doch das war nicht alles. Ein Leserbrief vom 9. März 1991 im »Hohenloher Tagblatt«, übertitelt mit »Wir werden regelrecht ausgeplündert«, kritisiert die Reise: »Der Vorsichtspolitiker Herr von Stetten fliegt als Mitglied des Rechtsausschusses nach Litauen – warum nicht zu den Deutschen nach

Schlesien, Oberschlesien und dem Sudetenland? Wollen sich diese politischen Wirrköpfe auf Kosten des Steuerzahlers im Baltikum profilieren? Man sollte wissen, dass das Baltikum niemals zur Interessenzone des deutschen Reiches zählte.«

Im Interview vom Haller Tagblatt 1994 wurde ich Folgendes gefragt: »Sie werden hier oft von Presse und Ihren politischen Gegnern als ›rechtslastig‹ eingestuft und unterstützen im Baltikum jüdische Organisationen. Wie passt das zusammen?«

Darauf erwiderte ich: »Die Frage ist in sich schon falsch. Ich habe sicher zum Teil konservative Ansichten, aber das hat weder mit rechtslastig noch mit rechtsradikal zu tun. Dies können nur Leute behaupten, die selbst linksradikal oder linksextrem sind. Es ist richtig, dass ich Initiator bin, über 300 litauischen, lettischen und estnischen KZ- und Ghetto-Überlebenden Hilfe zu leisten, da sie bisher durch alle Anspruchsberechtigungen durchgefallen und bettelarm sind. Ich helfe und unterstütze weiterhin mit Hilfe mir befreundeter Personen und Organisationen rund 200 sogenannte Wolfskinder. Das sind Deutsche, die heute zwischen 50 und 60 Jahre alt sind und als Kleinstkinder oder Kinder 1945/46 nach Litauen vertrieben, verjagt oder verschleppt wurden, nachdem oft ihre Eltern erschlagen oder vor ihren Augen vergewaltigt und getötet wurden. Diese Deutschen ringen um ihre Identität, da sie naturgemäß oft weder Papiere bei sich hatten, noch als Kleinstkinder ihre Namen kannten. Wir sind auf einem guten Wege, dass sie ihre deutsche Staatsbürgerschaft anerkannt bekommen. In unregelmäßigen Abständen unterstütze ich ca. 30 Witwen der Januaropfer und über hundert Schwerverletzte, die von ihren Regierungen nur geringe Renten bekommen. Allen drei Gruppen wird mit

Zahlungen von 30 bis 50 DM monatlich wesentlich geholfen, weil dies in etwa eine Monatsrente ist.«

Das Tagblatt fragte weiter: »Es gab kritische Stimmen während des Wahlkampfes – auch in der Partei – wegen Ihres Engagements in den baltischen Ländern, stört Sie das?«

Meine Antwort darauf: »Wenn es mehr als einzelne kleinkarierte Nörgler sind, würde mich das schon sehr stören. Ich sehe meine Aufgabe als Mensch, als Mitglied einer christlich-demokratischen Partei und erst recht als Abgeordneter, dort zu helfen, wo ich es kann und wo es am nötigsten ist. Ich könnte auch innerdeutsche Aktivitäten aufzählen, danach ist aber heute nicht gefragt. Als Vorsitzender der Deutsch-Baltischen Parlamentariergruppe habe ich Aufgaben, die ich auch erfülle. Dadurch werde ich mehr als andere Abgeordnete belastet, insbesondere aber meine Büros und dabei besonders Frau Mandt in Bonn.«

Und zuletzt: »Wähler und Mitglieder könnten dies aber anders sehen, nach dem Motto: Was hat der Wahlkreis davon?«

Darauf ich: »Das ist oft so, dass der Erfolg im eigenen ›Lande‹ nicht gesehen wird. Viele meiner Bundestagskollegen beneiden mich um die hochrangigen Besuche aus den drei Staaten, die ich nach Hohenlohe bringen konnte und deren wirtschaftlichen, und politische Kontakte sicher auch Früchte tragen werden … Ich werde mein Engagement auf jeden Fall fortsetzen.«

Staatsbesuch i

Litauens Präsident Valdas Adamkus besucht Kün

Michael Kübler (links), Leiter der Akademie Würth, mit Künzelsaus Archivar Stefan Kraut.

Roland Krause, ehemaliger Schulleiter des Schlossgymnasiums Künzelsau, mit Ehefrau Maria und Kunsthistorikerin Ursula Angelmaier (rechts).

Stadtrat Wilhelm Lüdemann (links) und Oskar Muth.

Aisté Hermann (von links) aus Litauen, Jurgita Speidel mit Sohn Leonard (6 Monate) aus Kupferzell und ihre Schwester Androne Sinstute aus Litauen.

Von Kurt Gesper

GROSSER BAHNHOF für den litauischen Präsidenten **Valdas Adamkus** und seine Gattin am Donnerstag vor dem Künzelsauer Rathaus. Bürgermeister **Volker Lenz** und Professor Dr. **Wolfgang von Stetten**, Honorarkonsul der Republik Litauen, begrüßen den hohen Gast. Nach einem kurzen Händeschütteln geht es per Aufzug ins Turmzimmer des Rathauses. Von der Balustrade aus zeigt Lenz dem Gast die Kreisstadt. Der blaue Himmel inspiriert Lenz zum deutschen Sprichwort: „Wenn Engel reisen, lacht der Himmel." Der Präsident lacht und gibt zurück: „Sollte ich ein Engel werden, würde ich in diesem wunderschönen Land leben wollen".

☆☆☆☆

DIE WEINBERGE im Kochertal gefielen dem Präsidenten besonders gut, sie seien wunderbar angelegt. Im Turmzimmer schreibt sich der Staatspräsident in das Goldene Buch der Stadt ein. „Mit den besten Grüßen und Wünschen für alle Bewohner dieser wunderschönen Stadt," übersetzt die Dolmetscherin den Eintrag.

☆☆☆☆

GUT 100 GÄSTE sind zur Eröffnung der Ausstellung litauischer Grafik ins Rathausfoyer gekommen. Volker Lenz stellt den Gästen die Stadt Künzelsau als starken Standort für Industrie und

Eintrag ins goldene Buch der Stadt Künzels tauische Honorarkonsul Dr. Wolfgang von S

Handel mit einer hohen Steuerkraft und guter Infrastruktur vor. „Die Ausstellung „Der Weg" ist ein repräsentativer Überblick über die Entwicklung der zeitgenössischen Druckgrafik Litauens", so der Stadtchef.

☆☆☆☆

FÜR DEN HERZLICHEN EMPFANG bedankt sich der Präsident. Valdas Adamkus: „Die Beziehungen zwischen den Menschen und Regionen sind eine

solide G
freundsch
zwischen
land. Erst
seitig be
stehen, k
hungen z
Ländern
zeitig ges
offenes u

EINE EIN
stellung n

Echo am Mittwoch 9. Jul

der Kreisstadt

Ausstellung mit litauischer Grafik wurde eröffnet

): Bürgermeister Volker Lenz, Litauens Präsident Valdas Adamkus, und der li-
os: Kurt Gesper)

ır enge,
iehungen
Deutsch-
ıs gegen-
und ver-
die Bezie-
n beiden
nd gleich-
ein freies,
uropa".

die Aus-
ragenden

Werken litauischer Grafikkünstler verschiedener Generationen gibt Kunsthistorikerin **Ursula Angelmaier**. Als Gastgeschenk überreicht Lenz dem litauischen Präsidenten einen Hohenloher Bildband und eine Flasche Sekt.

☆☆☆☆

ZUM MITTAGESSEN geht es ins Hotel Anne Sophie in den Würzburger Bau. Um ihren Staatspräsidenten zu sehen, ist **Jurgita Speidel** mit ihrem Sohn **Leonard** (6 Monate) ins Rathaus gekommen. Sie ist seit zwei Jahren mit einem Deutschen verheiratet und wohnt in Kupferzell. „Ich habe mich richtig gefreut, dass ich ihn hier begrüßen konnte", sagt Jurgita Speidel. Mergentheims Oberbürgermeister Dr. **Lothar Barth**: „Zwei Bilder, von Mikalojus Polilas Vilutis – die 'Insel' und 'der blaue Ritter' – gefielen mir auf Anhieb besonders gut."

Werner Hannemann (links) und Kreisrat Wilhelm Hofmann, beide aus Kocherstetten.

Dana Zemkalnis (links), Mitglied der litauischen Botschaft, mit der Ehrenbürgerin der Stadt Künzelsau, Carmen Würth.

Irina Ikkert (von links), Stefanie Klöckner und Anita Wilden von der Stadtverwaltung.

Alma Adamkus (links), Mitglied der litauischen Botschaft, Silvia Freifrau von Stetten.

Aus dem Echo-Magazin, Heilbronn (kleine Korrektur zum Bild unten rechts: Alma Adamkus ist die Ehefrau des Präsidenten)

Zum 25-jährigen Jubiläum der Wiederaufnahme der diplomatischen Beziehungen auf Schloß Stetten, von links nach rechts: Präsident Vitautas Landsbergis, Bundespräsident Roman Herzog, Wolfgang von Stetten, Landtagspräsident Peter Straub, Honorarkonsul Helmut Sigloch

Der Präsident a. D. Algirdas Brazauskas als Ministerpräsident zu Besuch in Schloß Stetten, hier neben Silvia von Stetten, hinten links: Franziska von Stetten, rechts: Prof. Justinas Karosas und Botschafter Vaidievutis Geralavičius

6 Vom Einfallsreichtum: Warum man als Politiker erfinderisch sein muss

Beinahe ein Eklat

Schon wenige Wochen nach meinem ersten Besuch im März 1991 in Litauen war im April 1991 eine Gruppe litauischer Parlamentarier in Deutschland zu Besuch – unter der Leitung des Vizepräsidenten des Seimas, Bronius Kuzmickas.

Zuvor wäre es fast zu einem Eklat gekommen: Die sehr mutige Präsidentin des deutschen Bundestages, Dr. Rita Süssmuth, hatte zu einem offiziellen Besuch in Deutschland eingeladen. Sie wurde vom Auswärtigen Amt und vom Bundeskanzleramt barsch »zurückgepfiffen« – mit der Begründung: Litauen sei keine eigenständige Republik. Also könne sie als Bundestagspräsidentin auch keine offizielle Einladung verschicken. Dies sei allenfalls einem Landtagspräsidenten möglich.

Die selbstbewussten Außenpolitiker aller Parteien, allen voran der Vorsitzende des Auswärtigen Ausschusses, Dr. Hans Stercken, fanden einen Ausweg: Ich als Abgeordneter lud die Delegation ein.

Genscher war sauer. Auch der Widerstand des Kanzleramtes wurde von der Konrad-Adenauer-Stiftung nicht zur Kenntnis genommen und sie übernahm die Kosten. Die Bundestagspräsidentin empfing die litauische Delegation mit allen Ehren im Bundestag, es wurden wichtige politische Gespräche mit hochrangigen Vertretern geführt.

Einige Wochen später besuchte Vytautas Landsbergis in seiner Eigenschaft als Parlamentspräsident und Vorsitzender der Freiheitsbewegung Deutschland. Auf Schloß Stetten hörten er und seine litauische Parlamentariergruppe zum ersten Mal die litauische Nationalhymne auf deutschem Boden: Der Posaunenchor Kocherstetten hatte es sich nicht nehmen lassen, in Windeseile die Noten der litauischen Nationalhymne zu besorgen und einzustudieren. Das mit viel Herzblut vorgetragene Musikstück rührte die litauischen Gäste (so wie bei einem späteren Besuch mit Erwin Teufel).

Sie fühlten sich, wenn
sie in der Botschaft waren,
ein wenig als Deutsche
anerkannt.

Wolfgang von Stetten

Erster Besuch im April 1991 auf Schloß Stetten mit Vizeminister-präsident Bronius Kuzmickas

Zu Ehren von Präsident Landsbergis und Ministerpräsident Erwin Teufel spielt der Posauenchor Kocherstetten die beiden Nationalhymnen im Burghof

Pragmatische Lösungen

Im deutschen Bundestag hatte ich mich mit Außenpolitikern aller Parteien zusammengesetzt: Wir beschlossen, eine Deutsch-Baltische Parlamentariergruppe zu bilden, um die Freiheitsbestrebungen der baltischen Staaten zu unterstützen und die angelaufenen Beziehungen zu vertiefen. Doch wir bissen bei der Verwaltung des Bundestages auf Granit – denn Litauen, Lettland und Estland waren noch keine offiziell anerkannten Staaten.

Was also tun? So kamen wir auf die Idee, stattdessen einen Deutsch-Baltischen Parlamentarischen Freundeskreis e.V. zu gründen. Das kann ja wohl nicht verboten sein ... Auf Anhieb beteiligten sich 90 Kolleginnen und Kollegen aus allen Parteien. Der Gründungsakt fand am 12. Juni 1991 statt (Liste im Anhang).

Prof. Gert Weisskirchen

Vorsitzende wurden: Prof. Wolfgang von Stetten (CDU/CSU), Prof. Gert Weisskirchen (SPD) und Frau Dr. Cornelia von Teichmann (FDP).

Unsere Aktivitäten wurden von der deutschen Regierung ungern gesehen. Der Freiheitsdrang der baltischen Staaten passte nicht ins Konzept. Man wollte Rücksicht nehmen auf Gorbatschow: Auch dank seiner »Rückendeckung« war die Mauer gefallen, die Wiedervereinigung erreicht. Außerdem standen noch Hunderttausende bis an die Zähne bewaffneter sowjetischer Soldaten in Deutschland.

Am 11. Juli 1991 besuchte ich mit einer Gruppe deutscher Parlamentarier Litauen – sechs Wochen bevor Litauen von den Staaten der Europäischen Gemeinschaft anerkannt wurde. Es war mir eine Freude, vor dem ersten frei gewählten litauischen Parlament seit 50 Jahren sprechen zu dürfen. »Die Freiheit erreichen Sie nur mit Gorbatschow, nicht gegen Gorbatschow.« Diesen Satz hörten die Litauer nicht gern. Doch ich hatte noch die »Gorbi! Gorbi!«-Rufe der DDR-Bürger von 1989 im Ohr und war der Überzeugung, dass Gorbatschow kein Scharfmacher war.

Die letzten Toten auf dem Weg zur Freiheit

Kurz darauf entstand eine höchst gefährliche Lage: Am 31. Juli 1991 wurden 7 Zollbeamte in Medininkai, an der Grenze zu Weißrussland, kaltblütig erschossen. Ein achter wurde schwer verletzt. Der professionell ausgeführte Anschlag erfolgte 24 Stunden nach Bekanntgabe des Jelzin/Landsbergis-Vertrages, in dem von einem »ewigen freien Litauen« die Rede ist. Jelzin war zu diesem Zeitpunkt »Präsident« der sowjetischen Republik Russland und pochte – wie auch Landsbergis – auf die Verfassung: »Jeder Unionsrepublik bleibt das Recht auf freien Austritt aus der UdSSR gewahrt«

(§ 72 Artikel der Verfassung der Union der sozialistischen Sowjetrepubliken vom 7. Oktober 1977).

So konnte die Ermordung der Zollbeamten auch als Drohung gegen die beabsichtigte litauische Souveränität verstanden werden. Möglicherweise sollte das Attentat, das zeitgleich mit dem Besuch von US-Präsident Bush in der Sowjetunion verübt wurde, auch den Litauern ihre eigene Ohnmacht vor Augen führen. Es herrschte große Angst: Die Hinrichtungen wurden der berüchtigten OMON-Einheit des sowjetischen Innenministeriums zugerechnet und man fürchtete, dass diese Truppe – wie am Blutsonntag – wieder zuschlagen würde.

Ich versuchte, ein Visum zu bekommen, um an der Beisetzung in Vilnius teilnehmen zu können. »Njet« hieß es aus der sowjetischen Botschaft in Bonn – ein Visum benötige zehn Tage. Mein Hinweis, dass ich ja wohl kaum zehn Tage vorher von der Ermordung wissen konnte, fruchtete nicht. Ich kündigte telefonisch meine Ankunft in der Botschaft an und ließ mich hinfahren. Dort wurde ich im Vorraum von einem Botschaftsrat empfangen. Mein Begehren, den Botschafter zu sprechen, wurde abgelehnt: »Der Herr Botschafter bedauert, aber ein Visum kann unmöglich ausgestellt werden.«

Ich hatte mich schon einige Zeit vorher beim Botschafter Terechow unbeliebt gemacht – mit folgendem Brief:

Der Presse zur Kenntnis

Prof. Dr. Wolfgang Frhr. v. Stetten
Mitglied des Deutschen Bundestages

Deutsch-Baltischer
Parlamentarischer Freundeskreis

5300 Bonn 1
Bundeshaus
Telefon 0228 - 16 53 46
Telefax 0228 - 16 75 26

Wahlkreis:
Schloß Stetten
7118 Künzelsau
Telefon 07940 - 37 42
Telefax 07940 - 12 61 60

S.E.
dem Botschafter der Union
der Sozialistischen Sowjetrepubliken
Herrn Wladislaw Terechow
Waldstr. 42

5300 B o n n 2

27. Juni 1991

Exzellenz,
sehr geehrter Herr Botschafter,

mit großem Befremden hören wir aus Litauen von immer neuen Übergriffen sowjetischer Behörden gegenüber litauischen Einrichtungen. Diese Politik der kleinen Nadelstiche - wie die vorübergehende Abschneidung der Telefonleitungen - paßt nicht in das Konzept der europäischen Aussöhnung, verbunden mit Offenheit und Freiheit.

Diese Handlungen der Gewalt stehen auch im kraßen Gegensatz zu den Beteuerungen des Präsidenten der Sowjetunion Gorbatschow, die Eigenmächtigkeiten untergebener Stellen in diesen Staaten nicht weiter zu dulden.

Im Namen von 100 Abgeordneten des Deutschen Bundestages - des deutsch-baltischen Parlamentarischen Freundeskreises - protestieren wir gegen diese Maßnahmen und warnen eindringlich davor, weitere gewaltsame Maßnahmen in den baltischen Ländern vorzunehmen.

Es kann kein Zweifel - auch auf sowjetischer Seite - geben, daß die Annektion der drei baltischen Staaten 1940 völkerrechtswidrig war und keinen Bestand haben kann. Es müssen endlich ernsthafte Verhandlungen über die legitimen Bestrebungen der baltischen Republiken zwischen den gewählten Vertretern der Litauer, Letten und Esten und den politischen Kräften der Moskauer Zentrale angestrebt werden.

Präsident Gorbatschow hat zweifellos eine welthistorische Friedensleistung erbracht. Nun sollte er aber auch dafür sorgen, daß keine Gewaltmaßnahmen gegen die baltischen Republiken ausgeübt werden. Jede Gewalt ist ein Hindernis auf dem Weg zum gemeinsamen Haus Europa.

Mit vorzüglicher Hochachtung

Dr. Wolfgang v. Stetten, Vorsitzender

Prof. Gert Weisskirchen, stellvertr. Vorsitzender

Dr. Cornelia v. Teichman, stellvertr. Vorsitzende

Öffentlicher Brief von Wolfgang von Stetten vom 27. Juni 1991

Am Jahrestag der Ermordung: Besuch mit dem stellvertretenden Vorsitzenden Reinhold Hiller am Denkmal in Medininkai

Nach der Ablehnung setzte ich mich hin und erklärte: »Ich werde das Haus erst verlassen, wenn ich ein Visum habe – oder mit Gewalt hinausgetragen werde!« Es wurde hektisch in der Botschaft. Ein älterer Botschaftsangestellter, sehr distinguiert und höflich, versuchte mich zu überreden, die Botschaft zu verlassen: Man benötige die Zustimmung aus Moskau, die Leitungen seien leider überlastet und man sei sehr traurig darüber, ich müsse das doch verstehen ... Ich verstand nichts. Dann kam ein dritter, im Ton weniger höflicher Herr und drohte mit der Polizei – wegen Hausfriedensbruchs. Ich erwiderte: »Das wird die Öffentlichkeit sehr interessieren: zu erfahren, dass ein deutscher Abgeordneter, der zur Beisetzung von sieben ermordeten Zollbeamten fliegen wollte, kein Visum bekommt und unter Zwang aus der Botschaft entfernt wird!« Nur mühsam beherrschte sich der Herr und verschwand. Ich saß dann eine dreiviertel Stunde unbehelligt da, bis der erste Botschaftsrat wieder erschien. Er übergab mir meinen Pass mit Visum: »Wir sind sehr erfreut, Ihnen helfen zu können, und wünschen eine gute Reise!«

Mein Fahrer und ich rasten zum Flughafen Bonn. Die Abfertigung des gebuchten Fluges war schon beendet, ich musste meinen Koffer mit ins Flugzeug nehmen.

Doch die Geschichte ist noch nicht zu Ende. Frau Monika Mandt hatte den Flug nach Moskau für mich organisiert. Aus dem Büro der Aeroflot hieß es allerdings, bedauerlicherweise sei in der 1. Klasse nichts mehr frei – alles ausgebucht. Man hoffte, dass ich als Abgeordneter eher auf die Reise verzichten würde, als in der »Holzklasse« zu fliegen. Aber Frau Mandt reservierte in der Economy-Class einen Platz für mich. Als ich dann in letzter Minute doch noch an Bord kam, war die erste Klasse gähnend leer. Ich bestand darauf, dort hingesetzt zu werden. Die Aufregung war groß. Eigentlich sei alles ausverkauft gewesen, aber mehrere Absagen usw. seien eingegangen. Leider könne man mich dort nicht hinsetzen, man habe nur fünf Essen für die 1. Klasse. All das beeindruckte mich nicht: »Ich brauche nichts zu essen, ein Glas Wodka genügt!« Das hektische Telefonieren und die Diskussion dauerten an. Sogar der Flugkapitän wurde mit einbezogen. Die Maschine startete dann 20 Minuten später. Ich aber saß in der 1. Klasse und konnte mich kaum der Freundlichkeit der Stewardessen erwehren, die mich mit Wodka, Kaviar und Krimsekt verwöhnten. Meine Hartnäckigkeit hatte sich mal wieder ausgezahlt. Wobei es mir gar nicht um den Luxus der 1. Klasse ging – ich lasse mich nur nicht gern »verschaukeln«.

In Moskau wurde ich am Flughafen von Osvaldas Markevičius, Begründer der unabhängigen Studentenbewegung an der Universität Vilnius, empfangen, der später zeitweise in Bonn mein Mitarbeiter war. Später betreute er mich auch in Litauen, zum Beispiel als Dolmetscher. Gemeinsam fuhren wir zum Inlandsflughafen, um mit einer Regierungsmaschine nach Vilnius zu gelangen.

Die Begräbniszeremonien für die Opfer des Mordanschlags waren die beeindruckendsten Trauerfeierlichkeiten meines Lebens: der Abschied im Dom – der kilometerlange Trauerzug, den 55.000 Menschen begleiteten ...

Auf dem Friedhof durfte ich im Namen des Deutschen Bundestages eine kurze Rede halten: »Liebe Angehörige der Toten, Herr Präsident, Eminenzen, Exzellenzen, liebe Litauer, in dieser schweren Stunde bin ich zu Ihnen gekommen, um als Abgeordneter des Deutschen Bundestages im Namen des deutschen Volkes mein tiefes Mitgefühl auszusprechen. Freude und Trauer, Stolz und Abscheu liegen in dieser Woche eng beieinander: auf der einen Seite der wichtige Vertrag zwischen dem Präsidenten der Russischen Republik, Jelzin, und dem Präsidenten der Litauischen Republik, Landsbergis, über die Unabhängigkeit, auf der anderen Seite der feige Mord, der uns alle geschockt hat. Wenn junge Leute ihr Leben im Kampf um die Freiheit verlieren, ist dies schlimm. Wenn aber die 7 Männer – wie in diesem Fall – direkt hingerichtet werden, ist die Reaktion nur Entsetzen und Abscheu. Es ist nicht meine Aufgabe und heute auch nicht die Stunde, die Schuldigen zu suchen. Die Verantwortung hat die Zentralregierung in Moskau und Gorbatschow direkt durch die

Der legendäre Trauerzug vom Dom zum Friedhof in Vilnius, vorbei an den berüchtigten Omon-Truppen des sowjetischen Innenministeriums, in der Hoffnung, dass sie nicht eingreifen

falsche Politik gegenüber den baltischen Staaten. Man kann nicht nur über den Frieden im Äußeren reden, man muss ihn auch im Inneren herstellen. Gorbatschow kann das Blutvergießen beenden, wenn er die Freiheit der drei baltischen Staaten anerkennt. Die 7 Ermordeten sind für ihr Vaterland gestorben, mögen es die letzten Toten auf dem Weg zur Freiheit sein. Ich bete für den Schwerverwundeten und verneige mich in Ehrfurcht vor den Toten.«

Zum Glück waren es wirklich die letzten Toten auf dem Wege zur Freiheit. Der achte Zollbeamte, Tomas Šernas, der schwerverletzt überlebt hatte, wurde mit meiner Hilfe später nach Deutschland gebracht, um medizinisch behandelt zu werden. Das ging gründlich schief: Die Sicherheitsbeamten führten sich in der Klinik unbotmäßig auf – immer in der

Während des Trauergottesdienstes im Dom von Vilnius, von links nach recht: Wolfgang von Stetten, Ministerpräsident Gediminas Vagnorius, Gražina und Vytautas Landsbergis

Angst, der KGB würde den Schwerverletzten töten wollen, damit er nicht als Zeuge aussagen könne. Nach der Intervention der Klinikleitung wurde er bei Nacht und Nebel nach Litauen zurückgebracht und dort weiterbehandelt. Er überlebte seine schweren Kopfverletzungen, aber leider mit gesundheitlichen Spätfolgen.

Im Buch von Landsbergis »Jahre der Entscheidung« (S. 354) wird dieser Vorfall verschwiegen.

Landsbergis hatte übrigens sehr wohl bemerkt, dass ich als einziger Vertreter von westlichen Staaten bei den Trauerfeierlichkeiten anwesend war.

Ähnlich war es auch später – 1994 – in Estland: Das estnische Volk feierte den Abzug der letzten russischen Soldaten. »Der estnische Präsident dankte ausdrücklich vier Staaten, die bei der Erlangung der Unabhängigkeit Estlands besonders hilfreich waren: An erster Stelle Finnland und Schweden, dann Deutschland und die USA. Der einzige Ausländer, der bei der Kranzniederlegung das Wort ergriff, war der CDU-Bundestagsabgeordnete Wolfgang Freiherr von Stetten, der die Grüße des Deutschen Bundestages überbrachte. Er erinnerte an den Leidensweg des estnischen Volkes in Sibirien und erklärte, es müsse jetzt alles geschehen, damit Estland in die Europäische Union aufgenommen werden könne« (Baltische Briefe Nr. 9, September 1994).

Vytautas Landsbergis
Jahre der Entscheidung

Litauen auf dem Weg in die Freiheit
Eine politische Autobiographie

edition tertium

Dem großen Freund Litauens
Wolfgang Freiherr von Stetten –
herzlichst
V. Landsbergis
den 15. April 1997.

Widmung in der deutschen Fassung der Autobiografie von Vytautas Landsbergis

Die Kunst der Improvisation

Die Ereignisse überschlugen sich: Am 19. August 1991 gab es in Moskau einen Putschversuch gegen Gorbatschow. Obwohl dieser nach nur drei Tagen scheiterte und Gorbatschow in seinem Amt verblieb, beschleunigte er den Zerfall der Sowjetunion. Gorbatschow wurde entmachtet, Jelzin übernahm das Ruder.

Entgegen dem Willen der Regierung waren wir entschlossen, ein baltisches Informationsbüro einzurichten. Die Vertragsunterzeichnung war für den 21. August vorgesehen. Die Mietvertragsunterzeichnung wurde mit der Begründung zurückgezogen, man müsse aufgrund des Sturzes von Gorbatschow erst die Entwicklung abwarten.

Hohenloher Tagblatt 20. August 1991

Ängstlichkeit und mangelnde Courage

KÜNZELSAU/BONN. Die für den morgigen Mittwoch vereinbarte Unterzeichnung eines Mietvertrags für das vom Bundestag beschlossene Informationsbüro zwischen dem Vorsitzenden des Deutsch-Baltischen parlamentarischen Kreises, Dr. Wolfgang von Stetten, und einer Eigentümergemeinschaft in Bonn-Duisdorf ist geplatzt.

Mit Empörung reagierte der Bundestagsabgeordnete Prof. Dr Wolfgang von Stetten auf die Begründung, man müsse aufgrund des Sturzes von Gorbatschow erst die Entwicklung abwarten. Man wolle kein Büro, vor dem Bürger für die baltischen Länder bei eventuellen blutigen

> Auseinandersetzungen demonstrieren würden. Solche Begründungen, so von Stetten, zeigten im höchsten Maße mangelnde Zivilcourage und geschäftsmäßige Ängstlichkeit, die Leuten wie den Putschisten in Moskau direkt in die Hände arbeiteten.
>
> Dr. von Stetten rief Hauseigentümer in und um Bonn auf, Angebote für ein baltisches Informationsbüro mit vier bis sechs Räumen zuzusenden, um den Litauern, Letten und Esten zu zeigen, dass nicht alle Deutschen so kleinmütig seien. Gerade jetzt gelte es, die Freiheitsbewegungen dieser Staaten zu unterstützen, »denn sie wollen nicht mehr in einer Diktatur leben«. Das Mindeste, was man in Deutschland tun könne, sei es, diese Länder moralisch mit einem Informationsbüro zu unterstützen, während sie mit Leib und Leben um ihre Existenz ringen und kämpfen.

Der Aufruf hatte Erfolg. Das Büro am Bertha-von-Suttner-platz diente erst als »baltisches Informationsbüro« und wurde später zur Botschaft für die drei baltischen Staaten: je ein Zimmer für den litauischen, den lettischen und den estnischen Botschafter. In der Mitte saß die Sekretärin.

Nun hatten die drei jungen Staaten zwar Botschafter – aber kein Geld ... Mit Möbeln half die Bundestagspräsidentin Rita Süssmuth, Gehälter, Versicherungen und Fahrzeuge liefen über mich. Anhand der Strafzettel und Unfallaufnahmen wusste ich immer, wo die Autos gewesen waren. Damit war die etwas kuriose Situation entstanden, dass die »Botschafter« von Estland und Litauen mehrere Monate quasi »Angestellte« von mir als Bundestagsabgeordnetem waren und von mir besoldet wurden. Eine einmalige Situation! Das Auswärtige Amt hat die Kosten später ersetzt. Außenminister Genscher schreibt am 8. Dezember 1991: »Im Hinblick auf die eminenten Schwierigkeiten der baltischen Staaten beim Aufbau ihrer Verwaltungen und bei der Errichtung von Vertretungen in Bonn ist das Auswärtige Amt ausnahmsweise bereit, das Baltische Informationsbüro noch einmal in der ersten Jahreshälfte 1992 finanziell zu unterstützen. Allerdings kann es sich hierbei nur um eine zeitlich begrenzte Geste in der Aufbauphase der bilateralen Beziehungen handeln. Die Unterstützungsmaßnahme sollte vertraulich behandelt werden.«

Wir handelten pragmatisch – Improvisation auf höchstem diplomatischem Niveau. (Siehe dazu auch: Wolfgang Bok: Der schwarze Baron, S. 104f.)

Von links nach rechts: Der estnische Botschafter Tiit Matsulevitš, der Koordinator für die baltischen Staaten, Andreys Urdze, Wolfgang von Stetten, der lettische Botschafter und zukünftige Staatspräsident Egils Levits, N.N., der litauische Botschafter Vaidotas Antanaitis

Nach dem Putschversuch gegen Gorbatschow reagierte man im Westen fast überstürzt und überschlug sich mit der Anerkennung. Aber die deutsche Regierung zögerte noch.

Der dänische Außenminister Ellemann-Jensen überzeugte Genscher noch in der Nacht. So flog das Flugzeug mit den drei baltischen Außenministern von Kopenhagen nicht nach Vilnius, sondern nach Bonn. Am 28. August 1991 unterzeichneten die Außenminister Litauens (Algirdas Saudargas), Lettlands (Janis Jurkans) und Estlands (Lennart Meri) mit dem Außenminister Deutschlands (Hans Dietrich Genscher) im Auswärtigen Amt die Dokumente über die Wiederaufnahme der diplomatischen Beziehungen.

Auch Bundeskanzler Helmut Kohl kam dazu – auf Drängen der Außenpolitiker aller Parteien.

Zu dieser Zeremonie wäre ich beinahe zu spät gekommen: Ich war mit Herrn Tiit Matsulevits, dem Botschafter aus Estland, und Herrn Urdze, der die lettischen Interessen vertrat, im deutsch-baltischen Informationsbüro. Plötzlich stellten wir fest, dass es Zeit sei, ins Auswärtige Amt zu fahren. Wir stiegen zu dritt – alle nicht gerade untergewichtig – in den Fahrstuhl, der eigentlich für zwei Personen vorgesehen war. Das nahm der Fahrstuhl übel. Er fuhr an – und blieb stehen. Wir riefen und klingelten, nichts tat sich. Die Luft wurde stickig und stickiger. Wir fingen an zu schwitzen. Aber selbst, wenn wir ohnmächtig geworden wären – wir hätten nicht fallen können, so viel Platz gab es nicht. Es war wohl nur eine Viertelstunde, aber uns kam es wie eine Ewigkeit vor, bis sich jemand, schlecht Deutsch sprechend, aus dem Keller meldete: Wir sollten diese und jene Knöpfe drücken, wir würden dann runtergelassen. Nachdem dies in

Unterzeichnung der Wiederanerkennung der baltischen Staaten, 28. August 1991, von links nach rechts: Algirdas Saudargas (Litauen), Janis Jurkans (Lettland), Lennart Meri (Estland), Hans Dietrich Genscher mit (grimmig schauendem) Helmut Kohl

Herzliche Verabschiedung von Algirdas Saudargas auf dem Flughafen

sehr langsamen Etappen geschehen war, öffnete man uns strahlend die Tür und sagte: »Jetzt können Sie wieder hochfahren!« Wir drei lehnten dankend ab und stiegen, wenn auch schwitzend, aus dem tiefen Keller nach oben, um gerade noch rechtzeitig mit einem Taxi und einem verständigen Pförtner und Türsteher des Auswärtigen Amtes zur Zeremonie eingelassen zu werden ...

Unmittelbar nach der Zeremonie verabschiedete ich den Außenminister Saudargas.

Die Bundestagspräsidentin Rita Süssmuth flog am 6. September 1991 spontan mit einer deutschen Delegation nach Litauen, um die Glückwünsche Deutschlands für die erfolgreiche Wiederherstellung der freien Republik Litauen zu überbringen.

Überwältigende Kundgebungen der Dankbarkeit und Freude waren der Lohn ihres couragierten Auftretens. Erst eine Woche später kam der Außenminister ... Genscher war nur der zweite.

Noch eine Anmerkung am Rande: Bei dem abendlichen Empfang »beschwerte« ich mich bei Staatspräsident Landsbergis darüber, dass ich neuerdings für meine Besuche ein litauisches Visum benötige und dieses nur für 14 Tage ausgestellt würde. Landsbergis nahm meinen Pass und schrieb – zum Entsetzen seiner neuen bürokratischen Berater – hinein: *Visum lebenslänglich – Landsbergis.* (Siehe »Welt« vom 13. 9. 1991.)

Wir nahmen noch unbürokratisch und ohne protokollarische Abstimmung mit Bonn einen am 13. Januar 1991 schwer verletzten jungen Mann mit, der ein halbes Jahr im Bundeswehrkrankenhaus Hamburg gepflegt und geheilt wurde.

Arunas Ramanavicius ist inzwischen Chemie-Professor an der Universität in Vilnius. Meine politischen Erfahrungen aus dieser spannenden Zeit könnte man so zusammenfassen: »Geht nicht? Gibt's nicht!« Mit diesem meinem Wahlspruch hatten wir Erfolg.

Dankeskundgebung im Marienwallfahrtsort Sillowa, in der Mitte Vytautas Landsbergis mit Rita Süssmuth und Silvia von Stetten

Endlich kam ich zu einer Stadt, die Kaunas hieß. Hier gab es gute Leute, die mir Essen und eine Unterkunft gaben.

Elfriede Sciukiene

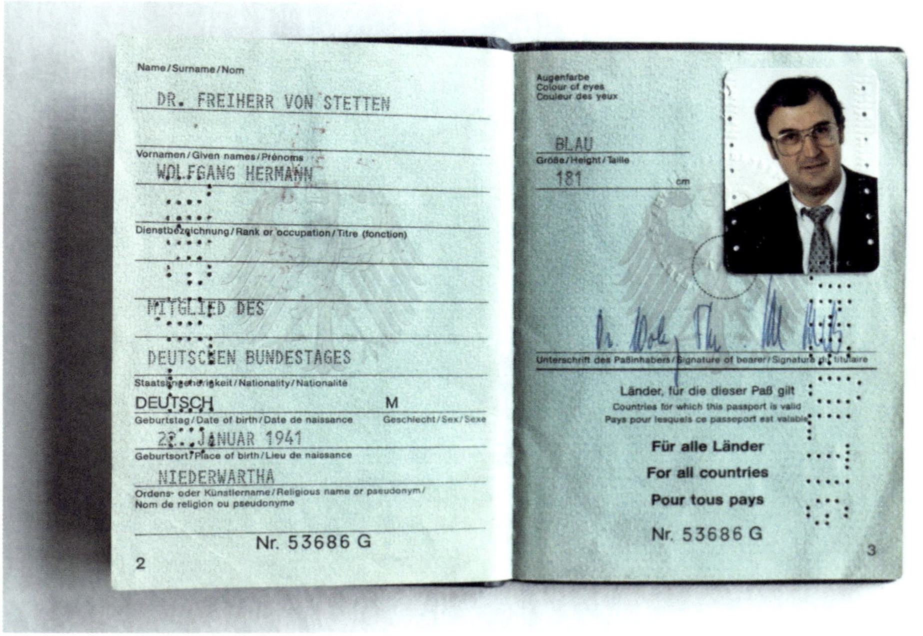

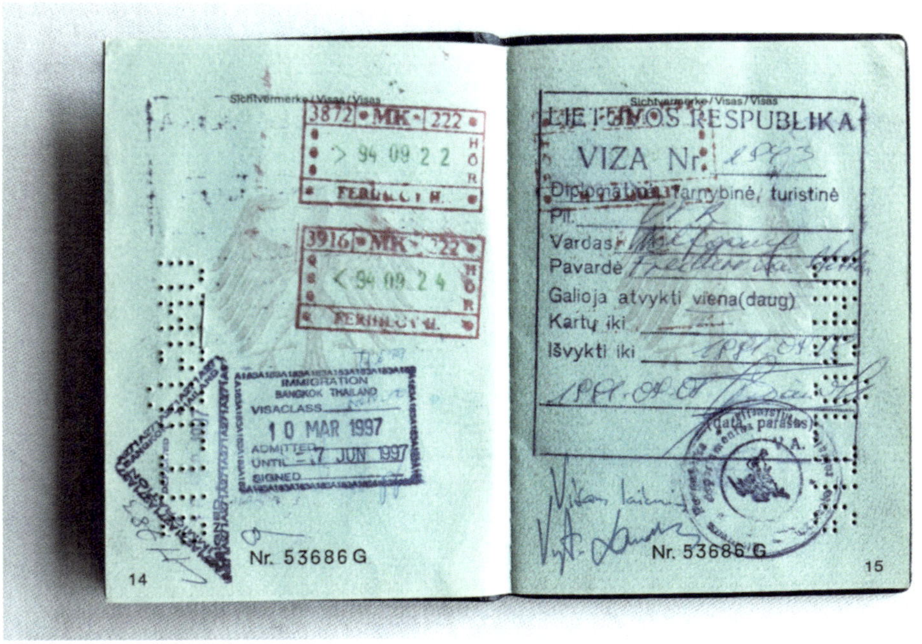

Visa lebenslänglich

Besuch im Bundeswehrkrankenhaus Hamburg, von links nach recht:
Arunas Ramanavicius, Wolfgang von Stetten und Cornelia von Teichmann

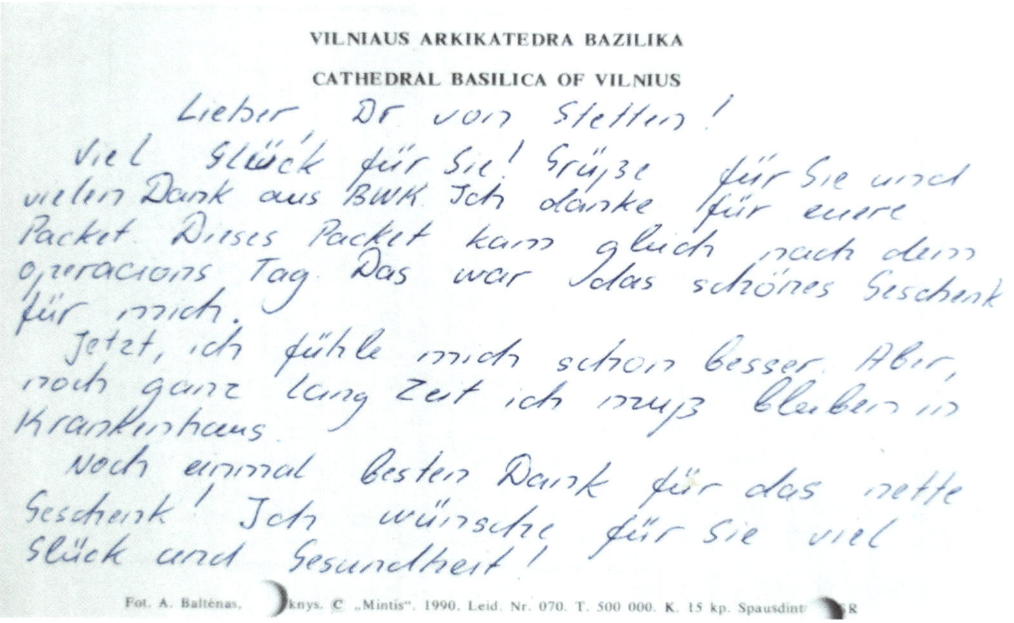

VILNIAUS ARKIKATEDRA BAZILIKA

CATHEDRAL BASILICA OF VILNIUS

Lieber Dr von Stetten!

Viel Glück für Sie! Grüße für Sie und vielen Dank aus BWK. Ich danke für euere Packet. Dieses Packet kam gleich nach dem operacions Tag. Das war das schönes Geschenk für mich.

Jetzt, ich fühle mich schon besser. Aber, noch ganz lang Zeit ich muß bleiben in Krankenhaus.

Noch einmal besten Dank für das nette Geschenk! Ich wünsche für Sie viel Glück und Gesundheit!

Fot. A. Baltėnas, knys. © „Mintis". 1990. Leid. Nr. 070. T. 500 000. K. 15 kp. Spausdint R

Dankesbrief von Arunas

Der Held wird abgewählt

Ein Jahr später, bei der ersten freien Wahl der freien Republik erlitten Vitautas Landsbergis mit seiner Konservativen Partei/Vaterlandsunion und Saudargas mit seiner Christdemokratischen Partei eine verheerende Niederlage. Die ehemalige Kommunistische Partei, die LDDP, errang die absolute Mehrheit, Brazauskas wurde Ministerpräsident und später auch zum ersten frei gewählten Präsidenten der neuen Republik Litauen. Was war passiert? Der Ministerpräsident Abishala hatte die Brotpreise erhöht und die Temperaturen der Fernwärmeversorgung auf 13 Grad gesenkt. Ich war am Wahltag in Vilnius. Es war schmuddeliges, kaltes Wetter mit Schneeregen. Die Leute strömten in die Kirchen und es wurde ein hoher Sieg von Landsbergis erwartet. Die Bevölkerung war zwar froh, in Freiheit in die Kirchen gehen zu können, erinnerte sich aber an die satten und warmen Zeiten des Kommunismus, und da Brazauskas auch für die Freiheit gekämpft hatte, wählte man das Warme und Satte.

Ich schrieb an Landsbergis: »Sehr geehrter Herr Vorsitzender, lieber Herr Landsbergis! Leider sind die Wahlen nicht so ausgefallen, wie gewünscht. Die Demokratie ist nicht dankbar. Trösten Sie sich mit Churchill und de Gaulle, die beide die Kriege für England bzw. Frankreich gewannen und anschließend abgewählt wurden. Ich hoffe, dass Sie aber weiterhin aktiv in der Politik bleiben, und würde mich freuen, wenn wir uns anlässlich meines Kurzbesuches vom 19. bis 21. Dezember in Vilnius zu einem Gespräch treffen könnten. Für heute Ihnen und Ihrer lieben Frau die besten Grüße, Ihr Wolfgang von Stetten.«

Und er kam – wie Churchill und de Gaulle – triumphal zurück in die Politik. Übrigens: Die Litauer wählten alle vier Jahre ihre Regierungen ab. Es kam nie zu irgendwelchen Schwierigkeiten.

»Visa lebenslänglich« galt leider nur für mich. Die Visafreiheit für die Litauer und die Deutschen umgekehrt sollte noch lange dauern. Der damalige Innenminister Rudolf Seiters war nicht abgeneigt – wegen der besonderen Verantwortung für die Beziehung zu den drei baltischen Staaten –, Visafreiheit zu gewähren. Ich wunderte mich über die Zurückhaltung der baltischen Regierungen in den Verhandlungen, die dann ergebnislos endeten. Mit der Übernahme des Ministeriums des Inneren durch Dr. Manfred Kanther wurde eine deutlich restriktivere Gangart in Fragen der Visafreiheit bei den osteuropäischen Staaten vorgegeben. Erst hinterher erfuhr ich, dass man vonseiten der baltischen Staaten bewusst Zurückhaltung wegen der Visafreiheit geübt hatte. Die Visagebühren waren eine wichtige Einnahmequelle, mit deren Hilfe die Botschaften in Deutschland finanziert wurden.

Vor der deutschen Botschaft in Vilnius bildeten sich tagtäglich lange Schlangen. Plätze in der Schlange wurden verkauft und sonstige Mauscheleien blieben nicht aus. Hier konnte ich den Wolfskindern helfen, indem der Botschafter Reinhart Kraus zustimmte, dass die Wolfskinder direkt in das Botschaftsgebäude gehen konnten, um ihre Visa abzuholen und diese auch verbilligt waren. Das waren für die Wolfskinder jedes mal kleine Glücksmomente. Sie fühlten sich, wenn sie in der Botschaft waren, ein wenig als Deutsche anerkannt. Zusammen mit dem Vorsitzenden des Auswärtigen Ausschusses, Dr. Karlheinz Hornhues, konnten wir in mühsamen, oft kontroversen Verhandlungen den Innenminister überzeugen, dass von einer Visafreiheit der Litauer, Letten und Esten kein Asylmissbrauch zu befürchten sei. Zu Reisen ins Ausland brauchten wir Politiker immer im Voraus die Genehmigung des Auswärtigen Ausschusses und der Bundestagsverwaltung mit all dem »Papierkram«. Das war bei meinen häufigen, auch kurzfristigen Reisen etwas schwierig. Dr. Hornhues verfügte, dass ich keine Genehmigungen vorher brauchte.

Nach Durchsetzung der Visafreiheit richtete sich unsere Arbeit der Deutsch-Baltischen Parlamentariergruppe darauf, den Wunsch und die eindringliche Bitte der drei baltischen Staaten auf Mitgliedschaft in der Europäischen Union und der NATO zu unterstützen. Die Mitgliedschaft in der EU war wenig umstritten. Sie hing im Wesentlichen an wirtschaftlichen Entwicklungen, die erfüllt sein mussten. Streit gab es über die Aufnahme in die NATO mit angeblicher Rücksicht auf Russland. Ich will es kurz machen: Wir arbeiteten auf allen Ebenen: Reinhold Hiller bei der SPD, Winfried Nachtwei bei den Grünen und ich beim außenpolitischen Sprecher, dem früheren Verteidigungsminister Volker Rühe. Rühe war der härteste Brocken und gab erst nach massivem Druck, ihn auf dem Parteitag bloßzustellen, nach. Die Mitgliedschaft in der NATO hing natürlich nicht nur von der Bundesrepublik Deutschland ab, aber ohne ihr zustimmendes Votum wäre es nicht möglich geworden.

Wie wichtig die Mitgliedschaft war und ist, zeigen der »Krimraub«, die Ukrainekonflikte und die Kaukasuskonflikte. Wie sehr unsere Bemühungen beachtet wurden, zeigt der Brief des Parlamentspräsidenten Paulauskas vom 15. Oktober 2001.

DER VORSITZENDER DES SEIMAS DER REPUBLIK LITAUEN

Herrn Prof. Dr. Wolfgang von Stetten
Mitglied des Deutschen Bundestages
Vorsitzenden der Deutsch-Baltischen Parlamentariergruppe

Vilnius, 15. Oktober 2001

Sehr geehrter Herr Prof. Dr. von Stetten,

für Ihr Schreiben an den Bundeskanzler der Bundesrepublik Deutschland, Herrn Gerhard Schröder und den Bundesminister des Auswärtigen der Bundesrepublik Deutschland, Herrn Joschka Fischer, in dem Sie nochmals die EU- sowie NATO-Mitgliedschaft Litauens und der anderen baltischen Staaten nachdrücklich unterstützen, danke ich Ihnen recht herzlich auch im Namen des Seimas der Republik Litauen.

Das letzte Jahrzehnt war gekennzeichnet durch eine rasche Entwicklung von litauisch-deutschen Kontakten und die Vertiefung der wirtschaftlichen, kulturellen, politischen und militärischen Zusammenarbeit. Dies belegen nicht nur die intensiven Kontakte, die auf Arbeitsebene gepflegt werden, sondern auch die zahlreichen offiziellen Besuche sowie intensive Konsultationen auf dem militärischen Bereich.

Das gegenwärtige Handeln Litauens ist auf unser Ziel - EU- und NATO-Mitgliedschaft gerichtet. Sie haben in Ihrem Schreiben zutreffend bemerkt, daß wir entschlossen diesem Ziel zustreben und uns bemühen, die von der EU und NATO festgeschriebenen Kriterien zu erreichen. Wir unterhalten gute Kontakte zu den Nachbarländern, setzen entschlossen die Reformen fort, damit unser Land auch weiterhin an den Friedensm Missionen der NATO-Allianz teilnehmen und durch seine Gesetze für die Auslandsinvestoren noch attraktiver werden kann. Unsere Aufnahme in die NATO bedarf es noch eines politischen Beschlusses des Westens. Deswegen ist der Einsatz deutscher Parlamentarier für die Aufnahme Litauens in die NATO von besonderer Bedeutung.

Ich bin sicher, daß Ihr Schreiben ein weiterer Beitrag zur Vertiefung unserer Beziehungen ist und der Sicherheit im euroatlantischen Raum dient. Ich hoffe, daß unsere NATO-Mitgliedschaft einen Beitrag zur Stabilität Europas und zum Wohlstand der Bürger leisten wird. Dies wird Litauen und den anderen baltischen Staaten ermöglichen, die verheerenden und dem Molotow-Ribbentrop-Pakt ähnlichen Folgen zu vermeiden. Dafür werde ich meine ganze Kraft einsetzen.

Zum Schluß möchte ich Ihnen nochmals für die Unterstützung unseres Zieles, ein gleichberechtigtes Mitglied in der transatlantischen Gemeinschaft zu werden, recht herzlich danken und Ihnen unerschöpfliche Energie und viel Erfolg bei der Erfüllung Ihres Wählerauftrages wünschen.

Hochachtungsvoll
Artūras Paulauskas

Eine kleine Reminiszenz: Paulauskas war Generalstaatsanwalt in Litauen und erfuhr bei einem Abendessen in meiner Wohnung in Schloß Stetten durch Telefonanruf, dass er abgesetzt sei. Paulauskas unterlag bei der Wahl zum Präsidenten der Republik nur knapp Adamkus. Einzelheiten finden sich in der FAZ vom 6. 12. 2001 »Aus der Isolierung geholt« von Karl Feldmeyer in der Anlage.

Schreiben des Präsidenten des litauischen Parlamentes vom 15. Oktober 2001

7
Eine kämpferische Frau:
Wie ich zu den Wolfskindern fand

Jurate Aleksandraviciene – Angelika von Sacksen – Angelika Pasenau

Jurate Aleksandraviciene wurde 1938 in Memel/Klaipeda zwischen zwei Welten geboren: Sie war das Kind einer Litauerin und eines vermutlich deutschen Vaters. Ihre Mutter sprach gut deutsch.

Jurate wuchs bei ihrer Mutter in Litauen auf. Sie war begabt, besuchte Schulen und lernte die deutsche Sprache. Ob sie sich deutsch oder litauisch fühlte, habe ich nie erfahren. Aber eines wollte sie: Sie wollte als Kind eines Deutschen anerkannt werden und die deutsche Staatsangehörigkeit erhalten.

Nach der Wende 1990 nannte sie sich Angelika von Sacksen und schloss sich der Memeldeutschen Gruppe in Klaipeda an. Sie wollte dort die Regie übernehmen und stolperte zum ersten Mal über ihren Versuch, die anderen zu beherrschen (siehe Kibelka, S. 175). Dann entdeckte sie die ehemaligen ostpreußischen Kinder – vermutlich durch ihren

Erstes Treffen im Herbst 1992 im Hotel Draugiste (Vilnius) mit Olaf Pasenau und Angelika von Sacksen

Begleiter Olaf Pasenau. Sie setzte sich an die Spitze der Bewegung, die sich 1991 gründete und zu Beginn »Verein Edelweiß« nannte. Da Angelika von Sacksen selbst kein Wolfskind war, schob sie Olaf Pasenau als Vorsitzenden vor. Sie wurde Stellvertreterin. Sie bestimmte, wo es langging, und unterdrückte andere Meinungen. Trotzdem war es wohl richtig, dass sie mit Olaf Pasenau die Fäden zog. Denn es ist fraglich, ob der Verein Edelweiß ohne sie und ihre energiegeladene, bestimmende Art so erfolgreich wahrgenommen worden wäre: Sie schrieb mit deutlichen Worten (manchmal auch über die Grenzen der Höflichkeit hinaus) an alle möglichen Behörden: den Staatspräsidenten Litauens, den Bundespräsidenten Deutschlands, an den Bundeskanzler, an die Botschafter, den Außenminister ... und auch an mich.

Politisch abgemahnt wurde Frau von Sacksen von mir nur, als sie Republikaner einlud und sie in Stuttgart besuchte. Ich kann verstehen, dass sie nach jedem Strohhalm griff – aber das ging zu weit. Die Republikaner bewegten sich nicht auf dem Boden des Grundgesetzes. Zumindest versuchten sie, die Historie umzudeuten, zu verleugnen und so dem deutschen Staat zu schaden. Dies erklärte ich Frau von Sacksen. Ob sie es verstanden hat oder nicht, weiß ich bis heute nicht – auf jeden Fall hat sie die Kontakte eingestellt.

Schon bald nach dem Kennenlernen des Vereins Edelweiß wandten sich die Kinder der Mitglieder an mich – unter anderem mit dem Wunsch, durch ein Fahrzeug mehr Beweg-

Christian von Stetten 1993 vor seiner Fahrt nach Litauen

lichkeit zu erlangen. Schon wenige Wochen später konnten wir diesen Wunsch erfüllen:

Das Bundesinnenministerium und verschiedene Künzelsauer Firmen hatten gespendet, sodass ein VW-Bus gekauft werden konnte. Diesen packten wir voll mit nützlichen Utensilien. Mein damals 22-jähriger Sohn Christian und Herr Dembski vom Bundesinnenministerium fuhren damit nach Litauen. Die Freude bei den Jugendlichen war groß – Glücksmomente, weil ihr Wunsch so schnell in Erfüllung gegangen war.

Weniger schön war die Tatsache, dass der Vereinsvorsitzende Olaf Pasenau und Angelika von Sacksen den VW-Bus sehr bald für sich beanspruchten. Meine schriftliche Anweisung, den Bus herauszugeben, wurde ignoriert. Erst bei meiner nächsten Reise habe ich von ihnen die Schlüssel persönlich zurückverlangt und an die Jugendlichen weitergegeben.

Die Haltung von Frau Kibelka

Frau Kibelka schreibt in ihrem 1994 erschienenen Buch »Wolfskinder« sehr negativ über Frau von Sacksen, aber auch über den Verein Edelweiß. Sie erwähnt in ihrem sehr umfangreichen Buch weder die Unterstützung vom Bundesverwaltungsamt noch die materielle und ideelle Hilfe des Deutsch-Baltischen Parlamentarischen Freundeskreises und der Stauderstiftung. Dies hat sie auch nicht in der weiteren Auflage von 2004 richtiggestellt oder ergänzt. In ihrem Tagebuch vermerkt sie unter 11. Juli 1993: »Das Verhalten von Frau Aleksandraviciene wird immer anmaßender. Ich schreibe ein Statement über »Edelweiß« und faxe es an einen Bundestagsabgeordneten.«

Dieser Bundestagsabgeordnete war ich und seitdem habe ich sie mit Material unterstützt, so z. B. auch noch im Januar 1994, ich zitiere den Brief vom 4. Januar 1994: »Sehr geehrte Frau Kibelka, beiliegend darf ich Ihnen übermitteln: 1. Unsere Liste der Wolfskinder. 2. Unser Schreiben an die Mitglieder der Chaine und unser Dankesbrief. Wir konnten über 60.000 DM sammeln. Im Moment erhalten die Wolfskinder – je nach Kinderzahl in der Familie – 30, 40 oder 50 DM monatlich. 3. Einige Briefe von Mitgliedern des Vereins, die ihren Unmut über den Vorstand äußern. Im Dezember wurde ein neuer Vorstand gewählt, Jonas Balsys ist ganz raus, Angelika von Sacksen ist nur noch die Nummer 4 der Stellvertreter. Sobald ich die neuen Namen habe, lasse ich es Sie wissen. (Was dann auch geschah.) Noch zur Kenntnis: Ende Januar werden wieder zwei Beamte des Bundesverwaltungsamtes aus Köln für ein paar Tage nach Vilnius reisen, um die noch zu klärenden Dinge mit den Wolfskindern erledigen zu können.«

Sie wurde auch weiterhin über die Wolfskinder-Vorgänge informiert, so auch 1998, dass bereits über 300.000 DM an die Wolfskinder ausgezahlt wurden. Frau Kibelka, die in der DDR aufwuchs und neben dem obligatorischen Russisch auch Polnisch und Litauisch lernte, konnte sich sehr gut mit den Wolfskindern unterhalten. Ihre Ablehnung und Beurteilung von Frau von Sacksen rührt aus »Nichtbegegnungen« im Februar 1992 her.

Sie schreibt auf Seite 176: »Jurate Aleksandraviciene, oder wie sie sich jetzt immer nennt, Angelika von Sacksen, verweigert mir das Gespräch. Sie legt einfach das Telefon auf. Als ich wieder anrufe, erklärt sie mir: ›Falsch verbunden‹. ›Brauche ich sie für meine Arbeit?‹« Die autoritäre Art, den Verein zu führen und selbst zu bestimmen, wer als Mitglied aufgenommen werde oder nicht, führte letztlich zur Abwahl.

Ingrid Knispel, die Nachfolgerin von Frau von Sacksen, formulierte es in einem Brief an mich einmal so: »Ich habe schon bald bemerkt, was das für eine Knospe ist.« Schon bald kommt es erneut zum Eklat, Spaltungstendenzen entstehen: Bei der jährlichen großen Versammlung in Šiauliai sind unter anderem Antanas Račas, aber auch Lionus Pleckis von der größten litauischen Zeitung »Lietuvos Aidas« und Frau Christine Jakobsen von der Deutschen Botschaft vertreten. Zunächst werden Lieder gesungen, Volkstänze getanzt, Gedichte rezitiert und dann sowohl der toten deutschen Mütter als auch der litauischen Mütter gedacht.

Ein Artikel über diese Veranstaltung sorgt für mehr als Unmut, weil tendenziös daraus zu lesen war, dass Antanas Račas und der Journalist den Verein gegründet hätten. In dem Interview mit Frau Ramoškienė droht sie »an das Gebäude der Deutschen Botschaft zu gehen und daran zu erinnern, dass sie existieren, wenn die Regierung sie alle (die Mitglieder des Vereins Edelweiß) nicht nach Deutschland übersiedeln wird.«

Gegen solche Äußerungen protestieren die 31 Mitglieder der Region Tauroggen – sie seien nicht dazu bereit, internationale Skandale zu erregen. »Wir wollen Deutschland nicht bedrohen, so wäre es wohl besser für alle, wenn wir uns von der gegenwärtigen Leitung des Vereins Edelweiß trennen.«

Ingrid plante wohl auch, das Zentrum von Klaipeda nach Šiauliai zu verlegen. »Wir finden auch nicht, dass die Gründung des Zentrums in Šiauliai zweckmäßig sei. Wir sind schon ältere Leute. Der Weg nach Šiauliai ist für uns zu weit und kostet zu viel.«

Ein weiterer anonymer Brief ging noch wesentlich weiter. Das waren die Zeiten, als Frau Kibelka ihre negativen Eindrücke über den Verein sammelte. Ich habe dann klargemacht, dass Journalisten oft Bruchstücke aus Interviews herausbrechen. Frau Ramoškienė erklärte, dass sie keineswegs die Botschaft »stürmen« wollte. Ich machte aber nochmals deutlich, dass ich nur einen Verein unterstützen würde und nicht mehrere.

Frau Kibelka sieht das Wirken und die Ziele des Vereins nicht richtig. Es stimmt, dass einige Wolfskinder, die später dazukamen, zu der Zeit vom Verein nichts wussten oder durch Frau von Sacksen nicht aufgenommen wurden. Dennoch ist ihr Schluss falsch: »Der Verein repräsentiert bei Weitem nicht das Gros der Ostpreußischen Wolfskinder in Litauen.« Doch, das tat er und tut er – und zwar nachhaltig.

Es mag sein, dass es bei Lieferungen von Naturalien oder undefinierten Geldspenden Streit gab. Ich wählte deswegen Geldsendungen versehen mit Namen. Von einem Hauen und Stechen ist mir nichts bekannt geworden. Es ist auch falsch: *»der Verein leistet keinerlei inhaltliche Arbeit«.* Im Gegenteil – das lassen alle Unterlagen erkennen – wurde versucht, den Mitgliedern bei der Suche nach ihrer deutschen Identität und ihren Wurzeln zu helfen, die Geschichten aufzuzeichnen.

»Ich finde es ausnehmend wichtig, diese Personengruppe zu unterstützen, bin aber der Meinung, dass der Weg über

Edelweiß eine – noch dazu zweifelhafte – Sackgasse ist«, schrieb Frau Kibelka.

Eine Sackgasse war es nicht, weil der Verein Edelweiß-Wolfskinder eine inzwischen fast 30-jährige Erfolgsgeschichte ist. Sicher auch deswegen, weil ich verhindert habe, dass sich einzelne Gruppen des Vereins in den Jahren 1993/1994 wegen der Querelen im Vorstand selbstständig machten.

In einem Brief vom 5. August 1993 bittet die Botschaft mich, zwischen Frau Kibelka und dem Verein zu vermitteln. Dies gelang dann auch nach Abwahl von Frau von Sacksen.

Frau Ingrid Ramoškiene (Ingrid Knispel) übernahm den Vorstand. Sie schreibt am 19. Januar 1994 an mich: »Ich erlaube es mir, an Sie einige Zeilen zu schreiben. Im Namen der Mitglieder des Vereins Edelweiß aus Litauen bedanke ich mich für Ihre Hilfe, Besorgnis und Aufmerksamkeit. Ich glaube, dass es in Zukunft zwischen uns keine Probleme geben wird. Wir bemühen uns, wo noch Wolfskinder hier zu Litauen sein könnten, sie zu finden, um sie in unsere Reihen aufzunehmen. Wir hatten bis jetzt nichts von Frau Kibelka gewusst und wir alle geben darauf eine Garantie, dass diejenigen, denen das Schicksal der Wolfskinder interessiert, hier bei uns bei einer Zusammenkunft herzlich aufgenommen werden … Die Vorsitzende Ingrid Ramoškiene.«

Wie es mit Frau von Sacksen weiterging

Angelika von Sacksen verschwand für die Wolfskinder sozusagen von der Bildfläche und kümmerte sich um ihre eigenen Angelegenheiten. Sie betrieb die Suche nach ihrem Vater – leider ergebnislos. Erfolg hatte sie hingegen mit der Anerkennung der deutschen Staatsbürgerschaft von Olaf Pasenau und seiner Einbürgerung nach Deutschland.

Sie heirateten. Aus Jurate Aleksandraviciene war erst Angelika von Sacksen und nun Angelika Pasenau geworden. Ihr Traum von der deutschen Staatsbürgerschaft ging damit in Erfüllung.

Sie zogen 1999 nach Deutschland, aber untätig blieb Frau Pasenau auch danach nicht. Sie kämpfte nicht nur beharrlich, sondern mit der ihr eigenen Hartnäckigkeit auch erfolgreich um Olafs Anerkennung als Kriegsopfer (und die damit verbundenen finanziellen positiven Folgen). Obwohl sie vom Verein Edelweiß gemieden wurde, half sie auch anderen, nach Deutschland übergesiedelten Wolfskindern, finanzielle Ansprüche durchzusetzen, z. B. bei Anträgen auf Mietbeihilfe oder Sozialhilfe.

Und dann schaltete sie auch immer wieder mich ein. Obwohl die großartigen Fotografien von Claudia Heinermann mit Texten von Sonya Winterberg bereits in zahlreichen Ausstellungen gezeigt wurden, drängte sie auf eine weitere Ausstellung – und hatte Erfolg: Sie mobilisierte das Genozid- und Widerstandsmuseum Vilnius und konnte dieses dafür gewinnen, eine weitere Ausstellung zu organisieren. Mit der Museumsleitung trafen wir uns in der litauischen Botschaft in Berlin: Der Botschafter sagte seine volle Unterstützung zu. Es war für sie ein Triumph, als diese Ausstellung dann mit großem Aufwand und viel Publikum im litauischen Parlament eröffnet wurde.

Danach kam die Ausstellung nach Deutschland. Sie hatte Premiere auf Schloß Stetten und wurde anschließend in zehn weiteren Orten gezeigt – oft mit Begleitung des Ehepaars Pasenau. Alle diese Ausstellungen machten die Leiden der ostpreußischen Kinder bekannt – und auch die Hilfsbereitschaft der Litauer.

Auf der Reise der Wolfskinder 2011 von Berlin nach Schloß Stetten waren die Wolfskinder Gäste der Gesellschaft für bedrohte Völker (GfbV). Dieser Besuch inspirierte Tilman Zülch, den Präsidenten, sich intensiv um die Wolfskinder zu kümmern. Er schreibt am 13. Mai 2011 unter anderem: »Diese drei Tage waren für uns alle bewegend. Unsere Mit-

Tilmann Zülch

Hartmut Koschyk

glieder und Praktikanten haben alles großartig geplant und entsprechend durchgeführt. Auch in unserem Hause hatten wir ja fünf Wolfskinder zu Gast. Zwei von ihnen haben geweint, als sie sich von meiner Frau verabschiedeten. So sind wir zurückgeblieben mit vielem, was wir auch selbst bewältigen müssen, und das hat uns sicherlich ermutigt, in diesem Zusammenhang etwas zu tun.«

Diese international tätige, nichtstaatliche Organisation setzt sich für den Schutz von Minderheiten ein und erhöhte den Druck auf die Bundesregierung, zunächst vergeblich, wie auch unsere vorherigen Versuche. Dann aber ergab sich die Gelegenheit, einen erneuten Vorstoß zu machen, als ehemalige deutsche zivile Zwangsarbeiter eine Anerkennungsleistung von 2500 Euro erhalten sollten.

Die GfbV veranstaltete zum Beispiel eine medienwirksame Veranstaltung auf der Leipziger Buchmesse 2017. Litauen war das Gastland Nummer 1. Dort berichteten überlebende Wolfskinder von ihrem Schicksal. In Diskussionsveranstaltungen, an denen ich teilnahm, wurde das Thema der Öffentlichkeit nahegebracht. Diese Veranstaltungen wurden im Wesentlichen von der Südosteuropa-Referentin Jasna Causevic vorbereitet.

Am Weltflüchtlingstag im Juni organisierte die GfbV eine Demonstration vor dem Deutschen Historischen Museum in Berlin und forderte die Bundesregierung auf, den Wolfskindern unverzüglich eine Entschädigungszahlung zu gewähren. Dabei übergab ich dem Innenminister Thomas de Maizière ein Schreiben, mit der dringenden Bitte, die Wolfskinder unbürokratisch in den Kreis der Entschädigungsberechtigten aufzunehmen. Die anwesenden Beamten nahmen dies wohlwollend zur Kenntnis.

Bereits am 20. Juni 2017 antwortete der Beauftragte der Bundesregierung für Aussiedlerfragen und nationale Minderheiten, Hartmut Koschyk, MdB: »Sehr geehrter Freiherr Prof. von Stetten, lieber Wolfgang! Für Ihr Schreiben an Herrn Bundesminister Dr. de Maizière, in dem Sie sich dafür einsetzen, in Litauen lebenden deutschen Wolfskindern eine Anerkennungsleistung als ehemalige deutsche zivile Zwangsarbeiter zu gewähren, danke ich Ihnen. Er hat mich gebeten, Ihnen zu antworten ... Unabhängig davon, habe ich veranlasst, dass sich der mit historischer Expertise besetzte Beirat zum Vollzug der Anerkennungsrichtlinie auf seiner nächsten Sitzung am 19. Juli 2017 mit der Frage nach den Lebensbedingungen, insbesondere im Hinblick auf zu leistende Zwangsarbeit der ›Wolfskinder‹, befassen wird. Ich werde im Anschluss an die Beiratssitzung über die Ergebnisse berichten.«

Im »Informationsdienst für Aussiedler und Vertriebene« vom 11. Juli 2017 kündigte auch ihr Vorsitzender, Klaus Brähmig, seine Unterstützung an.

Sehr bald darauf, im Sommer 2017, fasste man im Bundesinnenministerium den ersehnten Beschluss: Ostpreußische Wolfskinder und Kinderhausinsassen konnten nach mehr als 70 Jahren eine Entschädigung beantragen. Alle, die nach 1945 für eine ausländische Macht Arbeit unter Zwang geleistet hatten, sollten symbolisch 2500 Euro bekommen. Das war ein Wettlauf gegen die Zeit, da die Antragsfrist bald endete. Für viele kam diese Entscheidung leider zu spät: Weit über 100 waren bereits verstorben. Ich habe für die noch in Litauen lebenden 45 Wolfskinder die Anträge eingereicht. Um die entsprechenden Auskünfte zu erhalten und Unterlagen zu

Christian Schmidt

Klaus Brähmig mit Bundeskanzlerin Angela Merkel

besorgen, mussten meine Mitarbeiter zweimal für mehrere Tage nach Litauen reisen.

Vergeblich habe ich versucht, auch mit Hilfe von Minister Christian Schmidt, zu erreichen, dass die Anträge der Wolfskinder wegen der Besonderheit ihrer Leiden bevorzugt behandelt werden. (Als Sprecher der CSU hat er mich stark unterstützt, die CDU für die Aufnahme der baltischen Staaten in die NATO zu gewinnen.)

Mit Schreiben vom 10. Oktober 2018 schrieb ich an den Präsidenten des Bundesverwaltungsamtes: »Sehr geehrter Herr Präsident, lieber Herr Verenkotte … Herr Minister Christian Schmidt hat mit Ihnen bereits Kontakt aufgenommen, um wenigstens zu erreichen, dass die wenigen überlebenden Wolfskinder noch in den Genuss einer Anerkennung vom deutschen Staat kommen. Ich muss mich nicht wiederholen, aber darf doch daran erinnern, dass diese wenigen Menschen – in Litauen sind es 49, von denen ich für 45 einen Antrag gestellt habe –, die 40 Jahre länger den Krieg verloren haben und ihr Deutschtum verleugnen mussten. Die größte Enttäuschung war dann, dass sie von Deutschland nicht mit offenen Armen begrüßt würden, sondern mühsam, oft bürokratisch quälend, nachweisen mussten, wieso sie noch Deutsche waren, weil sie inzwischen die sowjetische bzw. die litauische Staatsbürgerschaft angenommen hatten. Für manche war die Enttäuschung größer als die Leiden in den Jahren 1945 bis 1950 ...«

Der Präsident blieb trotz nochmaliger Intervention dabei, keine Ausnahmen zuzulassen, obwohl er in seinem Schreiben das besondere Schicksal der Wolfskinder anerkannte. Da bis zur Entscheidung fast drei Jahre vergingen, waren allein von unseren Antragstellern weitere neun verstorben.

Die Auszahlung von 2.500 Euro war eine kleine Genugtuung: »Darüber freuen wir uns, in unseren Herzen ist Erleichterung ... Aber was wir in unserem Leben verloren haben, ist unbezahlbar« (Bruno Roepschläger, ehem. Wolfskind).

Die Frage der Entschädigungsleistung passt deswegen in dieses Kapitel, weil auch Angelika für elf in der Bundesrepublik lebende Wolfskinder erfolgreich die Antragstellung betrieben hat. Angelika Pasenaus Leben war eckig und kantig. Sie wurde geliebt und gefürchtet. Sie ging einigen mit ihrer provokanten Art »auf den Wecker« – aber wurde auch geachtet wegen der Zähigkeit, mit der sie ihre Ziele erreichte. Letztlich führte sie ein erfolgreiches Leben zwischen zwei Welten.

Wer war Olaf Pasenau?

Seine Geschichte erinnert ein wenig an Anastasia, die letzte Zarentochter: Immer wieder tauchten nach der Ermordung der Zarenfamilie Frauen auf, die behaupteten, die überlebende jüngste Tochter von Zar Nikolaus II. zu sein.

Olafs »Schwester«, Ingeborg Pasenau, war überglücklich, als sie hörte: Ihr Bruder Olaf lebt! Sie setzte alles in Bewegung, um Verbindung mit ihm aufzunehmen. Sie fuhr nach Klaipeda und fand Olaf. Aber er sprach kein Wort Deutsch. Sie konnten sich nur über einen Dolmetscher unterhalten. Das irritierte die Schwester. Wieso konnte er sich nicht mehr an seine Muttersprache erinnern? Immerhin war Olaf beim Tod der Mutter 1946 schon zwölf Jahre alt gewesen. Aber sie war trotzdem glücklich, den Bruder gefunden zu haben.

Die Glücksgefühle über das Wiederfinden des Bruders wichen jedoch immer mehr großen Zweifeln: Konkreten Fragen nach dem Haus der Familie und der früheren Nachbarschaft wich er aus. Schließlich lehnte sie es ganz ab, Olaf Pasenau als ihren Bruder anzuerkennen.

Der, unterstützt durch Angelika von Sacksen, wendete sich an mich. Ich schlug vor, zur Klärung der Verwandtschaftsfrage einen Bluttest zu machen. Ingeborg Pasenau lehnte ab und schaltete einen Anwalt ein. In meiner Eigenschaft als Rechtsanwalt stellte ich einen Antrag beim Amtsgericht Hamburg. Dieser sollte Frau Pasenau dazu verpflichten, sich einem Bluttest zu unterziehen. Der Antrag wurde aus formellen Gründen zurückgewiesen. Rechtsmittel wollte Olaf Pasenau nicht einlegen.

Von diesem Vorgang erfuhren auch andere Wolfskinder – und tuschelten: War Olaf vielleicht gar kein Wolfskind, sondern ein »versprengtes Russenkind«, das in die Rolle von Olaf Pasenau geschlüpft ist? Kann jemand, der mindestens bis zum zwölften Lebensjahr deutsch sprach, diese Sprache ganz vergessen? Psychologen meinen, dies sei denkbar: Den Wolfskindern war es absolut verboten, in der neuen, litauischen Familie deutsch zu sprechen. Luise Quitsch berichtete: »Wenn ich deutsch sprach, musste ich auf Erbsen knien.« Das Verbot diente dem Schutz aller. Wenn entdeckt wurde, dass eine litauische Familie ein deutsches Kind aufgenommen hatte, lief sie Gefahr, in ein sibirisches Arbeitslager verschleppt zu werden. Darum wurde das Deutschsprechen teilweise mit drastischen Strafen geahndet: z. B. mit Schlägen, Einsperren oder Nahrungsentzug. Dies könne, so die Psychologen, zum kompletten Verdrängen der deutschen Sprache geführt haben (siehe Vorgang Konrad Fischer, s. Seite 186ff.).

Olaf ließ nicht locker: Er suchte Verwandte. Ein zweifelnder Vetter half ihm trotzdem, eine Nachbarin aus Königsberg zu finden: Franziska Schulz erkannte den kleinen Mann mit der auffallenden Nase als Erste. »Olaf!«, sagte sie gerührt. »Du bist genau wie dein Vater!« Dann nahm ihn auch Vetter Franz in die Arme (Bamberger Rundschau 12/2014, S. 17). So bekam Olaf seine Anerkennung aufgrund der Zeugenaussage einer Nachbarin.

Olaf ist heute als deutscher Staatsbürger anerkannt und eingebürgert. Er hat inzwischen Angelika von Sacksen geheiratet, die damit auch die deutsche Staatsbürgerschaft erhielt.

Beide sind glücklich. Zerstörte Glücksmomente bei der angeblichen Schwester – Glücksmomente bei Olaf und Angelika.

Es bleibt nochmals anzumerken: Ohne Frau Angelika, ohne ihre Tatkraft, wäre der Verein Edelweiß nicht so gegründet worden, wäre das Denkmal für die Wolfskinder nicht so errichtet worden. Wenn auch die Verdienste um die Gründung des Vereins Edelweiß und der tatkräftige Beginn nie offiziell vom Verein gewürdigt wurden, erreichten mich mündlich wie schriftlich positive Äußerungen über sie, wie zum Beispiel im Brief von Jonas Stankevicius.

Und auch ich wäre nicht auf das Schicksal der Wolfskinder aufmerksam geworden: Sie hat mich in Bonn besucht, die Forderung der Wolfskinder eindringlich und nachdrücklich vorgebracht – und mich davon überzeugt, dass ich diesen Menschen helfen muss. Zum Glück! Aber diese Hilfe konnte ich nicht allein stemmen. Ich brauchte – und fand – Verbündete.

8
Wiedersehen:
Warum Freude und Tränen so nah beieinander liegen

Sicher kennen Sie das Gefühl der Freude, wenn man etwas sehr Wichtiges verloren hat – zum Beispiel Schlüssel oder Geldbeutel – und dann nach langem Suchen endlich wiederfindet… Um wie viel größer muss das Glücksgefühl derjenigen gewesen sein, die nach Jahrzehnten ihre Familie wiederfanden?

Mit der Unabhängigkeit Litauens konnten sich die ehemaligen Wolfskinder aus der Deckung trauen und nun ganz offiziell nach ihren Angehörigen suchen. Das war für viele allerdings nicht ganz einfach: Waren sie am Ende des Krieges noch sehr klein, wussten sie vielleicht nicht einmal ihren Familiennamen und ihr Geburtsdatum.

Das macht auch die Liste des Vereins Edelweiß deutlich, die Anfang der Neunzigerjahre ständig wuchs. Auf ihr stehen Namen, Vornamen, Geburtsjahr und Geburtsort der ehemaligen Wolfskinder.

Unter Nummer 25 ist dort zu lesen: »Hans, der Schwester gehabt … Raum Königsberg.« Kein Familienname, kein Geburtsjahr. Was mag der kleine Hans alles erlebt haben? Welche traumatischen Ereignisse haben sich ihm eingebrannt? Und trotzdem wusste er noch Jahrzehnte später: Ich heiße Hans, ich komme aus Deutschland und ich hatte eine Schwester.

Frau Ruth Deske (Goriene) war von Anfang an eine der Aktivsten, die die Suche nach Angehörigen in Deutschland unterstützte. Sie sprach gut deutsch und war bis zu ihrem Tod 2018 sehr intensiv im Verein Edelweiß-Wolfskinder engagiert. Und auch Hans Niehörster, geboren 1938, fand nach über 40 Jahren seine Familie in Deutschland wieder. Die Suchanzeige im Heimatbrief mit dem Namensrest Hans ... hatte zum Erfolg geführt. Schon am 2. September 1991 traf er seinen Bruder Gerhard auf dem Hauptbahnhof in Braunschweig. Sie hatten sich 1945 zuletzt gesehen. »Und der Himmel öffnet sich ...« waren seine ersten Worte.

Die Begegnung mit seinem 89 Jahre alten Vater und seinen anderen Geschwistern war überwältigend. »Ganz allmählich tauchten immer mehr Erinnerungen auf«, sagte er mit bewegter Stimme. »Jetzt bin ich im Himmel!«

Das Wiedersehen von Gertrud Springer mit ihrer Tochter Edeltraut am 22. Dezember 1992 beschreibt Richard L. Neu in seinem Buch »Edeltraut – Ramute. Wie ein Wolfskind in Litauen« auf Seite 118: »Endlich, circa 8 Uhr, landete die Maschine aus Frankfurt. Gertrud begab sich allein zur Ankunftshalle. Die anderen beiden Frauen hielten sich zurück, damit Mutter und Tochter den Gefühlen der Wiedersehensfreude freien Lauf lassen konnten. Dann war es endlich soweit – nach 45 langen Jahren! Gertrud erkannte ihre Tochter Ramute/ Edeltraudt nach der Fotografie sofort. Mutter und Tochter fielen sich ohne Worte vor Freude in die Arme. Diese Gefühle, die nach Jahrzehnten beim Wiedersehen frei wurden, kann ein Außenstehender nicht begreifen! Fast ein Menschenalter waren Mutter und Tochter getrennt. Jetzt hielten sie sich mit Tränen in den Augen und heftigem Schluchzen umarmt. Wenn Mutter und Tochter sich sprachlich auch nicht verstanden – hier sprachen die Herzen. Sie hatten sich wiedergefunden!«

Happy End? Nicht immer. Vierzig Jahre und länger hatten sie sich gesucht und nicht gefunden. Und jetzt tauchten sie auf: die verschwundenen, verschollenen Kinder – Schwestern – Brüder. Was geschieht bei den ersten Briefkontakten, Telefonaten?

Ein Loch im Zaun

Lassen wir Luise Kazukauskiene erzählen: Luise Quitsch alias Alfreda Pipiraité alias Alfreda Kazukauskiene – heute: Luise Kazukauskiene. Eine Hochstaplerin? Mitnichten! Sie ist seit 25 Jahren die Vorsitzende des Vereins Edelweiß-Wolfskinder.

Luise war noch nicht fünf Jahre, als die Russen Ostpreußen eroberten und über die Zivilbevölkerung herfielen. Ihre Erinnerungen an diese Zeit sind sehr vage, aber es gibt ein Bild der kleinen Luise. Ein sehr ausführliches Portrait findet man in dem Buch: »Wir sind die Wolfskinder – Verlassen in Ostpreußen« von Sonya Winterberg (Seite 245ff.).

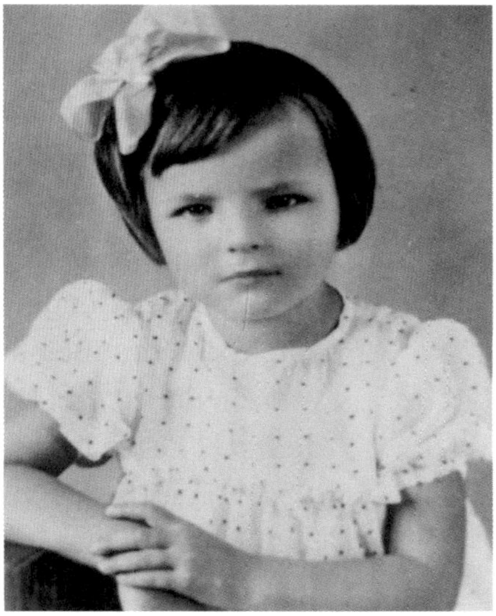

Die kleine Luise – eines der wenigen Fotos aus der Kindheit

In vielen Zeitungsartikeln und Magazinen erschienen Auszüge über ihr Leben. Sie stimmen nicht immer in allen Einzelheiten überein, sei es, dass sie mit wachsender Erinnerung und Berichten ihrer wiedergefundenen Geschwister das eine oder andere hinzufügte, sei es, dass die Interviewpartner unterschiedliche Schwerpunkte setzten oder die Erzählungen ergänzten.

Luise erinnert sich vage an ihr Haus, die Mutter habe blonde Haare gehabt, Opa einen Hut. Sie erinnert sich an die Bombenangriffe und die folgende Flucht, die nicht gelingt. Die Familie wird geteilt, sie bleibt bei der Tante und ihrer Cousine Trudi. Dann sind es nur noch Erinnerungsfetzen: Leichen, tote Pferde, brennende Wälder und Häuser, schreiende Frauen und stinkende Männer. Sie weiß nicht, was mit der Tante und ihrer Cousine Trudi geschah. Sie erinnert sich an ein russisches Kinderheim: eingesperrt, Hunger und Durst. Sie wartet vergeblich auf ihre Mutter. Wie sie in die Hände von russischen Soldaten kam, weiß sie auch nicht.

Sie hat öfters mit mir über ihr Leben gesprochen und mir am 1. Juli 2019 diese kleine Notiz geschickt: »Mit fünf ging ich auf die Flucht. Uns gelang es nicht. Ich wurde von Rotarmisten mitgebracht nach Litauen (Kaunas) gerade nach dem Krieg im 1945. Es gab ein Garnison im Stadtzentrum und ich blieb bei dem Kompaniekoch. Da es sehr warm war, spielte ich draußen am Drahtzaun. Mein Spielzeug als Puppe war ein Scheit, ein Stück Holz. Ich war fünf und verstand nur deutsch. Eines Tages wurde ich angesprochen von einer jungen Litauerin. Sie besuchte mich einige Tage mit Bonbons. Endlich krabbelte ich durch ein Zaunloch und ging mit diesem Fräulein. So wurde ich von den Russen gemopst.«

So kam sie zu ihren späteren Adoptiveltern. Ihr blieb das Schicksal vieler anderer Wolfskinder erspart. Sie musste nicht nach abenteuerlichen Zugfahrten oder anderswie in Litauen bettelnd von Haus zu Haus gehen, sie musste sich nicht in den Wäldern verstecken und sie weinte auch nachts nicht vor Hunger und Kälte (siehe im Rundschreiben 4, 2008, Dr. Olgred Aule).

Sie musste auch nicht schwerste Arbeiten verrichten und wurde nicht wie andere Wolfskinder verprügelt (siehe Bericht der Gesellschaft für bedrohte Völker, 2017).

Sie durfte bereits mit 6 Jahren die Schule besuchen, ging auf die höhere Schule, machte Abitur und durfte sogar studieren. Das Zitat im Rotary-Magazin 12/2011, Seite 15, ist Originalton von Luise: »Nicht alle hatten so viel Glück gehabt, die meisten Wolfskinder haben keine Schule besucht.«

Es war ihr streng verboten, deutsch zu sprechen. Die Pflege- und dann späteren Adoptiveltern hatten Angst, dass sie wegen der Aufnahme eines deutschen Kindes nach Sibirien verfrachtet würden. Wenn sie gegen das Deutsch-Verbot verstieß, musste sie auf Erbsen knien, das war sehr schmerzhaft. Gelegentlich wurde ihr auch angedroht, sie auf die Straße zu setzen, damit sie den Russen die Stiefel putzte.

Luise vergisst alles, was deutsch ist, verlernt die deutsche Sprache und verdrängt die Erinnerungen. Sie sagt: »Als ich meinen Mann kennenlernte, hab ich ihm meine deutsche Herkunft offenbart.« Er bestreitet dies. War da der Wunsch der Vater des Gedankens oder hat sie es nur angedeutet? Auf jeden Fall fiel ihr Mann aus allen Wolken, als sie ihm Anfang der Neunzigerjahre mitteilte, dass sie über das Deutsche Rote Kreuz nach ihrer Verwandtschaft forscht. Der getrübte

Ohne Bewusstsein lag ich am Grabenrand neben dem Weg. Diese guten Leute nahmen mich mit und ich blieb da für immer. Ich musste nicht mehr betteln gehen.

Hans Gladstein

Ehefrieden wurde bald wieder hergestellt. Die Tochter war geschockt – nicht weil die Mutter deutsche Wurzeln hatte, sondern weil sie sich nicht vorstellen konnte, wie die Großmutter das kleine Kind – ihre Mutter – im Stich lassen konnte. Luise dazu: »Ich konnte ihr nicht verständlich machen, welche menschenunwürdigen chaotischen Zustände 1945 in Ostpreußen herrschten.«

Luise gehörte nicht zu den Gründungsmitgliedern des Vereins Edelweiß. Sie erfuhr erst nach deren Gründung im September 1991 von dieser Gruppe und schloss sich dem Verein an. Birute Goriene (Ruth Deske) half ihr, Kontakte über das Rote Kreuz zu suchen.

Wie ein Blitz kam die Erinnerung an das deutsche Wort über sie, als sie bei einem Bummel im Schaufenster eines Spielzeugladens einen »Hampelmann« sah: »Und plötzlich fiel mir ein – ein Wort: Hampelmann! So was ich auch hatte in meinem ostpreußischen Zuhause. 50 Jahre sprach ich kein deutsch und dadurch meine Muttersprach wurde verlernt. 50 Jahre konnte ich das Wort nicht. Ich selbst wurde stark überrascht.«

Für die, welche es nicht mehr wissen: Ein Hampelmann war eine bewegliche Figur. Wenn man unten an der Strippe zog, bewegten sich Arme und Beine. Diese Erinnerung Luises an Königsberg ermunterte sie, einen Deutschkurs zu belegen und intensiv nach der

Verwandtschaft zu forschen. Mit Hilfe des Suchdienstes findet sie 1993 die Adresse ihres Bruders Hans, den sie am selben Tag anruft. Die Verständigung ist noch schwierig. Wenig später findet sie die Schwester Edith und erfährt, dass auch Hilde und der kleine Günter noch am Leben sind.

Glücksmomente? So schnell wie möglich will Luise nach Deutschland. Doch dann erlebt sie – wie leider viele andere Wolfskinder auch: Die beiden Brüder Hans und Günter wollen plötzlich nichts mit ihr zu tun haben. Sind es ihre Frauen, die verächtlich von der »Russenschwester« sprechen? Haben die Brüder Angst, dass sie für eine verarmte Schwester aufkommen müssen? Wenn sie davon erzählt, sagt sie: »Nu ja, es ist eben so. Warum soll ich mich darüber aufregen? Ich habe überlebt.« (Dieses »Nu ja« gebraucht sie häufig, wenn sie etwas schildert oder über etwas nachdenkt.)

Nur mit Schwester Edith trifft sie sich und dabei ist auch eine ehemalige Nachbarin, Gertrud Kabeck. Diese erkennt sie gleich als »kleine Luise« und sie fallen sich in die Arme. (Kein Einzelfall, siehe Olaf Pasenau) Jetzt erfährt sie auch, was nach der Trennung 1945 mit ihrer Familie passierte:

Während Luise im russischen Kinderheim auf ihre Mutter wartete, litt die Familie wie Tausende Ostpreußen unter Hunger und Durst. Die Frauen wurden vergewaltigt, so auch mehrfach ihre Mutter. Als sie sich eines Abends weigerte, mit russischen Soldaten zu gehen, wurde sie – der kleine Günter saß auf ihrem Schoß – von Soldaten im Beisein aller Kinder erschossen. Welch ein Trauma für ihr ganzes Leben. Die Kinder wurden getrennt.

Die älteste Schwester Hilda wurde in Ostpreußen noch mehrfach vergewaltigt, verfiel dem Alkohol. Dabei blieb es auch nach der Deportation in die sowjetisch besetzte Zone. Luise versuchte es mit den Worten zu umschreiben: »Sie hat sich selbst beseitigt!« (Sonya Winterberg, Seite 253).

Edith war bei der Flucht in Polen hängen geblieben. Sie blieb ohne Schulbildung und ist Analphabetin, heiratete noch 18-jährig in Polen, bis sie 1958 in die DDR abgeschoben wurde. Dort heiratete sie noch zweimal und hatte mehrere Kinder. Sie konnte nicht mit Geld umgehen. Günter half ihr durchzukommen und jetzt kümmert sich ihre jüngste Tochter Silvia um sie. Nach dem Tod der Schwägerinnen hat sie auch zu ihren beiden Brüdern Hans und Günter ein gutes Verhältnis.

Im Verein Edelweiß wird Luise immer selbstbewusster. Im Jahre 1993 spitzt sich die Auseinandersetzung um die Vorsitzenden Olaf Pasenau und Angelika von Sacksen zu und ein neuer Vorsitzender wird gesucht. Birute Goriene (Ruth Deske) spielt zu diesem Zeitpunkt schon eine große Rolle und sie spricht gut deutsch. Sie lehnt den Vorsitz aber ab, weil sie ihre drei Geschwister Helga (Elena Adomaitiene), Karl-Heinz (Antanas Deskus) und Siegfried (Branas Mazinkas) mitbetreut. Auch Luise lehnt ab und so wird schließlich Frau Ingrid Knispel (Ramoškiene) Vorsitzende. Ruth Deske hilft ihr als »Ghostwriter«, weil Ingrid selbst nicht deutsch schreiben kann.

Nachdem Ingrid Knispel nach Deutschland ausreisen kann, übernimmt Luise 1996 nach anfänglichem Widerstand den Vorsitz des Vereins Edelweiß-Wolfskinder und hat ihn bis heute inne. In diesen 25 Jahren haben wir beide eng zusammengearbeitet und uns ständig ausgetauscht. Sie hat die Verteilung der Spendengelder organisiert, sie hat im In- und Ausland den Verein vertreten und auf das Schicksal der Wolfskinder aufmerksam gemacht. Kurz – und wenn ich das so sagen darf –

Luise Kazukauskiene vor ihrem ehemaligen Elternhaus

wir waren und sind »ein gutes Team«. Der Verein Edelweiß-Wolfskinder wurde für sie und mich eine Lebensaufgabe.

Dass viele der Wolfskinder ihre Muttersprache nicht mehr sprachen, war für manche ihrer Geschwister in Deutschland abschreckend. Vaterland und Muttersprache – die Wolfskinder haben oft beides verloren. Sie sprachen litauisch, aber kein deutsch. Und die Geschwister konnten nur deutsch, aber kein litauisch. Bei manchen erfolgte die Verständigung über russisch, weil die einen in der DDR russisch gelernt hatten und die anderen in Litauen. Aber brüderliche oder schwesterliche Zusammengehörigkeit fand dadurch oft keine Basis. Dazu kamen teilweise auch materielle Gründe, zum Beispiel die Angst, die Wiederentdeckten könnten Unterhalt einfordern oder Erbansprüche geltend machen. Dann wurde der Kontakt wegen vorgeblich sprachlicher Schwierigkeiten eingestellt. Aber diese Fälle waren Gott sei Dank in der Minderzahl.

Bei der Durchsicht der Akten komme ich jedoch zu dem

Schluss, dass ich manchmal hätte eingreifen können oder auch sollen, selbst wenn man mich nicht um Hilfe gebeten hatte. Ein paar Telefonate oder ein Brief von mir hätten manches Missverständnis vermeiden oder manche Enttäuschung verhindern können. Ich bedauere das.

Doch für die meisten der Wolfskinder war das Wiedersehen mit der eigenen Herkunftsfamilie in Deutschland ein großer Glücksmoment. Und es gab auch andere glückliche Momente des Wiedersehens – in Litauen! Einige der ehemaligen Wolfskinder, die schon viele Jahre in Deutschland lebten, besuchten später ihre litauischen Lebensretter. So auch Erich Schwarz, der darüber in seinem Buch schreibt. Es heißt »Überleben in Litauen – Erlebnisse zweier Freunde aus Königsberg in den Hungerjahren 1947/1948«:

Nach Erkundungen und Betteleien mit Erfolg: »Nun waren wir wirklich satt und lebten zufrieden in einer Wiesensenke. Litauen, so versicherten wir uns immer wieder, war also doch das Gelobte Land.« Das waren die ersten Glücksmomente nach monatelangem Hunger in Königsberg. Für Erich Schwarz und seinen Freund Siegfried endete damit das Martyrium der Königsberger Zeit. Das Litauen »Abenteuer«, so wie sie es erlebten, ging bis zum 26. Oktober 1948, als sie aus der Quarantänestation flohen.

Quarantänestation? Etwa um 1947/1948 kümmerten sich die Genossen der SED um die Rückführung der deutschen Kinder aus Litauen, nachdem sie von deren Schicksal – wodurch auch immer – erfahren hatten. Dabei ging der Befehl an die sowjetischen Soldaten, deutsche Kinder einzusammeln und in Sammeltransporten nach Königsberg zu bringen. Von dort sollte es weiter nach Deutschland gehen.

Weil es dabei sehr rigiros zuging und viele Kinder nicht wussten, ob sie nach Sibirien verschleppt werden oder wirklich nach Deutschland kommen sollten, versteckten sie sich oft wieder in den Wäldern oder gaben die Namen ihrer sogenannten Adoptiveltern an. Einige verließen auch die Züge, um zu fliehen. Die ersten Transporte wurden in geschlossenen Viehwaggons vorgenommen – 50 Kinder je Waggon. Es gab kaum zu essen, die hygienischen Zustände waren unbeschreiblich. Für viele Wolfskinder war das der Horror, nachdem sie sich einigermaßen in Litauen durchgeschlagen hatten. In Deutschland (bzw. der SBZ) angekommen, wurden sie zunächst in Quarantäne genommen. Die deutschen Genossen waren entsetzt, was ihnen die sowjetischen Behörden lieferten an elenden, verlausten Kindern.

Eine kurze Schilderung aus dem Buch von Christoph Spatz: »Das änderte sich dann aber doch schnell. Die Reklamationen der Deutschen in Königsberg, Litauen, aber auch Moskau nutzten. Viele Tausend aufgegriffene junge Deutsche wurden mit normalen Personenzügen in vernünftigen Zuständen nach Deutschland zurückgebracht.«

Am 26. Oktober 1948 flohen Erich Schwarz und sein Freund Siegfried aus der Quarantänestation. Als sie auf der westlichen Seite der Werra ankamen, fragte ein Schrankenwärter: »Wo wollt ihr denn hin?« Sie antworteten: »Wir gehen nach Hause!« Erich und seinem Freund Siegfried blieben 40 weitere Jahre als Wolfskinder erspart.

Nach 45 Jahren kehrte Erich zurück nach Litauen und besuchte einige seiner Lebensretter: »Und ich traf 1993 in Panemuninkai Stassi wieder, die Tochter des alten Schnapsbrenners und illegalen Kneipiers, auf dem Grundstück an der Memel. Im Kreis von Stassi und ihren Freunden erlebten Siegfried und ich unsere schönsten Pracher-Stunden. Noch ehe unser Freund Algirdas erklären konnte, was unser Besuch bedeutete, sagte Stassi: ›Du bist Erich Schwarz!‹ Die Freude war riesengroß.« Glücksmomente!

> Aber ich war schon in Deutschland
> das erste Mal das Gefühl war:
> ich bin frei.
> **Ingrid**

Gab es auch Glücksmomente nach furchtbaren Verbrechen? Ingeborg Jacob berichtet in ihrem Buch »Wolfskind – die unglaubliche Lebensgeschichte des ostpreußischen Mädchens Liesabeth Otto« von folgendem traumatischen Erlebnis: Liesabeth bettelte sich im zweiten oder dritten Herbst nach Kriegsende von einem Haus zum nächsten. Nach vielen »Nein!« darf sie endlich in einer Scheune im Heu übernachten. Die litauische Bäuerin steckt ihr noch einen Kanten Brot zu.

»Ich war schon eingeschlafen und es wurde mir gerade warm, als ich plötzlich etwas Schweres auf mir spürte. Ein Mann hielt mir den Mund zu. Er stank nach einfachem Hauswodka. Als ich beißen wollte, schlug er zu. Und dann passierte das Furchtbare: Er hat mich vergewaltigt. Als die schlimmsten Schmerzen vorbei waren, packte er mich am Nacken, stieß mich aus der Scheune und sagte: ›Jetzt hau ab, und wenn du jemandem erzählst, was passiert ist, dann bringe ich dich um!‹«

Sie konnte nicht gehen und fiel wieder um. Der Mann ließ sie liegen und kam wieder. Er zog ihr einen Sack über den Kopf und warf sie in den nahen Fluss. Zwei Fischer retteten sie. Sie sagte aber niemandem ein Wort, was geschehen war. Erst Wochen später traf sie einige Freunde, denen sie traute und denen sie erzählte, was passiert war.

»Der wird was erleben!«, sagte einer der Jungen und die kleine Gruppe machte sich mit dem Zug auf den Weg von Marijampole nach Alytus und von dort aus zu Fuß in das Dorf am Fluss. Sie zeigte den Bauernhof. Einige der Jungs liefen dorthin. Sie stieg mit einem anderen Jungen auf den Berg. Die Scheune brannte lichterloh. Liesabeth sagte nichts.

Ein Moment der Genugtuung, der Glücksgefühle? Den Schmerz, die Erniedrigung, all das hat sie Jahrzehnte lang nicht vergessen.

◆

9
Antanas Račas:
Mein unermüdlicher Motor

In einem der vorigen Kapitel habe ich bereits über die ersten Begegnungen mit Antanas Račas berichtet. In diesem Kapitel soll sein Leben gewürdigt werden – besonders seine Verdienste um die Beziehungen zwischen Litauen und Deutschland und sein Anteil an der Hilfe für die Wolfskinder.

Antanas Račas wurde 1940 in Jurbarkas an der Memel geboren. Dort ging er zur Schule und in Vilnius studierte er später Philologie. Er wurde Deutschlehrer und leitete eine Schule im Kreis Kelme. Sein tief verwurzelter katholischer Glaube brachte ihn schon bald in Opposition zur gottlosen kommunistischen Alleinherrschaft. Mit der Verbreitung von Angst und Schrecken unterdrückte diese jeden Freiheitswillen.

Als Kind hatte Antanas Račas die gewaltsame Sowjetisierung Litauens erlebt: Hunderttausende Litauer, die sich nicht freiwillig unterwerfen wollten, wurden bestraft oder sogar deportiert. Landwirtschaftliche Betriebe wurden kollektiviert, Handel- und Handwerksbetriebe enteignet. Auch litauische Familien, die ein deutsches hungerndes »Wolfskind« aufgenommen hatten, konnten deswegen im Gulag – im sibirischen Arbeitslager – enden.

Erste Begegnung von Ingrid Knispel in Kelme:

So ein Sonntag war,
das war kleine Stadt Kelme.
Ich weiß das eine Haus, diese Haus noch steht.
Männer hat gespielt Karten, das war Sonntag.
Ein alter Mann war gesprochen Deutsch.
Wir haben gelacht,
das war gut,
Wenn ich bin gegangen dort,
ja, das kann ich nicht vergessen,
das war Nudel-Milch-Suppe.
Das war so lecker, so lecker.
Hach, ich hab gegessen, so gegessen.
Ich hab alles, was für mich ist schön.

Als 13-Jähriger erlebte er 1954 das Ende des Partisanenkampfes der »Waldmenschen«, die bis 9 Jahre nach Kriegsende vergeblich um die Freiheit Litauens gekämpft hatten. 60.000 starben. Antanas Račas erzählte, dass die meisten Familien stets einen Vorrat an Speck und Brot bereithielten – für den Fall, dass sie im frühen Morgengrauen zur Deportation abgeholt würden.

Ein Beispiel dafür ist Waltraut Minnt. Sie ist auch in dem Wolfskinder-Buch von Claudia Heinermann und Sonya Winterberg portraitiert.

Seitdem sie als Kind fast verhungert war, trägt sie zu jeder Tages- und Nachtzeit, auch bei Einladungen und Reisen, immer eine Tasche mit sich. In der Tasche hat sie für ein paar Tage Essen und Trinken dabei. Das gibt ihr Sicherheit und

Waltraud Minnt: ein Leben in einfachsten Verhältnissen

macht sie glücklich. Wenn sie sagt: »Niemals ohne meine Tasche!«, huscht ein Lächeln über ihr sonst verhärmtes Gesicht.

Das war keine Masche von Waltraud Minnt. 1946 wurde sie Zeugin der brutalen Vergewaltigung der Mutter, die halbtot vom Panzer angefahren und angeschossen wurde. Waltraud wurde mit anderen in einen Viehtransporter nach Sibirien verfrachtet. Sie hatten kaum zu essen. In den Fünzigerjahren wurde sie nach Litauen abgeschoben. Sie heiratete, gebar sechs Söhne, ihr Mann war Trinker, kein schönes Leben. Erst nach der Wende und dem Tod ihres Mannes gab es auch Glücksmomente mit ihren Enkeln und Reisen – aber immer dabei: die mit Proviant gefüllte Tasche.

Für einen Moment war ich die Prinzessin auf der Erbse!

Waltraud Minnt,
die sich im Schloss Bellevue auf einen Diwan legte

Im Gefängnis

Dem Schicksal der Deportation entging Antanas Račas in den Achtzigerjahren. Aber er musste aus dem Schuldienst ausscheiden. Wegen »Beziehungen zu Antisowjets und Geistlichen« verlor er seine Stelle. Er wurde für einige Wochen im berüchtigten KGB-Gefängnis in Vilnius eingesperrt. Dort musste er zwar hungern, wurde aber zum Glück nicht gefoltert.

Um zu überleben, züchtete er Nutrias und – so erzählte er mir – verdiente mit der Zucht dieser Pelztiere weitaus mehr als das karge Lehrergehalt. Er konnte sich sogar ein recht stattliches Haus in Kelme bauen. Dieses wurde zum Treffpunkt konspirativer Kräfte. Nachdem durch die Perestroika von Gorbatschow die Angst vor Deportationen verschwunden war, erweiterten sich die Gesprächskreise.

Antanas Račas zeigt Wolfgang von Stetten seine einstige Zelle im KGB-Gefängnis (Vilnius)

Teil der Bewegung: Sajūdis

Antanas Račas engagierte sich im Aufbau der Reformbewegung »Sąjūdis« (deutsch: »Bewegung«). Diese politische Organisation wurde am 3. Juni 1988 gegründet und von Vytautas Landsbergis geleitet. Sie führte dann den Kampf um die Unabhängigkeit Litauens bis zum Erfolg an.

Antanas Račas war Vorsitzender des »Sajūdis«-Rates im Bezirk Kelme. Er war auch bei den Vorbereitungen zum 23. August 1989 dabei: Die schon erwähnte eindrucksvolle Menschenkette reichte von Vilnius in Litauen über Riga in Lettland bis nach Tallinn in Estland. Sie war mit über 600 Kilometern die längste bekannte Menschenkette der Geschichte.

Račas war am 11. März 1990 einer von 126 Unterzeichnern der Freiheitserklärung Litauens. Schon im Sommer 1990 wurde er als Vertrauter von Vytautas Landsbergis, dem Präsidenten der Sajūdis-Bewegung, nach Lampertheim-Hüttenfeld in Deutschland geschickt. Er hatte den Auftrag, Kontakte zum Parlament und zur Regierung aufzunehmen.

Hier im Südhessischen gibt es ein litauisches Gymnasium im Schloss Rennhof. Es wurde bereits 1950 von litauischen Flüchtlingen gegründet. Während des Kalten Krieges wurde diese einzige litauische Schule in der westlichen Welt zu einem Zentrum der Exil-Litauer: Sie nahm Schüler litauischer Herkunft aus aller Welt im Internat auf. Auch heute noch wird hier zweisprachig unterrichtet und die litauische Sprache und Kultur weitergegeben. Dort gründete Antanas Račas ein litauisches Informationsbüro und war bis

November 1991 dessen Leiter – denn ab dann gab es die Botschaft in Bonn.

Für starke Beziehungen zu Deutschland

Antanas Račas war es, der immer wieder die Initiative ergriff, wenn es um die Beziehung zu Deutschland ging. Er plante meine Reisen, organisierte die Treffen und setzte sich – vielleicht auch, weil es mein besonderer Wunsch war – außerordentlich für die Belange der Wolfskinder ein.

Er pflegte intensiven Kontakt mit den deutschen Botschaftern: Jederzeit und ohne Anmeldung konnte er die Botschaft betreten und erhielt Gesprächstermine. Nachdrücklich sorgte er dafür, dass auch die Wolfskinder bevorzugt Gesprächstermine bekamen und insbesondere für Visa nicht stundenlang in der Schlange anstehen mussten.

In den 30 Jahren haben alle Botschafter – die litauischen in Berlin und die deutschen in Vilnius – nachhaltig meine Bestrebungen zu den deutsch-litauischen Beziehungen, insbesondere meine Arbeit für die Wolfskinder, unterstützt.

Litauische Botschafter in Deutschland

Vaidotas Antanaitis	1991 – 1993
Zenonas Namavičius	1993 – 1999
Vaidievutis Geralavičius	2000 – 2004
Evaldas Ignatavičius	2004 – 2009
Mindaugas Butkus	2009 – 2012
Deividas Matulionis	2012 – 2017
Darius Semaška	2017 – 2020

Deutsche Botschafter in Litauen

Gottfried Albrecht	1991 – 1992
Reinhart Kraus	1992 – 1996
Ulrich Rosengarten	1996 – 1998
Detlof von Berg	1998 – 2002
Alexander von Rom	2002 – 2005
Volker Heinsberg	2005 – 2008
Hans-Peter Annen	2008 – 2011
Matthias Mülmenstädt	2011 – 2014
Jutta Schmitz	2014 – 2017
Angelika Viets	2017 – 2019
Matthias Peter Sonn	seit 2019

Allein der Initiative von Antanas Račas entsprang die Idee, über die Jahre circa tausend litauische Praktikanten in den Hohenlohekreis und den Kreis Schwäbisch Hall zu holen. Eine Win-win-Situation: für die Litauer ein guter Verdienst, für die Landwirte günstige tatkräftige Unterstützung.

Auf deutscher Seite war Ansprechpartner und Organisator Gottlob Lober, Vorsitzender des Deutsch-Litauischen Jugendaustausches. Mit Antanas Račas organisierte er Praktika für litauische Junglandwirte in landwirtschaftlichen Schulen. Die von uns organisierten landwirtschaftlichen Maschinen verteilte Račas in Litauen.

Wenn deutsche Gruppen nach Litauen kamen, plante er mit meinem Büro, insbesondere Frau Mandt, die Routen und Begegnungen. Und immer waren auch Treffen mit den Wolfskindern dabei. Er suchte und fand die Begegnungsorte – meist bei Freunden, oft in Schulen, wo dann auch bis zu 200 Personen verköstigt werden konnten. Mehrere Reisen der Wolfskinder nach Deutschland, von denen in Kapitel 14 berichtet wird, organisierte und begleitete er.

Er war der Initiator, der litauische Folkloregruppen zum Volksfest nach Crailsheim brachte – und umgekehrt: Gruppen von Crailsheim nach Jurbarkas. Diese Beziehungen fanden ihre Krönung durch die Gründung einer Städtepartnerschaft.

Frau Irene Pusche, die im Memelgebiet geboren wurde, war von Anfang an eine große Stütze für mich. Sie war es, die bei allen Besuchen von Litauern in Deutschland als Dolmetscherin auftrat: bei den Praktikanten, immer auch bei den Wolfskindern und bei den Begegnungen der Partnerschaft von Jurbarkas in Crailsheim. Sie war ein Herzstück der Beziehungen und stand immer – notfalls auch kurzfristig – als Dolmetscherin zur Verfügung. Sie ist ein Glücksfall für Crailsheim, aber auch für mich, weil ich mich immer auf sie verlassen konnte und sie zwischen dem Dolmetschen den richtigen Ton für gute Beziehungen fand. Ihr Mann, Hans Pusche, unterstützte sie während der 25 Jahre, indem er sie immer begleitete und im Hintergrund die Beziehung förderte.

Weit über Tausend Landwirtschaftspraktikanten aus Litauen haben sechs bis zwölf Monate bei Hohenloher Bauern gearbeitet

Ein Johannisfeuer zum Jubiläum der 20-jährigen deutsch-baltischen Freundschaft

In der Mitte: die treue Dolmetscherin Irene Pusche und Gottlob Lober, Vorsitzender des Jugendaustausches, jeweils mit Partner an der Seite

Durch die Beziehung von Antanas Račas zu seiner Geburtsstadt Jurbarkas und seinem Wohnort Kelme war es nur natürlich, dass auch meine Beziehungen zu diesen beiden Städten sehr eng wurden, was dann auch durch die Ehrenbürgerschaften in diesen beiden Städten zum Ausdruck kam: Kelme 2011, Jurbarkas 2016.

Vorher hatte ich schon 1996 den Gediminas-Orden vom Präsidenten Brazauskas verliehen bekommen.

Antanas Račas war Bindeglied zwischen dem (katholischen) Arbeiter-Samariter-Bund in Litauen und dem (sozialdemokratischen) ASB in Deutschland, was der Verbindung und der Hilfsbereitschaft aber keinen Abbruch tat.

Wolfgang von Stetten erhält den Gediminas-Orden von Präsident Brazauskas

Offizieller Besuch von Vytautas Landsbergis bei Ministerpräsident Erwin Teufel

Besuch von Wolfskindern auf Schloß Stetten, Landsbergis am Flügel

Paminėtas draugystės dvidešimtmetis

Kaip jau rašyta „Kelmės krašte", kelmiškių delegacija važiavo į Vokietiją, kur barono Volfgango von Šteteno pilyje vyko iškilmės Lietuvos ir Vokietijos draugystės dvidešimtmečiui paminėti.

Asmeninė draugystė peraugo į valstybių ryšius

Prieš dvidešimt metų sausio mėnesį, tragiškų įvykių Lietuvoje metu, užsimezgė asmeninė pažintis ir draugystė tarp Lietuvos Nepriklausomybės atkūrimo akto signataro Antano Račo ir Vokietijos Bundestago nario Volfgango von Šteteno.

Netrukus atsirado galimybė jauniems žmonėms išvažiuoti padirbėti, pasipraktikuoti pas Vokietijos ūkininkus. Ypač tai pajuto Kelmės, Jurbarko, Šilalės bei Telšių rajonų jaunimas. Stažavosi keli tūkstančiai lietuvaičių ir prasidėjo keitimasis delegacijomis.

Pakviesta kelmiškių delegacija

Į jubiliejinį Vokietijos ir Lietuvos 20 metų bendravimo sukakties paminėjimą baronas V. von Štetenas kvietė ir Lietuvos politikus, tarp jų europarlamentarą profesorių Vytautą Landsbergį. Pakvietimo sulaukė ir Kelmės savivaldybės, kultūros ir švietimo darbuotojų, verslininkų ir ūkininkų delegacija, būrys vadinamųjų vilko vaikų, prieš karą gyvenusių Karaliaučiaus krašte ir atsidūrusių Lietuvoje, kai liko be pastogės.

Dėl nedidelės avarijos Lenkijoje kelmiškių delegacija pavėlavo į penktadienio vakaronę-susitikimą, tačiau šeštadieninė programa pranoko visus lūkesčius.

Iškilmės pranoko lūkesčius

Ryte įvyko Lietuvos ir Vokietijos verslo forumas tarp Kelmės bei Hohenlohekreis krašto, kuriam atstovavo naujai išrinktas Kunzelsau miesto burmistras Stefan Neumann bei to krašto verslo ir pramonės prezidentas Thomas Philippiak.

Vokietijos verslininkai domėjosi suteikiamomis sąlygomis Lietuvoje, o mūsų verslininkų asociacijos pirmininkas Ildefonsas Petkevičius vokiečiams įteikė kvietimą atvykti į Šiaulių prekybos, pramonės ir amatų rūmus.

Popiet prasidėjo iškilmingas posėdis, skirtas diplomatinių santykių tarp Vokietijos ir Lietuvos atkūrimo dvidešimtmečiui. Sveikino garbės konsulas Lietuvoje profesorius V. von Štetenas bei profesorius Vytautas Landsbergis, kalbėjo Antanas Račas bei delegacijos vadovas Kelmės seniūnas Romas Atkočaitis, Hohenlohekreis krašto prezidentas Helmut M. Jahn bei dabartinis Bundestago narys Christian Frhr. von Stetten.

Nukelta į 8 psl.

Jono STABIN... nuotr.

SAULUTĖ: Kelmės seniūnas Romas Atkočaitis Volfgangui von Štetenui įteikė Kelmės kalvių nukaldintą saulutę.

Die litauische Presse berichtet über die Verleihung der Ehrenbürgerschaft von Kelmė an Wolfgang von Stetten

Didžiai gerbiamas Profesoriau Daktare Volfgangai fon Štetenai,

Kaip greitai skuba dienos... Ir kaip norisi susigrąžinti bent kelias jas. Bet negali. Kaip ir pavyti būsimųjų ar net pralenkti jas. Tiktai gyvenimas mums sako vis – pirmyn, pirmyn, pirmyn...

Bet tas praėjusias dienas juk saugo mūsų atmintis! Ir saugos visada. Nepamiršime tų Jūsų šimtais skaičiuojamų dienų, kurias paskyrėte Baltijos šalims, o ypač Lietuvai, vėl pradėjusiai eiti pirmuosius laisvo gyvenimo žingsnius. Jūsų žodis buvo labai svarus pasauliui pripažįstant mūsų nepriklausomybę. Už Jūsų meilę ir atsidavimą Lietuvai, už tikėjimą jos klestėjimu, už Jūsų nuoširdžią, ilgametę ir neįkainuojamą pagalbą Jurbarko kraštui mes labai nuoširdžiai dėkojame. Mes jaučiame, kad Jūsų padedami mes tapome geresni, dosnesni ir jautresni, kad ėmėme stengtis kurti sėkmingą ateitį.

Gražaus 80-ies metų jubiliejaus proga, Gerbiamas Lietuvos Garbės Konsule ir Mielas Jurbarko Garbės Pilieti, priimkite Jurbarko krašto žmonių itin nuoširdų sveikinimą ir linkėjimus – tegul Dievas saugo Jus, skatina eiti pirmyn ir skiria dar labai daug dienų ir metų, kupinų naujos pradžios, prasmingos veiklos, stiprios sveikatos ir mielų žmonių artumo...

Jurbarko krašto žmonių vardu –
Jurbarko rajono savivaldybės meras Skirmantas Mockevičius

Verehrter Herr Professor Doktor Freiherr Wolfgang von Stetten,

die Zeit vergeht wie im Nu... Man wünscht sich manchmal, dass man die Zeit zurückdrehen könnte. Es geht leider nicht. Die kommenden Tage können wir auch nicht einholen und nicht überholen. Das Leben treibt uns immer wieder nach vorne, nach vorne an...

Das Gedächtnis bewahrt aber die vergangenen Tage auf! Und es wird immer aufbewahren. Wir werden nie Ihre Hunderte Tage vergessen, die Sie den baltischen Ländern, vor allem aber Litauen Anfang seiner Unabhängigkeit gewidmet haben. Ihr Beitrag ist bei der Anerkennung unserer Unabhängigkeit in der Welt unermesslich. Wir danken Ihnen recht herzlich für Ihre Liebe und Hingabe zu Litauen, für den Glauben auf sein Gedeihen, für Ihre herzliche langjährige und unschätzbare Hilfe. Dank Ihnen sind wir besser, großzügiger und empathischer geworden, wir bemühen uns mehr für die erfolgreiche Zukunft.

Zu Ihrem 80-jährigen Geburtstag nehmen Sie bitte verehrter Honorarkonsul der Republik Litauen und lieber Ehrenbürger der Region Jurbarkas unsere herzlichsten Wünsche entgegen. Möge der Gott Sie segnen und Ihnen noch sehr viele Tage und Jahre schenken, die neuer Anfang, erfüllt mit sinnvollen Taten, wird. Gute Gesundheit, viele glückliche Stunden mit ihrer Familie, Zufriedenheit, Wohlergehen und alles Liebe wünscht Ihnen im Namen der Gemeinde Jurbarkas

Bürgermeister Skirmantas Mockevičius

2021 m. sausio 22 d.
Jurbarkas

Glückwünsche zum 80. Geburtstag: mit einer Erinnerung an die Verleihung der Ehrenbürgerschaft von Jurbarkas aus dem Jahr 2016

Ein sauberes und weiches Bett hat sie mir gemacht. Man kann heute sagen, es war ein Himmelbett für mich.

Siegfried Gronau

Einsatz für die deutsche Sprache

Bleibende Verdienste hat sich Antanas Račas auch um die deutsche Sprache erworben. Er führte vor 20 Jahren in Kelme den »Tag der deutschen Sprache« ein, an dem alle Schulen des Kreises teilnehmen und Wettbewerbe ausgeschrieben werden. Zu diesem einzigen »Tag der deutschen Sprache« in Litauen kamen immer wieder die deutschen Botschafterinnen und Botschafter. Dafür wurden Preise gestiftet: u. a. vom Förderverein »Kinder in Litauen e.V.« meines Freundes Wolfgang Gärthe, von der Stauder Stiftung und den Partnerstädten Lienen in Westfalen und Wartburgkreis in Thüringen.

Auch nach dem Tod von Antanas Račas haben Wolfgang Gärthe und ich diese Idee fortgeführt und den »Antanas-Račas-Preis« gestiftet. Die sechs besten Deutschschüler werden für jeweils 14 Tage nach Deutschland eingeladen und von Wolfgang Gärthe und mir betreut. Die Besoldung für zusätzlichen Deutschunterricht wird auch weiterhin von uns getragen.

Die Kirche

Eine große Rolle spielte bei Antanas Račas die katholische Kirche. So pflegte ich durch ihn mit mehreren Bischöfen guten Kontakt, insbesondere mit Bischof Bartulis, dem

Gewinner und Gewinnerinnen des Antanas-Račas-Preises:
links: Wolfgang von Stetten, rechts: Wolfgang Gärthe

Eine Delegation von Landwirten aus dem Hohenloher Kreis am »Berg der Kreuze«

Jugendbischof von Šiauliai. Mit ihm organisierte Antanas Račas auch die großen Prozessionen von Tytuvėnai nach Šiluva, empfing mit ihm gemeinsam deutsche Besuchergruppen und begleitete sie zum Berg der Kreuze.

In der Nähe der Stadt Šiauliai in Litauen liegt ein mittelalterlicher Burghügel. Dort wurden im 19. Jahrhundert Anführer von Aufständischen gegen das Regime des Zaren hingerichtet.

Seit jener Zeit protestieren die Menschen hier gegen die Willkür der Fremdherrschaft: sie stellen Kreuze auf. Hundertausende von Kreuzen sind es mittlerweile. In der Sowjetzeit wurden die Kreuze mehrfach von Panzern niedergewalzt. Auch Papst Johannes Paul II. stellte 1993 ein großes Holzkreuz dort auf. Seither ist der »Berg der Kreuze« ein katholisches Pilgerziel. Heute, da Litauen unabhängig ist, ist das häufigste Motiv für das Aufstellen eines Kreuzes die Gesundung nach einer Krankheit.

Auch in Schloß Stetten war Bischof Bartulis schon mehrfach Gast. In Litauen gab es nur eine zahlenmäßig kleine lutherische Kirchengemeinschaft. Eine der wenigen Kirchen steht in Jurbarkas. Sie war ziemlich verfallen und konnte nicht benutzt werden. Nachdem ein sehr umtriebiger Pfarrer, Herr Mindaugas Karys, die mit wenigen »Schäfchen« weit verstreute Gemeinde übernahm, wurde diese Kirche in den letzten 10 Jahren zu einem Schmuckstück renoviert. Dazu konnte ich beitragen. Der Pfarrer ist inzwischen für ganz Litauen tätig und regelmäßig mein Gesprächspartner bei meinen Besuchen in Jurbarkas.

Bischof July, Schlosspfarrer Winfrid Härpfer, Bischof Bartulis und Pfarrer A. Urbilis

Pfarrer Mindaugas Karys aus Jurbarkas

Vorsitzende der Opfer des 13. Januars,
rechts: Jadwiga Belauskiene, Jadwiga und Antanas Račas

Staatsbegräbnis für Antanas Račas mit Bischhof Telšiai, daneben Vorsitzender der jüdischen Gemeinschaft Emanuel Zingeris, am Mikrofon Ministerpräsident Kubilius

Der dynamische Dirigent

Wenn Antanas Račas nach Bonn kam – auch oft unangemeldet –, dann wurde mein Büro kurzerhand umfunktioniert, quasi zum »Büro Račas – Inoffizielle Botschaft Litauens«. Račas saß an meinem Schreibtisch und dirigierte mit zwei Telefonen zweisprachig auf Litauisch und Deutsch alle seine Aktivitäten. Er teilte mir mit, wen und wann ich wo anzurufen habe. Antanas Račas war dynamisch und unbekümmert. Wir haben viel improvisiert und von Bürokratie hielt er ebenso wenig wie ich. Meine rechte Hand, Monika Mandt, organisierte Begegnungen und Besuche, wobei alle normalen protokollarischen Wege schlichtweg übersprungen und ignoriert wurden. Es war abenteuerlich, aber erfolgreich.

Antanas Račas wurde sein Leben lang treu und intensiv von seiner Frau Jadwiga begleitet und unterstützt. Sie war von Beruf Logopädin. Gemeinsam haben sie drei Söhne. Sie verköstigte die Besucher und war immer da, wenn man sie brauchte. Erst, als sie schwer krank wurde, nahm sich Antanas Račas mehr Zeit für sie. Sie gesundete glücklicherweise. Er wurde schwer krank und starb am 9. Februar 2014 im Alter von 73 Jahren.

In einem Staatsbegräbnis mit großem Zeremoniell mit Ministerpräsident Kubilius und dem Bischof von Telšiai an der Spitze wurde er in Kelme beerdigt. Als sein langjähriger Freund und als Vertreter Deutschlands durfte ich eine kurze Traueransprache am Grab halten und habe Traueranzeigen auch in deutschen Zeitungen geschaltet.

Zu Ehren von Antanas Račas wurde im Oktober 2015 ein Memoriam im Litauischen Parlament veranstaltet, wo mir als seinem Freund eine Ehrenmedaille verliehen wurde.

Ich werde nicht müde zu betonen, dass ohne Antanas Račas mein Engagement in Litauen und damit auch meine Fürsorge für die Wolfskinder nicht (oder nicht so intensiv) hätte stattfinden können. Er war mir ein unermüdlicher Antreiber und wurde zum Freund. Ich habe immer liebevoll gesagt, Račas war wie ein Terrier, der einen nicht losließ, bis seine Wünsche und Ideen verwirklicht wurden. 2017 wurde sein Leben in einem Buch der Gemeinschaft der Signatare gewürdigt.

Danke, Antanas!

Wolfgang von Stetten pflanzt einen Baum zu Ehren seines Freundes Antanas Račas, von links nach rechts: Landsbergis, Račas, von Stetten, Bischof Bartulis

Wolfgang von Stetten erhält die Ehrenmedaille des litauischen Parlaments (2015), von links nach rechs: Birutė Valionytė (Präsidentin des Signatarenclubs), Stasys Kašauskas (Kanzler des Signatarenclubs), von Stetten und Osvaldas Markevičius

10 Im Dickicht der Staatsbürgerschaft: Wie ich gegen Betonjuristen kämpfte

Führen Sie sich noch einmal die Situation der Wolfskinder in Litauen vor Augen: Sie haben durch den Krieg ihre Familien in Ostpreußen verloren und unfassbare Gräuel erlebt. Fast verhungert zogen sie los, bettelten und wurden – wenn sie Glück hatten – von litauischen Familien aufgenommen.

Der Preis dafür: Sie mussten ihre Herkunft, ihren Namen, ihre Sprache verleugnen – und eine neue Identität annehmen. Spätestens als Erwachsene brauchten sie dann aber Papiere – und bekamen Dokumente mit ihren »neuen« litauischen Namen, einem anderen Geburtsort und -datum.

Etwa 40 Jahre später ändern sich die politischen Verhältnisse. Plötzlich ist es möglich, wieder zu sagen: Ich bin in Deutschland geboren! Die Wolfskinder schöpfen Hoffnung: Vielleicht leben noch irgendwo meine Geschwister? Vielleicht finde ich noch jemanden von meiner Familie? Sie stellen den Antrag auf Wiedererlangung der deutschen Staatsbürgerschaft. Die Ersten bekommen sofort die Bestätigung, deutsche Staatsbürger zu sein, und die Erlaubnis zur Einreise.

Schon unmittelbar nach den brieflichen Kontakten mit Angelika von Sacksen hatte ich mich im Frühjahr/Sommer 1992 an die verschiedenen Ministerien gewandt. Zum Beispiel an den Außenminister Genscher, an den Justizminister

Kinkel, an den Innenminister Rudolf Seiters und auch an den Präsidenten des Roten Kreuzes, Prinz zu Sayn-Wittgenstein-Hohenstein. Sie reagierten alle so positiv, dass ich glaubte, in relativ kurzer Zeit viel zu erreichen und bei dem geplanten Treffen mit den Wolfskindern positiv berichten zu können.

So steht im Schreiben des Auswärtigen Amtes vom 8. Juli 1992: »Sehr geehrter Herr Abgeordneter, für Ihr Schreiben vom 14.05.1992 ... danke ich Ihnen. Nach eingehender Prüfung und der Befassung der zuständigen Ressorts lässt sich zu den dort geäußerten Petita Folgendes sagen: 1. Grundsätzlich ist davon auszugehen, dass die Betroffenen die deutsche Staatsangehörigkeit besitzen, eine Wiedererwerbung also nicht erforderlich ist.« Doch dann kam der zweite Satz: »Die Betroffenen müssten über die zuständige deutsche Auslandsvertretung in Vilna Anträge auf Feststellung der Staatsangehörigkeit stellen, die dem Bundesverwaltungsamt dann zur Entscheidung zugesandt werden müssten.«

In allen Schreiben wird zum Ausdruck gebracht, dass man sich um Hilfen und Unterstützung bemühen werde. Dank der Initiative von Frau Dempwolf wurden zwei Mitarbeiterinnen des Bundesverwaltungsamtes, Frau Tochtenhagen und Frau Bloy, nach Vilnius geschickt. Sie empfingen die Wolfskinder in der litauischen Botschaft. Dort hörten sie mit Hilfe von Dolmetschern über Tage und Wochen die bewegenden Lebensgeschichten der Wolfskinder an und halfen ihnen, die Anträge auf Feststellung der deutschen Staatsanghörigkeit zu stellen.

Doch plötzlich entsteht ein juristisches Gezerre um diese Frage. Warum? Wovor hatte der deutsche Staat Angst?

Juristisches Gezerre

Stellen Sie sich nun bitte folgenden Streit unter Juristen vor:

Hader: »Die Wolfskinder waren und sind deutsche Staatsbürger, denn man kann seine Staatsangehörigkeit nicht einfach verlieren.«

Zenker: »Doch! Mit der Annahme der litauischen Staatsbürgerschaft haben die Wolfskinder die deutsche Staatsbürgerschaft aufgegeben.«

Hader: »Das war ja gar nicht die litauische, sondern die sowjetische Staatsbürgerschaft, weil Litauen eine Sowjetrepublik war. Und diese sowjetische Staatsbürgerschaft wurde den Leuten aufgezwungen!«

Zenker: »Gut, aber nach der Unabhängigkeit Litauens 1990 haben die Wolfskinder einen entscheidenden Fehler gemacht – sie haben die litauische Staatsbürgerschaft angenommen – und zwar freiwillig!!!«

Hader: »Ja – aber das haben sie ja nur gemacht, um die verhasste sowjetische Staatsbürgerschaft loszuwerden! Und übrigens hat fast keiner den sowjetischen Pass mit echten deutschen Personalien erworben, sondern als vorgeblich gebürtige Litauer!«

Zenker: »Na und? Auf jeden Fall haben sie damit auf die deutsche Staatsbürgerschaft verzichtet – ganz egal, ob wissentlich oder nicht!«

Hader: »Moment! Da man ja seine Staatsbürgerschaft gar nicht verlieren kann, hatten die Wolfskinder gleichzeitig die deutsche und die litauische Staatsbürgerschaft. Die doppelte Staatsbürgerschaft ist aber in Litauen unzulässig – ergo ist die litauische Staatsbürgerschaft ungültig und damit sind die Wolfskinder – Deutsche!«

Kommen Sie noch mit? Dieses juristische Tauziehen fand allerdings nicht mündlich zwischen zwei Juristen statt, sondern auf dem Schriftweg zwischen vielen deutschen Ämtern, Behörden und Ministerien. Und es dauerte mehrere Jahre. Darunter zu leiden hatten die, um die es ging: die Wolfskinder.

Können Sie sich ihre Gefühle der Ohnmacht vorstellen? Sie lebten immer noch unter ärmlichsten Bedingungen in Litauen. Sehr viele ohne Schulbildung und mit kleinster Rente. Ohne zu wissen, ob ihre Geschwister überlebt haben. Ohne zu wissen, ob es vielleicht Verwandte in Deutschland gibt. Sie hatten den Krieg 40 Jahre länger verloren, wurden mit warmen Worten hingehalten und verstanden den Streit um die juristischen Finessen nicht. Einmal mehr fühlten sie sich vor den Kopf gestoßen, missachtet, übergangen. Als wäre ihr Leben nicht schon schwer genug gewesen.

Die offene Frage war also: Haben die Wolfskinder ihre deutsche Staatsbürgerschaft aufgegeben oder verloren? Das Ergebnis des juristischen Gezerres war 1995 ein fauler Kompromiss: Die Anträge der Wolfskinder wurden zu »Einbürgerungsverfahren« umgedeutet.

Zähneknirschend habe ich diesem Kompromiss, entgegen meiner inneren Überzeugung, den betroffenen Wolfskindern gegenüber verteidigt und diesen Weg empfohlen. Die »Betonjuristen« im Innenministerium und Bundesverwaltungsamt ließen keine andere Lösung zu – und ich wollte nicht noch mehr Zeit verlieren.

Hier passt der Wahlspruch unserer Familie: »Summum ius – summa saepe iniuria« – »Das höchste Recht ist oft das höchste Unrecht.« Betonjuristen damals.

Noch mehr Hürden

Ein weiteres Problem waren die Sprachtests: 1995 wies das Bundesinnenministerium die Innenminister der Länder darauf hin, »das schwere politische Schicksal besonders zu berücksichtigen und die Einbürgerung vereinfacht und beschleunigt durchzuführen sowie ... großzügig hinsichtlich der Sprachkenntnisse zu verfahren«.

Trotzdem drohte das Bundesverwaltungsamt mit Schreiben an die Wolfskinder 1996: »Sollte sich bei einer Überprüfung durch einen Sprachtest ... herausstellen, dass Sie nicht über die erforderlichen Sprachkenntnisse verfügen, so müssen Sie mit einer Ablehnung ... rechnen.«

Wohlgemerkt: Diese Sprachtests sollten Menschen bestehen, die mit vielleicht vier oder fünf Jahren nach Litauen gekommen sind und seither kein Deutsch mehr sprechen durften – geschweige denn jemals gelernt haben, es zu lesen oder zu schreiben. Für die Betroffenen begann mit dem »Einbürgerungsverfahren« erneut ein Papierkram, an dem manche fast verzweifelten. Diese tiefe Enttäuschung und Bitterkeit haben 21 Wolfskinder in einem Schreiben an den Bundeskanzler Kohl vom 14. Mai 1996 zum Ausdruck gebracht.

EINGEGANGEN
14. Mai 1996
Erl.................

Sehr geehrter Herr Bundeskanzler Kohl,

Duplikat an:

1 Herrn Bundespräsident Roman HERZOG
2 Herrn Dr. Wolfgang von STETTEN
3 den Aussiedlerbeauftragten der Bundesregierung Herrn Dr. Horst WAFFENSCHMIDT

Wir, Edelweißer - Wolfskinder aus Litauen, sind noch einmal gezwungen, uns an Sie mit einem Hilfsruf zu wenden.

Zuerst möchten wir uns bei Herrn Dr. Wolfgang von Stetten herzlich bedanken: für die große Mühe, die er sich gegeben hat, um uns zu helfen, aus der schwierigen Lage rauszukommen, in der wir durch den verlorenen Krieg sind. Und auch für die Liebe, die er uns bei jeder direkten Begegnung widmet. Aber wir verstehen, daß er auch nichts mehr für uns machen kann.

Wie es Ihnen bekannt ist, so sind wir rettend von dem Hungertod im Jahr 1947 nach Litauen gekommen. Unser Leidensweg ist schwer zu beschreiben. Durch Betteln in Litauen waren wir vom Tod gerettet. Später wurden wir bei den Bauern eine billige Arbeitskraft. Jeder Litauer hatte Angst, einen Deutschen unter seinem Dach zu haben. Als wir volljährig wurden, so hat man gefälschte Papiere für uns beschafft. Wir selbst könnten nichts ändern. Manche von uns haben in Jahren 1958-1961 über das rote Kreuz ihre Angehörige in Deutschland gefunden und wollten von hier ausreisen. Aber die sowjetische Regierung brachte allmögliche Hemmungen bei. Wir wurden verfolgt. Damals sind nicht alle durchgekommen. Die Heimreise ist in unseren Herzen ein tief versteckter Traum geblieben. 1991 ist ein Hoffnungsstern uns aufgegangen. Wir dachten, daß wir endlich problemlos nach Deutschland zurück können. Viele haben einen Antrag ausgefüllt, um dei deutsche Staatsangehörigkeit zu besitzen. Manche haben das schon vor 4 Jahren gemacht. Dann ist die Wartezeit eingetreten. Von uns wurden Papiere und noch Papiere verlangt, sogar von Großeltern. Gnädige Herren, woher, sagen Sie bitte woher, können wir die Papiere haben? Durch den Krieg ist vieles verlorengegangen: unsere Eltern, unsere Geschwister, unseres Zuhause. Wir haben die Heimat und auch die Papiere verloren. Manche unsere Mitglieder haben es geschafft. Sie haben die deutsche Pässe erhalten, aber nur wenige. Es ist aufgefallen, daß die deutsche Staatsangehörigkeit diejenige bekommen haben, die in der Nachkriegszeit in Deutschland ihre Eltern gefunden haben. Daraus entsteht eine Frage: sind wir schuldig, daß unsere Väter und Brüder im Krieg gefallen sind, daß Mütter und Schwestern abgequält wurden, daß wir keine Möglichkeit unsere Angehörige noch einmal sehen zu können gehabt haben. Jetzt werden wir bestraft, daß unser Schicksal schlimmer war, und daß wir mutterseelenallein sind. 1992 wurden litauische Pässe ausgeliefert. In einer Versammlung der Wolfskinder haben wir gefragt, was wir unternehmen sollten. Man hat uns eindeutig gesagt, daß wir litauische Staatsangehörigkeit annehmen müssen, das wird die weitere auf deutsche Staatsangehörigkeit bezogene Bearbeitung nicht beeinflussen. Jetzt hat man uns gesagt, daß wir durch litauische Staatsangehörigkeit die deutsche verloren haben. Wir können nur neu wiedereingebürgert werden, wobei wir die Prüfung der deutschen Sprache bestehen müssen. Aber wie ist das vorzustellen, weil die Mehrzahl von uns Analphabeten sind. Wir mußten arbeiten und Brot verdienen, nicht lernen. Wir alle sind denselben Leidensweg gegangen, wir alle sind von demselben Schicksal betroffen, man darf keinem von uns die deutsche Staastangehörigkeit und die Heimreise ablehnen. Diejenigen, die in Bezug auf Familienumstände, Krankheit oder Sprache hier in Litauen bleiben, brauchen eine finanzielle Unterstützung, jeden Monat einen Zuschlag zur kleinen litauischen Rente, wovon keiner Leben kann, oder eine einmalige Entschädigung. Mit jedem Jahr werden wir älter. 50 Jahre lang mußten wir wie im Lager ohne Heimat und Sprache leben. 4-3 Jahre haben wir auf einen Entscheid gewartet. Jetzt wurden wir wieder um Geduld gebeten. Bitte, nehmen Sie Rücksicht auf unser Alter und auf kränklichen Zustand. Worauf können wir noch länger warten? Auf einen biologischen Schluß?

Die Narben, die durch den Krieg in unseren Seelen geblieben sind, bluten wieder bei jeder neuen moralischen Verletzung. Das Unrecht, das sich mit uns abspielt, können wir nicht begreifen. Keiner erklärt uns, warum wir die Abgestoßenen sind. Wolgadeutsche und andere Volksdeutsche kommen durch. Für uns, Wolfskinder, ist Deutschland verriegelt. Wenn eine kinderreiche Mutter für ihre Kinder gut sorgt, aber eins davon - das kleinste, das schwächste, das dümmste Kind wegwirft, sagt man, daß diese Mutter kein Herz hat. Bitte, verstehen Sie uns richtig. Deutschland ist unser Vaterland, dort sind wir geboren, dort haben wir unsere Angehörige verloren, unsere Mütter beerdigt, vom Deutschland sind wir vertrieben, aber uns gehört Deutschland wie auch jedem anderen Deutschen. Wir bitten Sie herzlichst den richtigen Ausweg herauszufinden, um jedem von uns Hilfe zu leisten.

Wolfskinder:

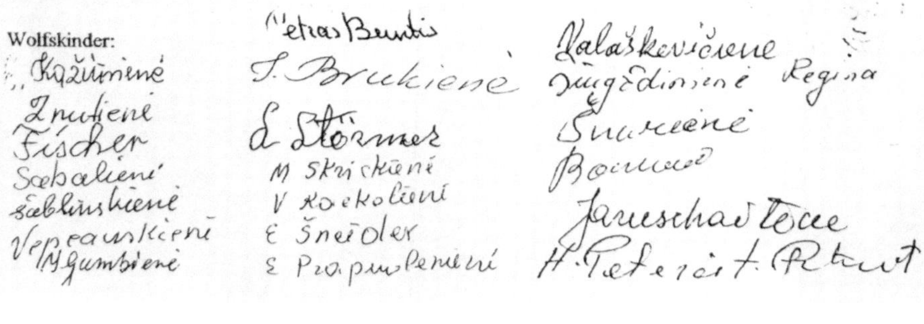

Es kann doch nicht sein – 1000 Euro!

Luise Kazukauskiene,
in einem Brief an Wolfgang von Stetten

Mein Gespräch mit dem Präsidenten des Bundesverwaltungsamtes, Dr. Hensen, im April 1996 und der Brief an Kohl zeigten wohl Wirkung. Die Meinung änderte sich – unterstützt durch meine Korrepondenz mit der Botschaft.

Ich hatte immer allen Wolfskindern empfohlen, sich in Kursen die deutsche Sprache anzueignen. Und siehe da – auch das konnte zu Konflikten führen: Die deutsche Botschaft schrieb noch im Februar 1996: »Die Vermittlung der deutschen Sprache durch die Eltern oder Großeltern ... hat vor allem in der Rechtsprechung eine entscheidende Bedeutung. Sprachkenntnisse, die auf anderem Wege erworben wurden, werden nicht anerkannt.« Diese Schwierigkeiten hatte zum Beispiel Ruth Deske (Christel Goriene), sie legte aber Widerspruch ein.

Ich hatte mit Schreiben vom 2. 7. 1996 moniert. Bereits am 18. Juli antwortete der deutsche Botschafter Dr. Rosengarten:

DER BOTSCHAFTER
DER BUNDESREPUBLIK DEUTSCHLAND

Wilna, den 18. Juli 1996

Gz.: RK 512.0/03

An
Herrn Prof. Dr. Freiherr von Stetten
Bundeshaus

53113 Bonn

EINGEGANGEN
23. Juli 1996
Erl. Fax WK

Betr.: Anerkennung von Wolfskindern als Aussiedler
hier: Sprachtests
Bezug: Ihr Schreiben vom 02.07.1996 an Frau Schmidt

Sehr geehrter Herr Prof. Dr. von Stetten,

vielen Dank für Ihr obiges Schreiben, welches einen völlig berechtigten Hinweis enthält.

Die Botschaft übersendet aus eben diesem Grund zur Vermeidung von Mißverständnissen seit Ende 1992 Anträge von Wolfskindern immer unter Hinweis auf die Zugehörigkeit des Antragstellers zu dieser Sondergruppe an das Bundesverwaltungsamt. Jedoch werden nicht alle Anträge über die Botschaft geleitet. Gerade in Aussiedlerverfahren ist die Vorlage über die Botschaft eher die Ausnahme. Sie erfolgt in der Regel über eine bevollmächtigte Person in Deutschland.

Das Bundesverwaltungsamt beraumt nicht in jedem Fall einen Sprachtest an. Sollte es tatsächlich dazu kommen, daß irrtümlich ein Wolfskind eine Einladung zum Sprachtest erhält, so kann sich der Betroffene sicher sein, daß sein Schicksal Berücksichtigung findet und ein entsprechender Hinweis an das Bundesverwaltungsamt erfolgt, so daß dort der Sprachtest nicht mehr entscheidungsrelevant ist.

Die Betroffenen werden desweiteren keiner typischen Prüfungssituation ausgesetzt, sondern es wird ein persönliches Gespräch geführt, in welchem auf Prüfungsängste und Hemmungen eingegangen wird.

mit freundlichen Grüßen

Ulrich Rosengarten

Dr. Ulrich Rosengarten

Es hakte dennoch, denn nicht alle Anträge wurden direkt vom Bundesverwaltungsamt bearbeitet. Die Zuständigkeiten waren unklar. Landratsämter, Regierungspräsidien und Gemeinden waren überfordert: Manche Ämter ignorierten die Anträge vielleicht auch, weil ihnen Wolfskinder kein Begriff war, und legten sie ganz nach unten, unter den großen Haufen.

Zum Teil schickten sie Rückfragen nach Heiratsurkunden der Eltern und Großeltern und Ähnliches, obwohl in den Anträgen klar zum Ausdruck kam, dass solche nicht vorhanden waren.

Wie sollten die Wolfskinder ihre Abstammung auch nachweisen können? Welches kleine Kind, das in den Wirren der Nachkriegszeit verloren ging, hatte wohl die Heiratsurkunde seiner Eltern in der Manteltasche?

Ich setzte alle Hebel in Bewegung. Das konnte doch nicht sein! Ich schrieb an die Innenminister der Bundesländer. Meine Briefe gingen an: Dr. Thomas Schäuble in Stuttgart, Dr. Beckstein in München, Alwin Ziehl in Postdam, Rudolf Geil in Schwerin, Gerhard Glogowski in Hannover, Franz-Josef Kniola in Düsseldorf, Walter Zober in Mainz, Klaus Hardrath in Dresden, Dr. Ekkehard Wienholtz in Kiel, Dr. Richard Dewes in Saarbrücken. Ich bat die Innenminister darum, die Ämter zur schnellen Bearbeitung anzuweisen. Jedem Einzelnen dieser Briefe fügte ich die konkreten Daten der jeweiligen Wolfskinder an, welche im betreffenden Bundesland ihre Anträge gestellt hatten.

ich weiß, wie schwer war mit Bürokratie.
Wir möchten schneller alles machen,
aber nicht alle können machen das.
Das war groß auch Bürokratie.
Das war alles.
Man hat nicht gewusst,
dass es solche Menschen ist,
solche Wolfskinder.
... aber Sie machen große, große Arbeit,
Sie haben für uns gemacht.

Verwirrungen, Verzögerungen, Irritationen

Konkrete Daten? Das war allerdings leichter gesagt als getan: Eine Schwierigkeit bestand naturgemäß auch darin, dass teils die litauischen Namen, teils die deutschen Namen angegeben wurden.

Ein Beispiel dafür ist Horst Radtke: Er hatte bereits 1991 unter seinem litauischen Nachnamen Viliokeitis einen Aufnahmeantrag gestellt. Durch die Namensverwirrung ergab sich eine Verzögerung von sechs Jahren, sodass er erst 1997 als »Wolfskind« erkannt wurde. Wir halfen, dann ging es ganz schnell: 1998 konnte er in die Bundesrepublik übersiedeln.

Andere ehemalige Wolfskinder hatten geheiratet, wieder andere verwendeten unterschiedliche Schreibweisen. Ein vertauschter Buchstabe konnte Jahre der Verzögerung bedeuten: So passierte es Hilda Miliauskiene. Erst hieß es, der Vorgang sei in Bearbeitung. Dann teilte ihr die Botschaft im Jahr 1997 mit, es sei kein Vorgang feststellbar. Nach wiederholten Anschreiben an die Botschaft stellte sich heraus, dass der Name falsch geschrieben war: Statt Miliauskiene stand da Milianskiene.

Schon 1994 hatten wir eine Liste mit über 200 Personen angelegt, mit jeweils ihren deutschen und litauischen Namen und Einzelheiten zur Herkunft. Diese Liste wurde immer wieder aktualisiert und ergänzt durch neue Mitglieder, die dem Verein »Edelweiß-Wolfskinder« beitraten.

Vier Jahre später, 1998, fertigte meine estnische Mitarbeiterin Skirmante Tamelyte in monatelanger Arbeit eine alphabetische Liste für das Bundesverwaltungsamt mit 193 akribisch bearbeiteten Sachständen an – so auch den unten beschriebenen Vorgang Fischer.

Leider gab es kein abgestimmtes Verhalten unter den zuständigen Behörden. Bei Anträgen, die nicht entschieden wurden, habe ich mich persönlich mit Oberbürgermeistern, Landräten und Regierungspräsidenten in Verbindung gesetzt, an welche die Unterlagen weitergegeben wurden.

Trotzdem gab es immer wieder Verzögerungen und auch Irritationen. Nach mühsamen Nachforschungen, wo der Vorgang bearbeitet wurde, stellte ich dann fest, dass einige Akten auf dem Dienstwege verschwunden waren. Manche der von Landratsämtern ausgestellten Staatsangehörigkeitsausweise kamen nicht in der deutschen Botschaft in Vilnius an. Wenn die angeschriebenen Ämter nicht antworteten, hakte ich tele-

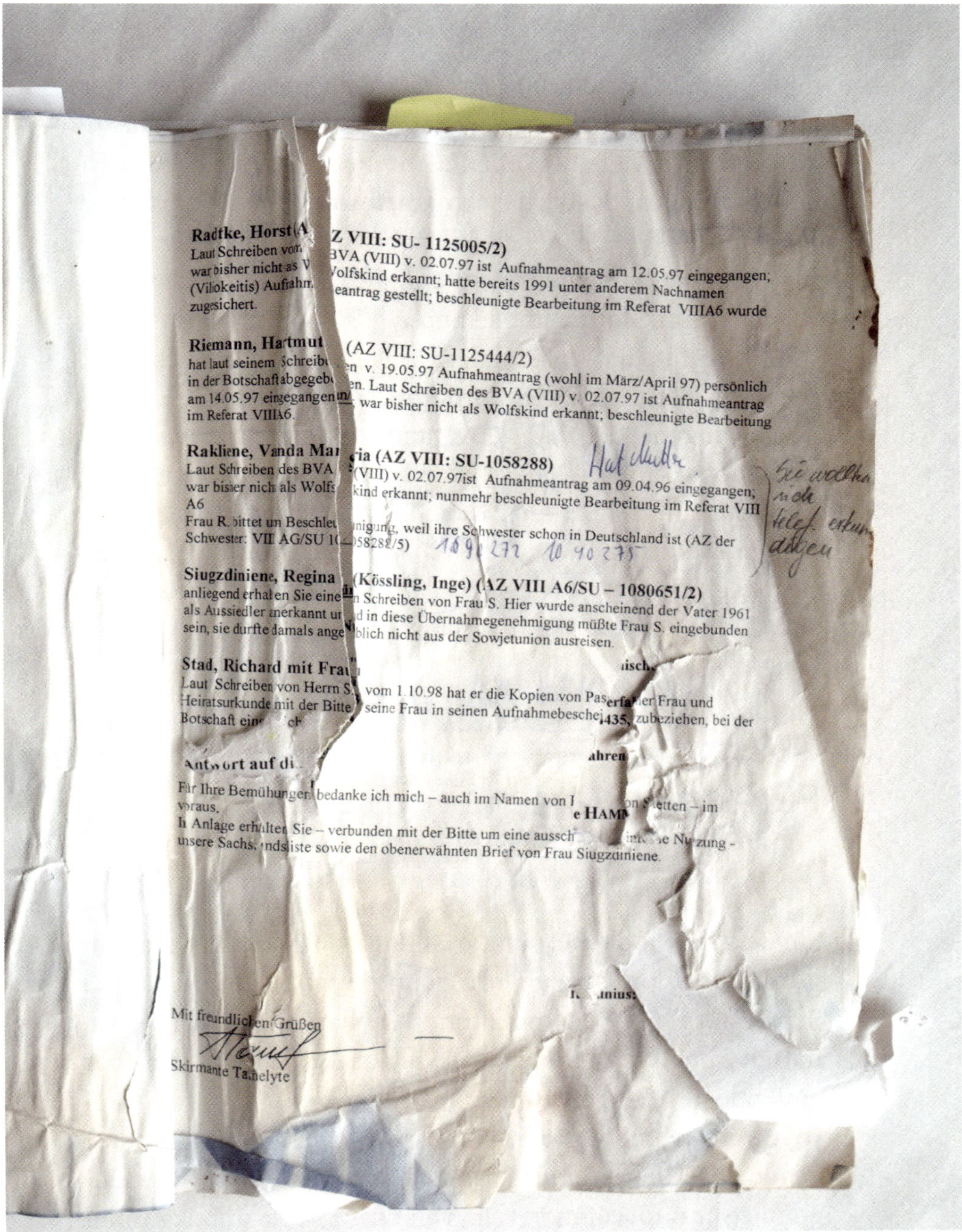

Radtke, Horst (A Z VIII: SU- 1125005/2)
Laut Schreiben vom BVA (VIII) v. 02.07.97 ist Aufnahmeantrag am 12.05.97 eingegangen;
war bisher nicht als Wolfskind erkannt; hatte bereits 1991 unter anderem Nachnamen
(Viliokeitis) Aufnahmeantrag gestellt; beschleunigte Bearbeitung im Referat VIIIA6 wurde
zugesichert.

Riemann, Hartmut (AZ VIII: SU-1125444/2)
hat laut seinem Schreiben v. 19.05.97 Aufnahmeantrag (wohl im März/April 97) persönlich
in der Botschaft abgegeben. Laut Schreiben des BVA (VIII) v. 02.07.97 ist Aufnahmeantrag
am 14.05.97 eingegangen; war bisher nicht als Wolfskind erkannt; beschleunigte Bearbeitung
im Referat VIIIA6.

Rakliene, Vanda Mar ria (AZ VIII: SU-1058288)
Laut Schreiben des BVA (VIII) v. 02.07.97ist Aufnahmeantrag am 09.04.96 eingegangen;
war bisher nicht als Wolfskind erkannt; nunmehr beschleunigte Bearbeitung im Referat VIII
A6
Frau R. bittet um Beschleunigung, weil ihre Schwester schon in Deutschland ist (AZ der
Schwester: VIII AG/SU 1058288/5)

Siugzdiniene, Regina (Kössling, Inge) (AZ VIII A6/SU – 1080651/2)
anliegend erhalten Sie einen Schreiben von Frau S. Hier wurde anscheinend der Vater 1961
als Aussiedler anerkannt und in diese Übernahmegenehmigung müßte Frau S. eingebunden
sein, sie durfte damals ange blich nicht aus der Sowjetunion ausreisen.

Stad, Richard mit Frau
Laut Schreiben von Herrn S. vom 1.10.98 hat er die Kopien von Pas der Frau und
Heiratsurkunde mit der Bitte seine Frau in seinen Aufnahmebescheid zubeziehen, bei der
Botschaft ein

Antwort auf di
Für Ihre Bemühungen bedanke ich mich – auch im Namen von … im
voraus.
In Anlage erhalten Sie – verbunden mit der Bitte um eine ausschl… Nutzung -
unsere Sachstandsliste sowie den obenerwähnten Brief von Frau Siugzdiniene.

Mit freundlichen Grüßen

Skirmante Tamelyte

Ein Blatt für das Bundesverwaltungsamt, in schlechtem Zustand nach dem Wasserschaden

fonisch nach. Dabei erfuhr ich, dass mancher Antrag von der einen Behörde zur anderen weitergeschoben worden war.

Ich war für viele Behörden nicht nur lästig, sondern auch ein Schreckgespenst, weil ich immer wieder nachbohrte und nicht locker ließ. Manches Stadtoberhaupt, mancher Landrat oder Regierungspräsident soll gestöhnt haben: »Schon wieder dieser Stetten mit seinen Wolfskindern!«

Es war für die Wolfskinder schwierig, das Dickicht und Gestrüpp der deutschen Bürokratie zu verstehen – und zu durchdringen. Hilfe war notwendig. Und es war in vielen Situationen von Vorteil, dass ich als Rechtsanwalt zugelassen war und damit Akteneinsicht verlangen konnte. Das Schreiben eines Rechtsanwaltes half manchmal deutlich, dass die Gegenseite merkte: »Hier wird es ernst!« Ich habe selbstverständlich nie ein Honorar verlangt.

Für tot Erklärte leben länger

Ein Beispiel für die Bürokratie ist Konrad Fischer. Er schreibt: »Im Heimatdorf Langendorf wohnten wir, 6 Brüder und 3 Schwestern, mit unseren Eltern. Wir waren fleißige Bauern, hatten fruchtbaren Boden, viel Vieh und gute Gebäude. Aber am Ende des Krieges wurde alles anders.«

Auf der Flucht kamen ihnen sowjetische Soldaten entgegen. Die Pferde wurden beschlagnahmt, der Vater abgeführt und misshandelt. Er verstarb später unbekannten

Ortes. »Wir hatten fast nichts zu essen und wurden immer schwächer, bald starb unser kleiner Bruder Helmut, bald danach Gerhard. Sie wurden unter Gebüsch verscharrt, ohne Sarg, ohne Begräbnis. Später ... kroch ich mit meinem Bruder Hugo (zwei Jahre jünger als ich) in eine Scheune. Dort gab es Stroh und wir schliefen. Als wir erwachten, war niemand da. Weder Mutter noch Geschwister. So begann unser Umherirren.«

Die beiden Brüder mussten sich trennen, Konrad kam zu einer guten Familie. Um nicht aufzufallen und um einen Pass zu bekommen, schlüpfte er in die Identität eines Litauers. Aus Konrad Fischer wurde Jonas Leimonas. Statt 1931 datierte eine Ärztekommission sein Geburtsdatum auf 1936. Die Wolfskinder waren durch Hunger und Entbehrungen körperlich stark unterentwickelt und wurden daher jünger geschätzt. »Ich hatte keine Möglichkeit, nach meinen Familienmitgliedern zu suchen. Zuerst, weil ich meine Wohltäter nicht gefährden wollte, später weil ich Angst hatte, selbst für den fremden Namen mit Arrest bestraft zu werden.«

Nach der Wende erfuhr er vom Deutschen Roten Kreuz, dass seine Mutter 1974 verstorben war und dass die Geschwister nach dem Tod der Mutter ihn und seine anderen Brüder für tot erklären ließen. Sein Bruder Hugo, der mit ihm nach Litauen geflohen war, hatte überlebt und suchte noch – mit Erfolg. Konrad erfuhr, dass er nur 40 km von ihm entfernt wohnte, zweimal von der Schwester Gerda besucht worden war und 1984 verstarb. Aufgrund des neuen Namens konnte Konrad (Jonas) nicht gefunden werden – und er selbst hatte nicht gesucht. Erfolgreich beantragte er 1991 die Aufhebung der Toterklärung.

39

9 II 52/74 (z)

Rechtskräftig seit
24.1.1991.
Celle, den 29. Jan. 1992
Hornow, Justizobersekretär als
Urkundsbeamter der Geschäftsstelle

<u>B e s c h l u ß</u>

Der Beschluß vom 26.06.1975 des Amtsgerichts Celle 9 II 52/74 (z),
nach dem

Herr Konrad Fischer
aus Jägerthal b. Postnicken/Samland,
geb. am 08.10.1931 in Langendorf/Samland,

für tot erklärt wurde, wird aufgehoben, da er als

Leimonas Jonas, Juozo
in Kaunas/Litauen, UdSSR,

lebt.

Celle, den 24. Juni 1991
Das Amtsgericht
van Bargen
Rechtspfleger

AUSGEFERTIGT
Justiz-A...
als Urkundsbeamter der Geschäftsstelle

AMTSGERICHT CELLE 81

Das amtliche Dokument, dass Konrad Fischer wieder am Leben ist

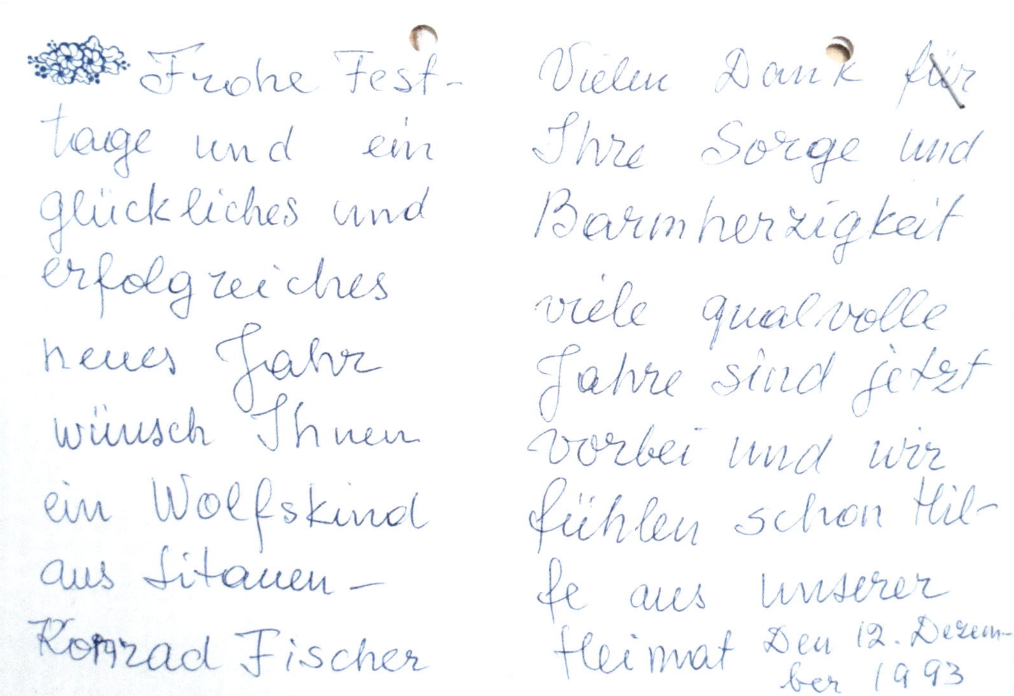
Frohe Fest-
tage und ein
glückliches und
erfolgreiches
neues Jahr
wünsch Ihnen
ein Wolfskind
aus Litauen –
Konrad Fischer

Vielen Dank für
Ihre Sorge und
Barmherzigkeit
viele qualvolle
Jahre sind jetzt
vorbei und wir
fühlen schon Hil-
fe aus unserer
Heimat Den 12. Dezem-
ber 1993

Konrad Fischer bedankt sich für die Hilfe, aber die Schwierigkeiten fingen erst an

Eine Frau brachte mir ein Butterbrot und eine heiße Tasse Tee. Das war so herrlich, dass ich in Tränen ausbrach.

Eva Potaschkina

Ende gut – alles gut? Noch lange nicht ... Sein Antrag auf Anerkennung als Deutscher wird 1994 positiv beschieden. Er bekommt einen deutschen Reisepass. »Jetzt habe ich schon einen deutschen Reisepass und im September bin ich zur Schwester Gerda gefahren. Dahin kamen auch Fritz aus Hamburg und die Schwester Hertha ... Obwohl bei mir noch Schwierigkeiten mit der Sprache bestehen, aber wir haben einander gut verstanden.«

Sein Antrag auf Wiedereinbürgerung wurde jedoch abgelehnt. Und er vergaß – vielleicht in der Euphorie, einen deutschen Reisepass zu besitzen –, Widerspruch einzulegen. Es folgte eine Lawine von Schreiben. Seine Anträge wurden abgelehnt – wegen fehlender Sprachkenntnisse: Das Verwaltungsamt erklärte: »Eine Anerkennung ist nicht möglich: Jahrgang 1931 hätte bis 1945 von seiner Mutter die deutsche Sprache lernen können.«

Fischer begründete seine verlorene Muttersprache mit der erlittenen Hungersnot, wodurch sein Gedächtnis geschwächt worden sei. Die endgültige Ablehnung wurde am 28.1.1998 wie folgt begründet: »... auch unter Berücksichtigung der Tatsache, dass Herr F. als Kind hungern musste, ist nicht erklärbar, warum er die dt. Spr. nicht erlernt hat. Er war ca. 15 Jahre alt, als er von seiner Mutter getrennt wurde. Bis dahin konnte die Spr. muttersprachlich vermittelt werden (siehe Olaf Pasenau). F. kann aber jederzeit als deutscher Staatsangehöriger in die Bundesrepublik einreisen und ständigen Wohnsitz nehmen«, aber eben ohne die finanzielle Unterstützung eines Eingebürgerten. Hier war die vom Bundesverwaltungsamt versprochene »Berücksichtigung des Schicksals« wohl noch nicht durchgedrungen. Konrad

Fischer ist im Gestrüpp der Bürokratie hängen geblieben. Er lebte zunächst in Berlin bei Verwandten und kehrte dann nach Litauen zurück, wo er 2014 starb.

Erfreuliches

Weit über 100 Verfahren liefen über meinen Schreibtisch. Erfreulicherweise nicht alle so umfangreich. Ende November 1996 konnte ich den Mitgliedern des Vereins Edelweiß schreiben: »Seit meinem Schreiben vom 7. Juni 1996 an Sie sind wieder 6 Monate vergangen. Es wurde eine Reihe von Anträgen positiv beschieden, einige sind noch in Bearbeitung, einige haben sich nicht gemeldet. Von den uns 200 bekannten Wolfskindern haben nach unseren Unterlagen 112 einen Antrag auf Feststellung der Staatsbürgerschaft bzw. Einbürgerung gestellt. Davon sind bisher über 50 positiv beschieden.«

Im März 1997 schickte das Bundesverwaltungsamt eine Liste von weiteren 28 Anerkannten. Zahllose Dankesbriefe lassen einen das Glück spüren, das etwa einer Elma-Anna Praputhniene, geb. Schneider, zuteilgeworden ist.

Obwohl es offiziell keine doppelte Staatsbürgerschaft gibt und die Wolfskinder vor der Einbürgerung durch ein Merkblatt darauf hingewiesen wurden, besitzen viele – auf welchem Wege auch immer – sowohl den deutschen als auch den litauischen Pass. Ich habe zwar die Liste, aber nie nachgefragt, um keine schlafenden Hunde zu wecken.

11 Spenden über die Stauder Stiftung: Wie ich über meinen Schatten springen musste

Am wohlsten fühle ich mich in der Rolle des Machers, des Pushers. Es fällt mir schwer, andere um einen Gefallen zu bitten. Und doch wurde ich zum tausendfachen Bittsteller, zum »Bettelbaron«, zum »Spenden-Ermunterer«. Ich konnte über meinen Schatten springen, weil ich das nicht für mich getan habe, sondern für andere – für Menschen, die keine Stimme, keine Lobby hatten – wie die Wolfskinder. Die Spenden liefen – und laufen auch heute noch – über die Stauder Stiftung und den Deutsch-Baltischen Parlamentarischen Freundeskreis e.V.

Hedwig Stauder

Wer war diese ungewöhnliche, eigenwillige und liebenswerte Frau? Sie wurde 1902 in Stuttgart geboren. Nach der höheren Handelsschule arbeitete sie als Stenotypistin in der Waldorf-Astoria-Zigarrenfabrik. Weil der Chef der Fabrik, Emil Moldt, für die Kinder seiner Belegschaft eine freie Schule

Hedwig Stauder (1902–1996)

einrichtete, lernte Hedwig Stauder Rudolf Steiner kennen. Viele seiner Ideen verinnerlichte sie, so auch den Naturschutzgedanken. Später wurde sie Prokuristin und Geschäftsführerin bei einer großen Firma.

Im Frühjahr 1985 las sie eine Zeitungsanzeige in den Stuttgarter Nachrichten. Darin wurde für den Altersruhesitz auf Schloß Stetten geworben. Hedwig Stauder erinnerte sich: 55 Jahre zuvor war sie mit ihrer Schwester bei einer Wanderung auf Schloß Stetten vorbeigekommen. Sie rief bei meiner Frau an, die seinerzeit Geschäftsführerin der Residenz Schloß Stetten war: Frau Stauder erzählte, sie wolle eine Stiftung machen und ich solle sofort nach Schwieberdingen kommen. Ich war skeptisch. Wenn meine Frau nicht gesagt hätte: »... es war eine klare, fordernde Stimme ...«, hätte ich mich nicht darum gekümmert.

Ich erinnere mich gut an meinen ersten Besuch bei ihr: Betraten wir ein Zimmer, wurde sofort im Flur das Licht gelöscht – und umgekehrt. Ihr ganzes Leben war geprägt von Sparsamkeit. Sie war geizig gegen sich selbst – aber großzügig gegenüber anderen.

Eine weitere kleine Anekdote kann dies veranschaulichen: In der Zeit der nachfolgenden Verhandlungen wurde mir ausdrücklich untersagt, zwischen 11.30 Uhr und 12.30 Uhr anzurufen. Den tieferen Sinn erfuhr ich erst, als ich einmal aus irgendeinem Grund doch gegen 12 Uhr in Schwieberdingen anrief. Frau Stauder zeigte ihre Missbilligung deutlich. Nach meiner etwas schnoddrigen Frage, was denn so heilig sei um diese Zeit, erfuhr ich den Grund: Die Nachbarin koche für sie Mittagessen und kündige per Telefon an, wann das Essen am Zaun abzuholen sei.

»Na und? Dann ist das Telefon halt mal besetzt, wenn die Nachbarin anruft!«, erwiderte ich. Jetzt wurde Frau Stauder fast zornig: »Sie verstehen aber auch gar nichts! Die Nachbarin ruft nicht richtig an. Sie lässt das Telefon dreimal klingeln. Dann legt sie auf. So sparen wir die Kosten des Anrufs!«

Ich konnte mir das Lachen über diese Art der Sparsamkeit nicht verkneifen. »Männer sind halt zu dumm, so etwas zu verstehen!« Das war ihre Antwort.

Mit ihrer Sparsamkeit hat sie ein kleines Vermögen zusammengesammelt. Sie hatte keine Erben und wollte schon Ende der Siebziger, Anfang der Achtzigerjahre ihr Geld dem praktischen Umweltschutz zur Verfügung stellen: für Feuchtbiotope, Naturwiesen und Ähnliches. Sie setzte auf Vermittlung eines Rechtsanwaltes die Universität Hohenheim unwiderruflich als Alleinerbin ein. Es ist absolut unüblich, ein Testament mit »unwiderruflich« zu versehen. Gleichzeitig gründete sie eine Stiftung mit einem namhaften Betrag. Die Universität verwaltete die Stiftung. Der nicht uneigennützige Vermittler wurde dafür Honorarprofessor der Universität Hohenheim. Sie verwendete die Gelder aber nicht Hedwig Stauders Intention entsprechend. Frau Stauder missbilligte, dass Doktorarbeiten unterstützt wurden mit Themen wie zum Beispiel: »Die Auswirkungen des Bremsenbefalls bei Rindern auf die Qualität von Milch und Fleisch« oder »Der

Schutz von Beeten vor Schneckenfraß mit Hilfe von Blechzäunen«.

Daher zog sie einen namhaften Betrag der Universitätsstiftung zurück und gründete mit diesem Geld und dem Rest ihres Vermögens eine zweite Stiftung: die Stauder Stiftung. Zweck der Stiftung war die Unterstützung der Umwelt sowie von Kranken und Pflegebedürftigen.

Als ich ihr Ende 1992 von den Wolfskindern erzählte, die ich in Litauen kennengelernt hatte, war sie sofort damit einverstanden, den Zweck zu erweitern. So wurde die Stauder Stiftung der Dreh- und Angelpunkt für alle Aktivitäten, für die Sammlung und Verwaltung der Spenden und ihre Verwendung. Es war der ausdrückliche Wunsch von Frau Stauder, dass dies auch nach ihrem Tod weitergeführt wird. Sie lebte fast elf Jahre auf Schloß Stetten und starb hoch betagt im Jahre 1996 mit 94 Jahren.

Bis wenige Wochen vor ihrem Tod beobachtete sie so gründlich und korrekt, wie sie im Berufsleben war, die Stiftungsgeschäfte. Alles musste »dreifach« und schriftlich angeordnet und festgehalten werden. Sie hatte genaue Vorstellungen, wer, was, wo und wie zu bekommen hatte. Wenn ich dies nicht sofort erledigte, wurde ich deutlich von ihr belehrt: »Sofort heißt heute – denn sonst hätte ich demnächst gesagt!«

Wie alles begann

Die Spenden für die Wolfskinder begannen mit einem Brief vom 10. April 1992, den Angelika von Sacksen in Bonn verfasste. Da er die Grundlage für die Beziehung zu den Wolfskindern war, wird er nachfolgend wörtlich abgedruckt.

> »Sehr geehrter Herr von Stetten, wir wenden uns an Sie als Mitglied des Bundestags und als Menschen, dem das Schicksal Litauens und seiner Leute naheliegt.
>
> Unser Verein der in Litauen großgewordenen ostpreußischen Kinder, ist am 14. September 1991 gegründet worden. Er umfasst zur Zeit an die 100 Mitglieder, aber immer wieder melden sich neue. Gleichzeitig kommen neue Probleme auf.
>
> Alle Mitglieder des Vereins sind in Ostpreußen geboren und 1946 bzw. 1947 von dort vertrieben worden. Die Mütter starben von Hunger oder wurden umgebracht. Die meisten Väter fielen im Krieg als Wehrmachtsoldaten.
>
> Die Kinder suchten Rettung vor Hungertod in Litauen, wo sie in den litauischen Familien Zuflucht fanden. Gegenwärtig sind diese Kinder schon Menschen in den 50-60er-Jahren, tragen litauische Namen, in ihrem Pass heißt es:
>
> Staatsangehörigkeit – Litauer. Fast alle beherrschen ihre Muttersprache nicht mehr, nicht einer hat sogar seinen richtigen Namen vergessen. Diese Menschen haben nämlich alles verloren – ihre Angehörigen, Namen, Kindheit, und nicht zuletzt ihre Heimat …«

Sie haben kein Zurück, sie wissen nicht, wo ihre Mütter ruhen, um ihre Grabstätten besuchen zu können, denn in ihrer Heimat befinden sich Übungsfelder des sowjetischen Heeres. Manche von ihnen haben wegen unmenschlichen Verhältnissen in der Kindheit an Gesundheit eingebüßt. Nur 4 Menschen von 100 Mitgliedern des Vereins haben die abgeschlossene Hochschulbildung. Die meisten sind leider analphabet.

Und das Traurigste dabei ist es, dass diese Menschen von Deutschland vergessen worden sind. Und sie hoffen immer noch darauf, dass man sich ihrer entsinnt.

Die Tätigkeit unseres Vereins ist nicht nur für die Mitglieder von Bedeutung, sondern hat auch einen viel weiteren Sinn. So haben wir ein umfangreiches Archivmaterial eingesammelt, das die Erinnerungen dieser Leute an das Schicksal vieler Deutscher in der Nachkriegszeit einschließt. Sollte es mal der Öffentlichkeit zugänglich gemacht werden, so wäre es ein neues schreckliches und tragisches Zeugnis dessen, wie das totalitäre Regime in Wirklichkeit ist und wie tief der Krieg Wunden geschlagen hat, die einige Generationen überdauern.«

Hervorheben möchte ich die Forderung: »*Deshalb müssen gerade diese Menschen als Kriegsopfer anerkannt werden und zu allen sich daraus ergebenden Rechten kommen.*«

25 Jahre später wurden sie – nachdem die meisten verstorben waren – in die Lage versetzt, einen Antrag als Kriegsopfer zu stellen, mit einem symbolischen Betrag von 2.500 Euro. Auch wenn im Brief vor allen Dingen Forderungen aufgestellt waren, dachte sie nicht nur an sich selbst.

So heißt es: »Und noch eins, worum wir alle bitten: Uns haben die Litauer großgezogen, vor Hunger gerettet, geholfen, so gut es ging, wir sind ihnen sehr verbunden. Aber wir sind Deutsche, hinter uns steht Deutschland. Sollte denn Deutschland einen offiziellen Dank von uns an Litauen aussprechen? Wir sind überzeugt, dies würde zum Ansehen Deutschlands beträchtlich beitragen.«

Aus Deutschland kamen große Gesten, auch Hilfen, im Hinblick auf die Verantwortlichkeit durch den Hitler-Stalin-Pakt. Der Dank für die große Hilfe der Litauer für die 10.000 bis 15.000 deutschen Kinder, die durch litauische Hilfe überlebt haben, wurde dabei vernachlässigt. Den in Litauen noch lebenden Wolfskindern wurde 25 Jahre lang jede materielle Hilfe versagt.

Der Brief von Frau von Sacksen inspirierte mich und mit dem folgenden Brief begann die Spendenaktion:

Prof. Dr. jur. Wolfgang Frhr. v. Stetten
Mitglied des Deutschen Bundestages
Vorsitzender der
Deutsch-Baltischen Parlamentariergruppe

5300 Bonn 1
Bundeshaus
Telefon (0228) 165346
Telefax (0228) 1686900

Wahlkreis:
Schwäbisch Hall / Hohenlohekreis
7118 Künzelsau
Schloß Stetten
Telefon (07940) 3742
Telefax (07940) 55389

Herrn
Olaf Passenau und
Frau Angelika v.Sacksen
J.Janonio Str. 17-4

5800 Klaipėda / Litauen

14. Mai 1992

Sehr geehrte Frau v.Sacksen,
sehr geehrter Herr Passenau,

für die in Bonn mir überlassenen Unterlagen über den deutschen Verein "Edelweiss" darf ich mich sehr herzlich bedanken. Es darf nicht sein, daß diese Dinge vergessen werden und ich habe die Unterlagen an das Auswärtige Amt in die zuständige Abteilung übersandt und habe Minister Kinkel, dem zukünftigen Außenminister eine Kopie meines Begleitschreibens geschickt. Auch den deutschen Botschafter in Litauen, Herr Albrecht, habe ich gebeten mir mitzuteilen, welche Möglichkeiten er zur besonderen Hilfe sieht. Dies wird alles nicht so ganz schnell vor sich gehen, aber ich versichere Ihnen, daß ich mich der Angelegenheit annehme.

Als kleine Ausrüstungsbeihilfe habe ich mit gleicher Post Botschafter Albrecht einen Scheck über DM 1.000,00 vom Baltischen Informationsbüro übersandt mit der Bitte, dieses Geld Ihnen in geeigneter Form zu übermitteln, bitte setzen Sie sich ihm in Verbindung.

Für heute mit besten Grüßen

Der erste Brief mit Spende an den Verein Edelweiß

Schon im Mai 1992 wandte ich mich an fast alle Ministerien, mit der Bitte um Hilfe sowohl materiell als auch bei der Suche nach Angehörigen.

Nach dem ersten Kennenlernen von Frau von Sacksen und Herrn Pasenau schrieb ich im Oktober die ersten Bettelbriefe an den Bundesminister für Bildung und Wissenschaft, Prof. Dr. Rainer Ortlepp, den Präsidenten des Deutschen Roten Kreuzes, Botho Prinz zu Sayn-Wittgenstein-Hohenstein, den Parlamentarischen Staatssekretär des Bundes des Inneren, Herrn Dr. Horst Waffenschmidt, die Parlamentarische Staatssekretärin Frau Dempwolf, verschiedene Organisationen, so das Rote Kreuz, aber auch den Hartmann-Bund, Care-Deutschland usw.

Frau Dempwolf sorgte dafür, dass Beamtinnen vom Bundesverwaltungsamt in der Deutschen Botschaft in Vilnius die Anträge der Wolfskinder aufnahmen. Dies waren schon im Frühjahr 1993 Frau Tochtenhagen und Frau Bloy, die später noch mehrmals für mehrere Wochen in die Botschaft nach Vilnius kamen.

Das waren zunächst Glücksmomente für die Wolfskinder, weil jemand ihnen zuhörte und sich für ihre Geschichte interessierte – aber letztlich ohne großen Erfolg.

Die dort gefertigten Unterlagen erreichten oft nicht die notwendigen Empfänger – durch langwierige Krankheit der Mitarbeiterinnen und andere Umstände. Auch das Dilemma der Staatsbürgerschaft (siehe oben) konnte nicht zugunsten der Wolfskinder gelöst werden.

Warum waren Frau Dempwolf und ich so engagiert? Frau Dempwolf begleitete mich zu dem ersten Besuch der Wolfskinder im Dezember 1992, als wir in Kaunas das erste Mal mit einer Wolfskinderversammlung zusammentrafen:

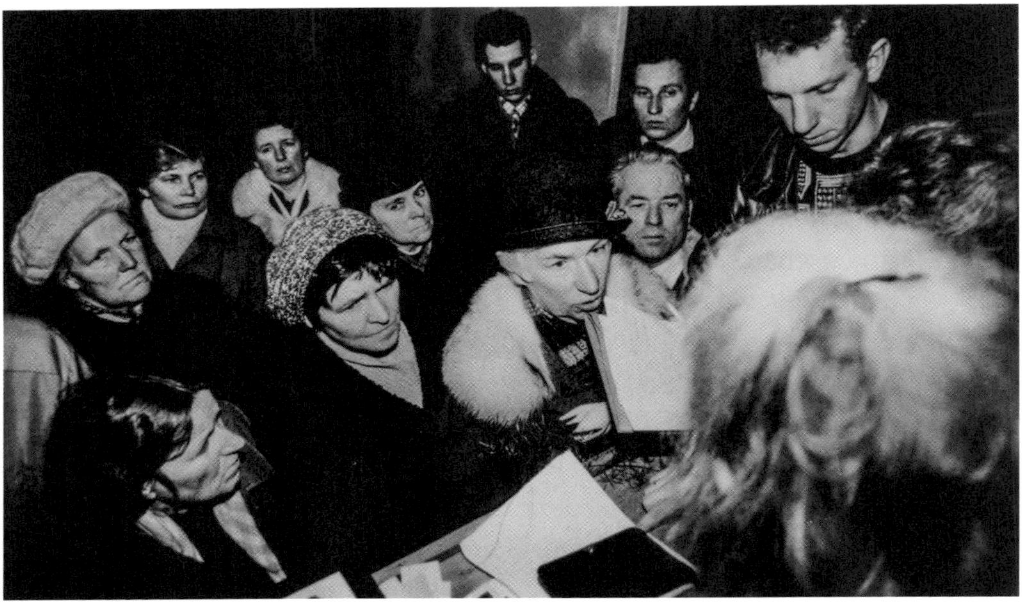

Die erste Begegnung mit Wolfskindern im Dezember 1992

Wir betraten ein düsteres, heruntergekommenes Kino. Die Gesichter waren verhärmt, die Stimmung aggressiv. Beim Anblick der wesentlich älter als 50–60 Jahre erscheinenden Damen und Herren haben wir beschlossen, Hilfe zu leisten.

Ganz am Anfang wurde einmal materielle Hilfe vom Innenministerium in Form des Kaufpreises für einen gebrauchten Bus geleistet (siehe oben). Ich fing an, bei den Bewohnern der Residenz Schloß Stetten und im Freundeskreis erfolgreich Spenden zu sammeln.

Nach einem Aufruf bei der Bruderschaft der Chaîne des Rôtisseurs, einer Feinschmecker-Vereinigung, kamen 1993/1994 fast 80.000 DM zusammen. Spenden von Mitgliedern meines Rotarierclubs Bad Mergentheim brachten mich auf die Idee, mehrere hundert Clubs in Deutschland anzuschreiben, mit dem Erfolg, dass 1997/1998 über 100.000 DM zusammenkamen. Wir konnten auch mit Hilfe der Ordensgemeinschaft der Johanniter monatliche Spenden überweisen.

100 000 Mark für „Wolfskinder" gesammelt

Rotary-Club Soest-Lippstadt unterstützt „die vergessenen Deutschen in Litauen"

Rotarier Tecklenburger Land halfen mit

Über 100.000 Mark für „Wolfskinder"

Hilfe für „Wolfskinder": Die Rotarier sind dabei

Nur zur Verrechnung

Stadtsparkasse Frankenthal/Pfalz

Zahlen Sie gegen diesen Scheck

zehntausend-

Deutsche Mark in Buchstaben

DM 10.000.-

an Deutsch-Baltischer Parlamentarischer

oder Überbringer Freundeskreis e.V., Bonn

Frankenthal

Ausstellungsort

7.9.1995

Datum

Alfred Sternjakob

Albrecht-Dürer-Ring 14

67227 Frankenthal

Unterschrift des Ausstellers

121 600 3/93 11113

„Umweltschonendes Papier – 100% chlorfrei gebleichter Zellstoff"

Der vorgedruckte Schecktext darf nicht geändert oder gestrichen werden. Die Angabe einer Zahlungsfrist auf dem Scheck gilt als nicht geschrieben.

Scheck-Nr.	Konto-Nr.	Betrag	Bankleitzahl	Text
0000000736757	20 073		54551030	01

Bitte dieses Feld nicht beschriften und nicht bestempeln

Nun waren wir wirklich satt und lebten zufrieden in einer Wiesensenke. Litauen, so versicherten wir uns immer wieder, war also doch das Gelobte Land.

Erich Schwarz

Welche der Gruppierungen letztlich am meisten Spenden sammelte, ist schwierig festzustellen. Bei allen vieren habe ich Jahrzehnte in verschiedenen Funktionen gedient:

Bei der »Confrérie de la Chaîne des Rôtisseurs – Paris« war ich unter anderem Präsident in Deutschland und Mitglied des Rates in Paris. Beim Ritterlichen Orden »St. Johannis vom Spital zu Jerusalem« war ich Mitglied der Ordensregierung, beim »Serviceclub Rotary International« war ich Präsident in Bad Mergentheim. Die Residenz Schloß Stetten und Nebenfirmen habe ich gegründet und bin heute noch geschäftsführend tätig. 90 % der Spenden kamen aus diesen Gruppen oder über sie und wurden über den Deutsch-Baltischen Parlamentarischen Freundeskreis e.V. und die Stauder Stiftung verwaltet und verteilt. Mein Schreiben vom 29. Juli 1997:

> Sehr geehrter Herr Präsident, lieber rotarischer Freund, in den Kriegs- und Nachkriegswirren 1945/46 wurden einige Tausend Kinder im Alter von 3 Monaten bis 12 Jahren von Ostpreußen nach Litauen verschleppt oder flohen, um dort zu überleben ... Im Dezember 1992 lernte ich in Litauen die noch übrig gebliebenen etwa 200 Wolfskinder kennen, die inzwischen zwischen 50 und 60 Jahre alt waren. Sie alle lebten und leben zum Teil noch heute in bitterer Armut. Als Vorsitzender der Deutsch-Baltischen Parlamentariergruppe ist es mir immer wieder gelungen, ... Spendenaktionen zu starten ... Sehr geehrter Herr Präsident, lieber rotarischer Freund ..., ich weiß, dass jeder Präsident in seinem rotarischen Jahr eigene Schwerpunkte für soziale Aktivitäten setzt, dennoch erlaube ich mir die Bitte, ob nicht noch ein kleiner Betrag zwischen

> 500 und 1.500 DM für diese vergessenen, teilweise verratenen ehemaligen Kinder aus Ostpreußen im Laufe des Jahres übrig ist. Als Vorsitzender des Deutsch-Baltischen Parlamentarischen Freundeskreis e.V. garantiere ich zusammen mit meinen Stellvertretern, Herrn Prof. Gert Weisskirchen (SPD) und Frau Lisa Peters (FDP), dass jede Mark ohne Abzug in Einzelkuverts mit Anschrift versehen an die Empfänger geht … Ich bedanke mich im Voraus für Ihre wohlwollende Prüfung und verbleibe mit rotarischen Grüßen …

Die wohlwollende Prüfung von sehr vielen rotarischen Clubs brachte über 110.000 DM ein. Dabei half auch die Veröffentlichung im »Rotarier« (12/1997). Ebenfalls sehr hilfreich war auch ein späterer Artikel im »Rotarier« 12/2011 von Frau Insa Feye, heutige Insa Fölfter.

Bei meinen Besuchen in Litauen, bei denen auch regelmäßig Treffen mit den Wolfskindern stattfanden, brachte ich auch immer kleinere Bargeldsummen mit, so z. B. im August 2001 je 20 Dollar (das waren damals noch 50 DM, und damit ein Drittel einer Monatsrente). Die Vorsitzende Frau Luise Kazukauskiene sorgte immer für Genauigkeit bei der Übergabe und ließ jeden unterschreiben, damit nachher in der Buchhaltung und Abrechnung alles stimmte. Als Beispiel liegt im Anhang eine Liste von 120 Empfängern bei.

Der Deutsch-Baltische Parlamentarische Freundeskreis und die Stauderstiftung haben in den ersten Jahren auch für andere benachteiligte Gruppen Geld gesammelt und verteilt: für die Angehörigen der Opfer und die Verletzten des Blutsonntags in Vilnius und für die betroffenen Familien des Anschlages von

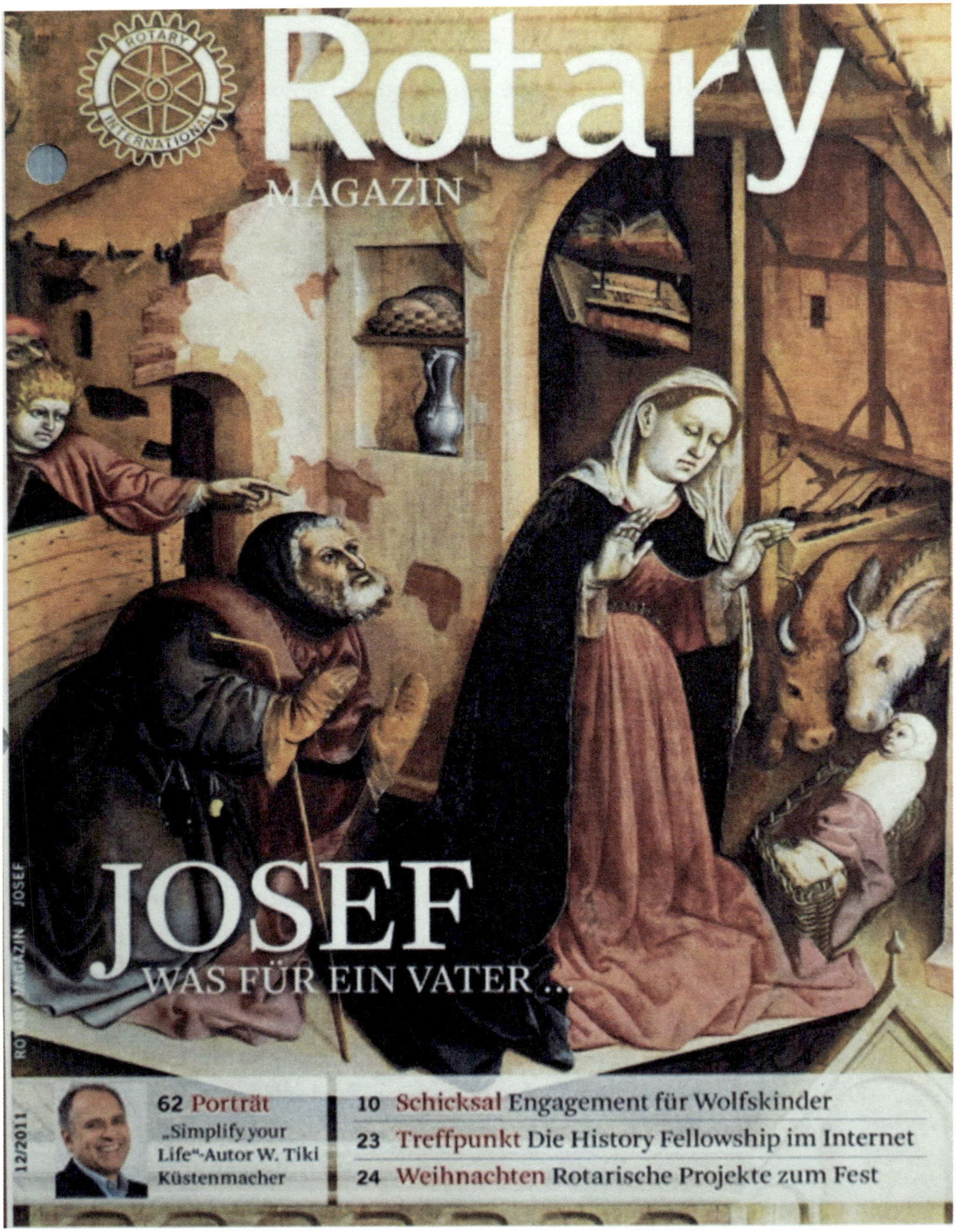
Rotary MAGAZIN
JOSEF
WAS FÜR EIN VATER …
ROTARY MAGAZIN JOSEF
12/2011
62 Porträt „Simplify your Life"-Autor W. Tiki Küstenmacher
10 Schicksal Engagement für Wolfskinder
23 Treffpunkt Die History Fellowship im Internet
24 Weihnachten Rotarische Projekte zum Fest

Unter dem Titel »Schicksal – Engagement für Wolfskinder«, ein eingehender Artikel im Rotary Magazin

Medininkai sowie für Holocaustüberlebende in Litauen, Lettland und Estland. Die Spenden für die Holocaust-Überlebenden wurden zwischen Litauen, Lettland und Estland geteilt.

Empfang von Angehörigen der Toten des Blutsonntags auf dem Flughafen Vilnius

Die Bundesrepublik Deutschland sperrte sich gegen eine finanzielle Unterstützung für die Holocaustüberlebenden. Im Gegensatz zu jüdischen Holocaust-Überlebenden, die im Westen oder in Israel von Deutschland Renten bekamen, waren die baltischen Opfer von jeglicher Wiedergutmachung ausgeschlossen. Die meisten von ihnen lebten in bitterer Armut.

Die Bundesrepublik forderte die Berechtigten auf, nach Deutschland, Österreich oder Israel auszuwandern, um dort entsprechende Entschädigungen oder Renten zu erhalten. Was für eine Zumutung! Sie haben den ersten sowjetischen Einmarsch 1940 erlebt. Bei der deutschen Okkupation 1941 wurde ein Großteil der jüdischen Bevölkerung vernichtet und 1944/45 übten die sowjetischen Truppen Rache an denen, die dageblieben waren. Sie lebten dann 40 Jahre länger in Unfreiheit.

Deutschland hat insgesamt weit über 100 Milliarden Euro an Zahlungen geleistet, doch bei den Opfern im Baltikum ist nichts angekommen (siehe Bok, S. 108ff.).

Meine Parlamentariergruppe und Freunde konnten mehrere Hunderttausend Euro Spenden sammeln und als kleinere Renten auszahlen – als Zeichen der Solidarität mit den Überlebenden.

Aber wer garantierte, dass das Geld in die richtigen Hände gelangte? Ich kümmerte mich persönlich darum. Das Geld steckten wir in kleinen Tranchen von 30 bis 150 DM in Kuverts. Die Umschläge wurden mit der Summe und dem Namen des Empfängers beschriftet. So transportierte ich auf meinen Reisen mitunter fünfstellige Beträge in Plastiktüten. Statt auf unsichere Hotelsafes setzte ich auf einen Trick: Die Plastiktüten lagen auf dem Hotelbett – mit gebrauchter Wäsche obendrauf. So kam keine einzige Mark abhanden.

Einer meiner Ansprechpartner in Litauen war Dimitrijus Gelpernas, Vorsitzender der jüdischen Ghetto-Häftlinge und Holocaustüberlebenden.

Einmal übergab ich ihm bei einem Frühstück 36.000 DM in Kuverts. Doch statt sich zu bedanken, machte er mir Vorwürfe, weil Deutschland zu diesem Zeitpunkt immer noch offizielle Entschädigungszahlungen verweigerte, und zog einen Vergleich zu Nazideutschland. Ein Augenzeuge des Ge-

In der Mitte: Gelpernas, rechts: Präsident Landsbergis und Emanuel Zingeris, links: Wolfgang von Stetten und Halina Kobeckaitė

spräches, mein Freund Karl-Josef Laumann (heute Gesundheitsminister in Nordrhein-Westfalen), war sprachlos und fragte mich hinterher: »Wie kannst du das ertragen?« Aber ich wusste, was Herr Gelpernas durchgemacht hatte.

Als die Spendengelder einmal knapp wurden, schlug ich Herrn Gelpernas vorsichtig vor, dass wir uns auf die besonderen Notfälle konzentrieren sollten. »Wollen Sie uns Juden etwa schon wieder ›selektieren‹?«, war seine empörte Antwort. Damit spielte er auf die Selektion in den deutschen Konzentrationslagern an.

Spät übernahm die Bundesrepublik 1998 Verantwortung und erklärte sich zu einer monatlichen Zahlung von 250 DM bereit. Manchmal ließ sich dadurch eines der Wolfskinder zu der Bemerkung hinreißen: »Jude müsste man sein!« Das war emotional und gegen den deutschen Staat gerichtet, der ihnen keine Hilfe gab.

Die Wirklichkeit sah aber anders aus: Sowohl die Genozid-Überlebenden wie auch die Wolfskinder wurden von uns etwa gleich behandelt – mit monatlichen Zahlungen von 30 bis 50 DM, bis 1998. Das waren etwa 690.000 DM für die Juden in Litauen, Lettland und Estland, 330.000 DM für die Wolfskinder und 50.000 DM für die Januaropfer – siehe Tabelle.

Tod und Leiden sind inkommensurabel, also nicht aufrechenbar und nicht vergleichbar. Die Judenvernichtung und das Leid von einigen wenigen Überlebenden wurde im Namen des deutschen Staates angeordnet, das Leid der Wolfskinder aufgrund des Vernichtungsfeldzuges gegen die Deutschen in Ostpreußen durch die Sowjetunion verursacht.

Ich hatte viele Helfer und Unterstützer, Organisationen, kleine und große Spender, großzügige Freunde und dankbare Überlebende, die dem Inferno des Nachkriegs-Ostpreußen noch rechtzeitig entflohen waren. Ich war sozusagen der Kapitän auf der Brücke eines Hilfsschiffs mit einer fantastischen Mannschaft. Die beiden wichtigsten Offiziere waren meine Chefsekretärin und Büroleiterin in Bonn und Berlin, Frau Monika Mandt (heute noch Schatzmeisterin des Deutsch-Baltischen Parlamentarischen Freundeskreis e.V.) und in Schloß Stetten Frau Silke Kleiner. Sie organisierten den Betriebsablauf, setzten meine Ideen um, führten die Korrespondenz, verschickten die Dankesbriefe und Spendenbescheinigungen, organisierten die Reisen nach Deutschland und in Deutschland. In Litauen übernahm Antanas Račas die Organisation und nach seinem Tod mein Mitarbeiter

Ein- und Ausgaben

Spenden\Zusammenfassung für Sitzung Freuneskreis.doc

Deutsch-Baltischer Parlamentarischer Freundeskreis

	Einnahmen	**Ausgaben**
KZ/und Ghettoüberlebende 1993	50.940,00	53.400,00
Juden 1994	110.030,42	88.086,60
Juden 1995	222.008,06	90.995,00
Juden 1996	197.749,14	282.290,00
Juden 1997	95.686,50	117.500,00
Juden 1998	12.569,000	46.550,00
Juden 1999	3.410,00	24,00
Juden 2000	2.703,93	0,00
Juden 2001	1.020,00	8.000,00
Summe:	**696.117,05**	**686.845,60**
Wolfskinder 1993	93.810,46	73.331,41
WK 1994	33.585,00	46.865,42
WK 1995	17.630,61	10.000,00
WK 1996	17.335,00	24.560,00
WK 1997	86.625,00	93.700,00
WK 1998	55.474,00	56.388,50
WK 1999	3.602,22	4.036,00
WK 2000	1.280,00	0,00
WK 2001	4.030,00	4.500,00
Summe:	**313.372,29**	**313.381,33** + ~ 15.000,-
Januaropfer 1993	6.940,00	9.008,66
Opfer 1994	9.620,00	9.370,00
Opfer 1995	1.818,66	1.497,43
Opfer 1996	7.600,00	12.600,00
Opfer 1997	0,00	0,00
Opfer 1998	0,00	0,00
Opfer 1999	2.644,77	2.685,00
Opfer 2000	0,00	0,00
Opfer 2001	3.120,56	4.500,00
Summe:	**31.743,99**	**39.661,09** + 10.000 (Ständer!)
Allgemein: 1993	3.170,05	0,00
Allgem. 1994	10.162,00	12.368,01
Allgem. 1995	778,17	973,72
Allgem. 1996	1.776,41	163,45
Allgem. 1997	2.413,90	2.008,68
Allgem. 1998	1.200,00	1.683,97
Allgem. 1999	1.250,00	137,29
Allgem..2000	0,00	1.581,80
Allgem. 2001	50,00	1.793,66
Summe:	**20.800,53**	**20.710,58**

In den Jahren 1993 bis 2001 wurden über eine Million für die verschiedenen Gruppen gesammelt

Und bitte geben Sie das auch mal ganz öffentlich im Fernsehen bekannt, damit das auch alle Ihre Landsleute mal erfahren, was die alles Gutes an unseren Kindern nach 1945 getan haben. Danke, Danke, Danke.

Ursula Dorn,
die 1992 an den Präsidenten Landsbergis schrieb

Vaidotas Vabalas in Deutschland und Osvaldas Markevičius in Litauen.

Ohne langjährige und tüchtige Mitarbeiter, die sich in der Arbeit für die Wolfskinder engagiert haben, wäre die Hilfe und Unterstützung so umfangreich nicht möglich gewesen.

Ich suchte noch während des Wahlkampfes 1990 eine Mitarbeiterin für mein zukünftiges Abgeordnetenbüro in Bonn, da ich mir meiner Wahl sicher war. Monika Mandt, die seit 1972 zunächst bei dem Abgeordneten Karl Damm und dann bei Peter Petersen tätig war, fand bei mir nach dessen geplantem Ausscheiden aus dem Deutschen Bundestag eine neue Tätigkeit. Wir trafen uns auf halbem Wege in Frankfurt und wurden uns schnell »handelseinig«, dass sie ab 3. Dezember, dem Tag nach der Bundestagswahl, mein Büro in Bonn übernehmen würde. So konnte ich als einer der wenigen neuen Abgeordneten unmittelbar anfangen zu arbeiten. Die nötige Grundausstattung wurde vom Büro Jenninger übernommen. Alle Formalitäten, die für neue Bundestagsabgeordnete notwendig waren, wurden von ihr erledigt. Frau Mandt wusste, wo, wie, wann und was zu erledigen war – sowohl bei der Verwaltung des Bundestags als auch bei der Fraktion. Während andere Neulinge auch während der Weihnachtspause bis in den Februar ohne Computer und Mitarbeiter dasaßen, konnte ich schon in den Ausschüssen und Gremien mitarbeiten und – was für meine zukünftige politische Tätigkeit besonders wichtig war – die Litauenreise vorbereiten. Nur so konnte ich auch als Neuling die notwendigen Gespräche führen, um den Parlamentarischen Freundeskreis zu gründen.

Neben der normalen parlamentarischen Tätigkeit organisierte Frau Mandt Reisen von litauischen Politikern nach

Deutschland. Insbesondere wurden die wichtigen Gesprächstermine von ihr organisiert, die üblicherweise von den ansässigen Botschaften erledigt werden. Diese funktionierten aber erst ein Jahr später. Dabei half ihr außerordentliches Organisationstalent und naturgemäß ihre achtzehnjährige Erfahrung im Umgang mit Verwaltung und Ministerien. Über ihren Schreibtisch gingen für einige hundert Landwirtschaftspraktikanten die Vorbereitung der Verteilung, Anmeldung, Versicherung etc. Wir begannen mit dem Sammeln von Spenden für die Opfer des 13. Januars und wenig später auch für die Ghettoüberlebenden. Diese Hilfen wurden, wie oben schon ausgeführt, mit Einzelanschreiben in Kuverts verpackt – oft bis spät in die Nacht.

Als wir zwei Jahre später dann die Aktion für die Wolfskinder starteten, war das eine zusätzliche Belastung, die sie aber aus Begeisterung für die humanitäre Hilfe gerne auf sich nahm. Souverän leitete sie das Büro mit den Hilfskräften, um bei den unendlichen bürokratischen Hürden den Wolfskindern zu helfen. Zusätzlich bereitete sie die umfangreichen Sitzungen in Ausschüssen und Gremien vor. Sie schrieb die von mir diktierten unzähligen Stellungnahmen und Reden, kurzum: Sie war eine Allroundkraft rund um die Uhr. Wenn Antanas Račas zu Besuch war, nahm auch er sie in Beschlag. Sie begleitete und organisierte den Umzug von Bonn nach Berlin. Für ihre unermüdliche Tätigkeit für die Wolfskinder erhielt sie Hunderte von Dankesbriefen. Am 8. Oktober 1998 verlieh ihr Bundespräsident Roman Herzog die Verdienstmedaille des Verdienstordens der Bundesrepublik Deutschland, unter anderem mit der Begründung: Durch ihre Mitwirkung bei der Integration der Wolfskinder in Litauen, also

Monika Mandt bei der Ordensverleihung mit Roman Herzog

jenen ehemaligen Kindern, die 1945 von Ostpreußen nach Litauen verschleppt wurden, und mit ihrem Engagement bei der Verteilung von Spendengeldern an jüdische KZ- und Ghettoüberlebende in Vilnius, Riga und Tallinn hat sie im Baltikum bedeutende Hilfe geleistet.

Nach einem kurzen Übergang mit Frau Maike Dencker übernahm nach meinem Ausscheiden aus dem Bundestag 2002 meine Chefsekretärin Frau Silke Kleiner die gesamten Aufgaben mit den Wolfskindern neben ihrer Tätigkeit im Betrieb. Diese Aufgaben waren ihr nicht unbekannt, da sie auch schon vorher die Begleitung der Delegierten aus Litauen, aber auch der Wolfskinderbesuche, übernommen hatte. Es gab wenige bedeutende Politiker Litauens, die nicht in Schloß Stetten waren. Die Wirtschaftsdelegationen, insbesondere die Besuche der Wolfskinder, verlangten hohen Arbeitseinsatz. Nicht zu vergessen sind die Einsätze für die fast 1000 Praktikanten, die als Ankunftsziel Schloß Stetten hatten und von hier aus auf die einzelnen Höfe verteilt wurden. Frau Kleiner kannte fast jedes Wolfskind und war – soweit das sprachlich ging – Ansprechpartnerin für vielerlei Belange, genauso wie für die Bewohner der Residenz Schloß Stetten, mit denen sie auch ein besonderes Vertrauensverhältnis verband. Nach ihrem krankheitsbedingten Ausscheiden hinterließ Frau Kleiner eine große Lücke, die Frau Elfriede Matissek plötzlich ausfüllen musste. Da war es ein glücklicher Umstand, dass Frau Matissek nach ihrer Pensionierung schon vorher im Büro mitarbeitete und so die Anliegen der Wolfskinder ihr nicht unbekannt waren. So hat sie insbesondere die Arbeit mit den Kriegsopferentschädigungen vorbereitet und durchgeführt.

Den Erfolg, dass die meisten Anträge positiv beschieden wurden und die Wolfskinder 2.500 Euro Entschädigung erhielten, hat sie nur noch teilweise erlebt wegen ihres plötzlichen Todes.

Ich habe diese drei Mitarbeiterinnen deswegen besonders hervorgehoben, weil sie über die drei Jahrzehnte die Hauptansprechpartnerinnen der Wolfskinder waren und sich weit über das normale Maß für deren Belange eingesetzt haben. Sie sahen es nicht als Pflichtaufgabe eines Arbeitnehmers, sondern sie handelten mit persönlicher Hingabe, um eine menschliche Aufgabe zu erfüllen.

Den Dank für diese drei Mitarbeiterinnen will ich aber auch übertragen an die vielen persönlichen Referenten, Praktikanten und wissenschaftlichen Hilfskräfte, die in den zwölf Jahren im Bundestag mitgearbeitet haben oder hier in Schloß Stetten Unterstützung gaben – sei es bei der Unterbringung, der Verpflegung oder insbesondere bei der Vorbereitung und Durchführung der vielen Feste in all den Jahrzehnten.

Sachspenden? Nein, danke!

Im Jahr 2000 begleitete ich eine Besuchergruppe und stattete wie üblich den Wolfskindern in Kaunas einen Besuch ab. Von einer verstorbenen Dame, Gisela Jokisch, die ihr Vermächtnis in die Stauder Stiftung einbrachte, hatte ich zahlreiche hochwertige Kleidung mitgebracht: Pullover,

Elfriede Matissek

Silke Kleiner

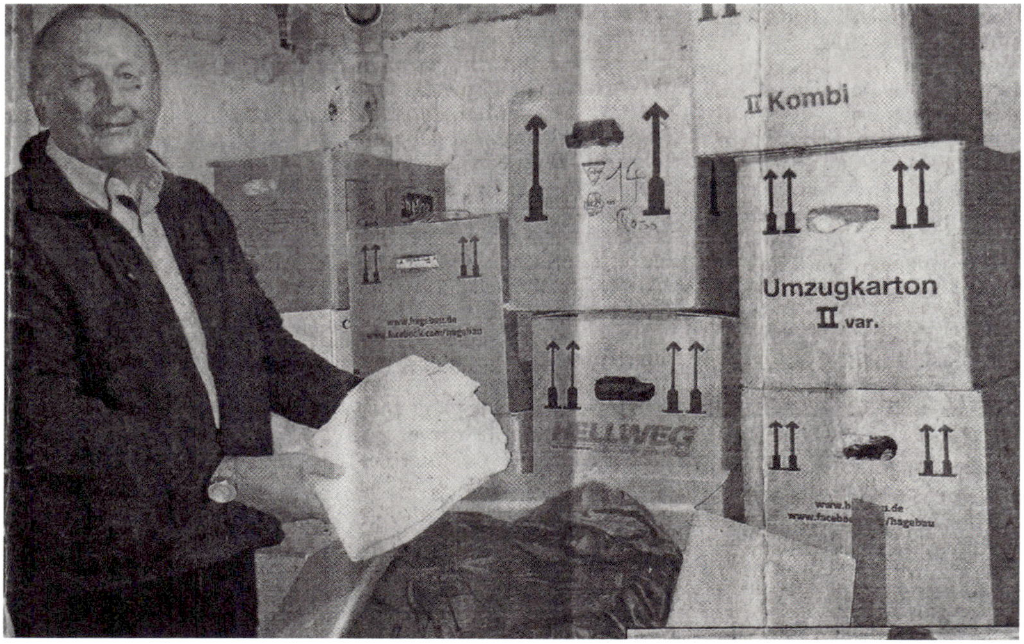

Manfred Schweinehagen mit Kartons

Bernd Brandes (Zweiter von links), davor: Frau Minnt mit zwei Taschen

Mäntel etc. Diese wollten wir bei unserem Besuch an die Wolfskinder verteilen. Das Interesse ging gegen Null. Warum auch? Sie erschienen alle adrett und in guter Kleidung und sahen aus, als ob sie materiell nicht litten. Sie wollten wohl auch zu verstehen geben: Wir gehören nicht mehr zu den Armen (dank Ihrer und anderer Geldzuwendungen.) Ich war naturgemäß etwas enttäuscht. Die Stationen des Samariterbundes in Jurbakas und Kelme haben dann diese Kleidungsstücke mit Handkuss genommen und wurden auch später weiter beliefert.

Anders hingegen die Meinung des Wolfskindes Jonas Navickas/Fritz Britsch: »Als humanitäre Hilfe aus Siaulias bekommen wir die Pakete mit den getragenen Kleidern und Lebensmitteln. Unseres Erachtens ist solche Hilfe lediglich auf die Straße geworfenes Geld«, schreibt er am 5. Juli 2007.

Trotzdem wurden wieder Sachspenden von privater Seite nach Litauen gebracht und auch gerne genommen. So lieferten zum Beispiel von Bernd Brandes und Manfred Schweinehagen aus Hannoversch-Gmünden, aber auch andere. Sie sammelten Textilien, Konserven, Spielsachen, Verbandsmaterial und Ähnliches.

Im Jahr 2016 waren es 40 Umzugkartons, ein Jahr später bei zwei Fahrten 88 und 100 Umzugkartons, die verteilt wurden, unter anderem auch an die Diakonie und die Memeldeutschen.

Frau Anita Motzkus (u. a. Mitarbeiterin im Ostpreußenblatt) war eine unermüdliche Kämpferin für die Wolfskinder und sammelte auch Spenden. In einem Brief vom 9. Mai 1994 schrieb mir Frau Hildegard Siewers: »Alle meine Bemühungen, unsere Kreisgemeinschaft Gerdauen für Litauen anzuspornen, trugen keine Früchte. Von genau 3000 Spendenaufrufen in unserem Heimatbrief vom Dez. 93 haben nur 3 Landsleute ihr Herz durch eine Spende sprechen lassen. Das ist ein erschütterndes Resultat ... Ich schäme mich für meine Landsleute, dass aufgrund der Aufrufe, Zeitungsanzeigen und -artikel nur 3 gespendet haben.«

Mit Landsleuten waren die in der Bundesrepublik lebenden ehemaligen Ostpreußen gemeint, die über die Heimatblätter bzw. das Ostpreußenblatt Informationen über die Wolfskinder erhielten. Die Aufrufe, insbesondere die Artikel von Frau Motzkus, und die Darstellungen in der Preußischen Allgemeinen Zeitung/Ostpreußenblatt und den Heimatblättern hatten aber ihre langfristige Wirkung und führten zu kleineren und größeren Spenden.

Frau Anita Motzkus

So spendeten unter anderem Frau Erna Kasperowski über 20.000 Euro und Renate Faust, geb. Spingatis, 10.000 Euro, was jeweils zu Sonderzahlungen für die Wolfskinder führte. Frau Faust spendete auch weiterhin, nach ihrem Tod übernahm ihre Tochter Elisabeth Faust das Anliegen ihrer Mutter.

Renate Faust

Auch das Büchlein von Brigitte Trennepohl aus Gerdauen »Was ein Kinderherz ertragen kann« half dabei, für Spenden zu werben.

Brigitte Trennepohl

Der langjährige Präsident der Landsmannschaft Ostpreußen, Wilhelm von Gottberg, hatte sich schon frühzeitig für die Wolfskinder und ihre Belange eingesetzt und sie regelmäßig an Weihnachten mit Spenden bedacht. Er unterstützte Suchanzeigen im »Ostpreußenblatt« (»Preußische Allgemeine Zeitung«) und auch Artikel über die Wolfskinder.

Wilhelm von Gottberg

Reges Echo auf *PAZ*-Beitrag über Wolfskinder

Rastenburgerin trägt großzügig zur Spendensammlung von Wolfgang v. Stetten bei – Auch andere Ostpreußen helfen

Aus 100 Litas im Monat wurden 150 Euro

Im Jahr 2006 hielt ich meine Wolfskinder-Mission für erfüllt. Über 800.000 DM (die Euro ab 2002 wurden in DM umgerechnet) hatte die Spendenaktion bis dahin erbracht. Nach 15 Jahren hielt ich den Zeitpunkt für gekommen, die ständigen Hilfen für die Wolfskinder einzustellen: Die meisten waren inzwischen nach Deutschland ausgesiedelt oder hätten aussiedeln können. Bei meinem Besuch der Wolfskinder in Litauen im April 2007 habe ich jedoch gesehen, wie unterschiedlich der Zustand der Menschen war – nicht nur in Anbetracht der Kleidung:

Eine Dame rührte zum Beispiel ihr Essen nicht an. Auf meine verwunderte Nachfrage murmelte sie, dass sie sich keine Zähne leisten könne. Ein anderer berichtete, dass er die Heizung nicht bezahlen könne, und eine dritte klagte darüber, dass sie die teuren Medikamente nicht ohne Zuzahlung erhalte.

Ich sorgte für Abhilfe und rief eine neue Aktion ins Leben: »100 Litas monatlich für die Wolfskinder«. Viele hundert Briefe mit Spendenaufrufen schickte ich los: an die Rotaryclubs in Deutschland, an die Johanniter, an die Chaîne des Rôtisseurs, an das Umfeld von Schloß Stetten und an persönliche Freunde.

Ich bin allen Spendern sehr dankbar, die entweder jahrelang regelmäßig oder bei Erbschaften oder Geburtstagen an die Wolfskinder dachten. Jede Mark, jeder Euro wurden 1:1 weitergegeben – ohne einen Cent Abzug für Verwaltung oder Reisekosten.

Diese neue Hilfe von 100 Litas im Monat (etwa 35 Euro) sollten diejenigen bekommen, die nicht von anderen unterstützt wurden oder selbst keine gute Rente hatten. In Verbindung mit der Vorsitzenden des Vereins Edelweiß-Wolfskinder sortierten wir die unterschiedlichen Einkommensverhältnisse. Ich schrieb an diejenigen, welche keine Unterstützung erhalten sollten, folgenden Brief:

> Im April d. J. habe ich Sie in Šiauliai wiedergesehen. Dabei habe ich festgestellt, dass es einzelnen Wolfskindern unterschiedlich gut geht. Mit einer neuen Aktion möchte ich besonders denen helfen, die finanziell schlecht dastehen. Es ist bedauerlich, dass es nicht gelungen ist, dass der deutsche Staat allen Wolfskindern eine kleine Rente zukommen lässt, aber manchmal ist die Bürokratie unmenschlich. Deswegen möchte ich einigen von Ihnen eine Hilfe von monatlich 100 Litas zukommen lassen, die anderen bekommen bei meinen Besuchen eine kleine Unterstützung. Sie gehören zwar nicht zu den Ausgesuchten, die monatlich eine Zuwendung bekommen, aber Sie werden wie jedes Jahr zu Weihnachten oder bei einem meiner Besuche eine kleine Unterstützung erhalten. Ich bin sicher, dass Sie damit einverstanden sind, dass wir Unterschiede machen, wobei ich weiß, dass es die absolute Gerechtigkeit nicht gibt.

Hier lag ich völlig schief – und ich hätte es wissen müssen: Meine Erfahrung bei der Verteilung von Geldern an die überlebenden Holocaustopfer hatte es mir ja schon gezeigt (siehe oben). Auf meine Idee der Unterscheidung erhielt ich eine scharfe Reaktion von Jonas Navickas/Fritz Britsch. Er schrieb am 05. Juli 2007:

> Sehr geehrter und lieber unser Gönner, Herr Prof. Dr. Wolfgang Freiherr von Stetten, zu allererst verzeihen Sie bitte die Störung. Ihr letztes Schreiben hat mir sowie meinen Schicksalsgenossen-Innen einige ernste Zweifel an Ihrem guten Willen hervorgerufen ... Ich kann auf keine Weise fassen, warum wir Wolfskinder im hohen Alter sind ausgesucht und von Ihnen persönlich verteilt, in 2 Kategorien? ... Zu meinem großen Bedauern, Sie die Hauptprioritäten der göttlichen ZEHN Geboten ignorieren ... Verzeihen Sie bitte nochmals für den wahrscheinlich unkorrekten Ton meines Schreibens. Das leider ist aus den Tiefen meiner Seele ausgebrochen. Ich wünsche Ihnen recht herzlich Heil und Segen und danke Ihnen vielmals für alles, was Sie für mich und allen Wolfskindern getan haben. Hochachtungsvoll ...

Ähnliche und noch deutlichere Beschwerden gingen bei der Vorsitzenden Frau Kazukauskiene ein. Ich änderte die Verteilung sofort und »selektierte« nicht. Aus 100 Litas wurden 300 Litas monatlich, später 450 Litas – und mit Einführung des Euros 150 Euro monatlich, die an jedes in Litauen verbliebene Wolfskind gezahlt wurden. Diejenigen, die heute noch leben, haben damit weit über 20.000 Euro erhalten. Ich bestand darauf, dass diese Gelder nur auf ein eigenes Konto flossen, damit bei der Verteilung nichts »nebenraus« ging. Für viele Wolfskinder war es das erste eigene Konto in ihrem Leben. Auch ein Glücksmoment.

Gut taten mir dann die vielen Dankesbriefe, z. B. von Frau Käthe Lohlit-Spideriene. Sie hat auch einen 40-seitigen handgeschriebenen Lebensbericht verfasst.

So riefen diese Zuwendungen immer wieder »Glücksmomente« hervor. Es waren aber nicht nur Glücksmomente für die Empfänger, sondern auch für mich als Organisator, Verwalter und Verteiler der Spenden. Die Aufrufe für die Aktion »100 Litas« haben große Wirkung gezeigt. Als Dankeschön schickte ich zu Weihnachten 2010 ein Schreiben an die Paten und Spender mit einem Bild der Wolfskinder samt Namen.

Die Stauder Stiftung konnte zwischen 2007 und 2020 nahezu 1,5 Million Euro ausschütten. Die Differenz zwischen den Spendeneingängen und -ausgaben wurden aus Sonderzuwendungen ermöglicht.

1 Ursula Griciene (Weichel), 2 Elli Uliene (Nitch), **3** Kostas Galinatia (Horst Fischer), **4** Elena Berenta (Elli Gerlach), **5** Jonas Navickas (Fritz Britt), **6** Valerija Capiene (Waltraut Minnt), **7** Ernst Grigoleit, **8** Ona Stanislava Dabuleviciene (Erna Schneider), **9** Wolfgang Neumann, **10** Erika Surviliene (Auktun), **11** Konrad Fischer, **12** Kurt Rekis, **13** Keite Spiridoniene (Kate Lohleit), **14** Bernhard Keusling, **15** Irena Petraitiene (Renate Kakschies), **16** Jonas Nideris (Hans Nieder), **17** Petras Buntis, **18** Jadvyga Kaminskaita (Renata Kösling), **19** Luise Kazukauskiene (Quitsch), **20** Horst Radtke, **21** Ona Sedbariene (Anna Ranglack), **22** Ella Karin Matimaitiene (Macik), **23** Hilde Miliauskiene (Horn), **24** Bronius Berenta (Manfred Behrendt), **25** Bronius Dapkus (Uwe Dapkus), **26** Augustus Rudminas (Theodor Rieck), **27** Elena Mikaviciene (Annelore Schulz), **28** Elena Rimkiene (Gieslinde Rutkus), **29** Aldona Zigmantiene (Christel Scheffler), **30** Elzbieta Kondrotenkiene (Liesbeth Dejok), **31** Hans Joachim Koch, **32** Morta Maciuliene (Kate Rehberg), Ehemalige Vorsitzende des Vereins – Ingrid Knispel, jetzt in Dortmund, **X** Nichtmitglieder

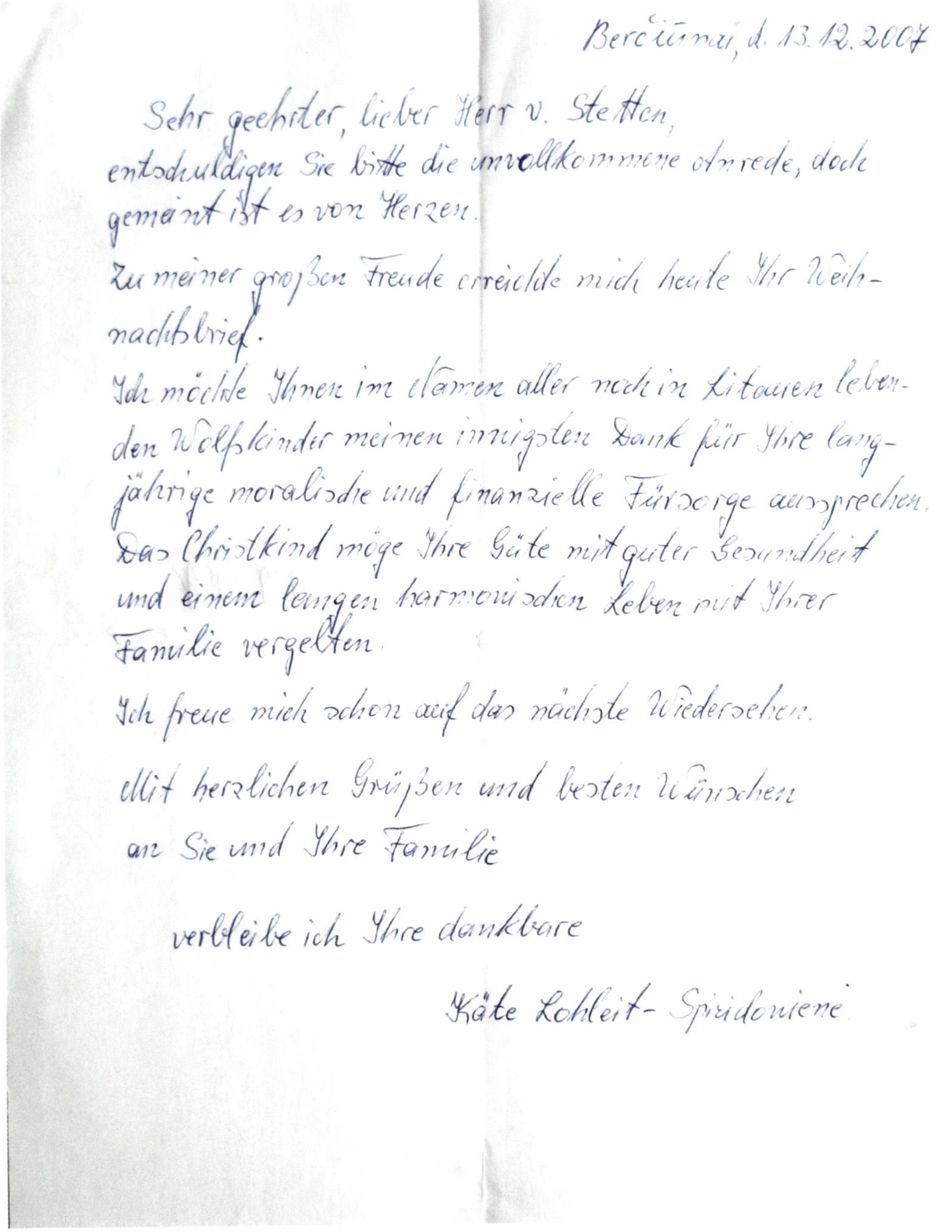

Berčiūnai, d. 13.12.2007

Sehr geehrter, lieber Herr v. Stetten,

entschuldigen Sie bitte die unvollkommene Anrede, doch gemeint ist es von Herzen.

Zu meiner großen Freude erreichte mich heute Ihr Weihnachtsbrief.

Ich möchte Ihnen im Namen aller noch in Litauen lebenden Wolfskinder meinen innigsten Dank für Ihre langjährige moralische und finanzielle Fürsorge aussprechen.

Das Christkind möge Ihre Güte mit guter Gesundheit und einem langen harmonischen Leben mit Ihrer Familie vergelten.

Ich freue mich schon auf das nächste Wiedersehen.

Mit herzlichen Grüßen und besten Wünschen
an Sie und Ihre Familie

verbleibe ich Ihre dankbare

Käte Lohleit-Spiridoniene.

Einer der vielen Dankesbriefe

Spendeneingang Stauder Stiftung Wolfskinder

	Kto. 2704	Kto. 2703	
Jahr	**Einzelspenden**	**Patenschaften**	
2020	44.756,00 €	13.600,00 €	
2019	48.995,00 €	13.650,00 €	
2018	82.966,00 €	12.070,00 €	
2017	19.538,00 €	14.705,00 €	
2016	26.887,00 €	13.040,00 €	
2015	23.407,00 €	13.195,00 €	
2014	30.610,00 €	16.115,00 €	
2013	35.975,00 €	18.985,00 €	
2012	55.115,00 €	19.640,00 €	503.249,00 €
2011	35.245,00 €	26.170,00 €	
2010	60.058,00 €	29.255,00 €	
2009	-	119.056,00 €	
2008	-	128.182,00 €	
	463.552,00 €	437.663,00 €	
	Gesamt:	**901.215,00 €**	

Überweisungen an Wolfskinder

Kto. 4450		
Jahr	**Betrag**	
2020	72.250,00 €	
2019	88.540,00 €	
2018	107.180,00 €	
2017	108.750,00 €	
2016	127.740,00 €	
2015	128.899,00 €	
2014	168.950,00 €	
2013	154.320,00 €	
2012	157.510,00 €	1.114.613,00 €
2011	82.310,00 €	
2010	97.975,00 €	
2009	93.640,00 €	
2008	63.460,00 €	
2007	23.089,00 €	
Gesamt	**1.474.613,00 €**	

Mit fremden Federn schmücken?

Nach einem Artikel im Focus 2009 wurde ich von einem Spender gefragt, was ich denn mit den vielen Spenden täte – die Wolfskinder bekämen ja nichts? Dieser Bericht wurde initiiert von einem Herrn, der sich relativ viel um die Wolfskinder kümmerte und auch die Redakteure in Litauen begleitete.

In dem Artikel wurden jedoch weder die umfangreichen Spenden der Stauder Stiftung noch die des Deutsch-Baltischen Freundeskreises erwähnt. Auch die Unterstützung bei den Ausreisebemühungen blieb ungenannt. Nur von »gelegentlichen Besuchen eines Abgeordneten« wurde geschrieben.

Die Ursache ist letztlich durch die Mentalität der Bettelkinder, die die Wolfskinder in frühester Jugend alle waren, zu verstehen. In der Regel hatten sie einen kleinen Brotbeutel bei sich (siehe Buchtitel), um Nahrungsmittel zu erbetteln. Sehr bald merkten sie aber: Wenn etwas im Beutel drin war, bekamen sie nichts oder weniger. So verfielen sie auf den Trick, bereits erbettelte Lebensmittel zu verstecken, um mit einem leeren Beutel weiterzubetteln. Wenn Mütter mit ihren Kindern nach Litauen geflohen waren, schickten sie die Kinder zum Betteln, weil Erwachsenen weniger gegeben wurde. Ostpreußische Kinder, die von Litauern aufgenommen wurden, wurden auch manchmal missbraucht, um für die litauischen »Pflegeeltern« zu betteln.

Natürlich wusste ich, dass die Wolfskinder von vielen Seiten unterstützt wurden, unter anderem von Heimatver-

Litauen hat uns aufgenommen, litauische Mütter haben den Staub des langen Weges von uns gewischt, ihr Brot mit uns geteilt und uns an ihren Tisch gesetzt.

Frau von Sacksen
(Jurate Aleksandraviciene)

einen, Landmannschaften, Einzelpersonen oder auch von Angehörigen, die sie in Deutschland wiedergefunden hatten. Ich habe dies aber nicht mehr thematisiert, weil ich nicht unterscheiden wollte. Ich hatte meine Lektion mit der Selektierung gelernt (siehe weiter oben in diesem Kapitel).

Hier musste ich aber anders reagieren, um die Glaubwürdigkeit der Stauder Stiftung, des Parlamentarischen Freundeskreises e.V. und auch meine eigene zu dokumentieren. So schrieb ich einen entsprechenden Brief an die Wolfskinder. Dieser Brief sollte auch ein Hinweis sein, dass die Zahlungen eingestellt werden müssten, wenn keine Spenden mehr eingingen. Viele der Wolfskinder traf das unvorbereitet. Der eine oder andere war vielleicht auch etwas »gekränkt« und verwies auf die vielen Dankesbriefe.

Der Focus-Autor Andreas Wenderoth schreibt bei der Beantwortung meines Briefes unter anderem über den Initiator des Artikels: »Er hat nun einmal, menschlich ja nachvollziehbar, überwiegend von seinen eigenen Verdiensten gesprochen.« Schon 2007 hatte der oben erwähnte Herr die Wolfskinder angeregt, über ein Anwaltsbüro in Freiburg gegen den deutschen Staat zu klagen. Aber die Anwälte zogen sich schnell zurück, als sie merkten, dass von den Wolfskindern kein Geld zu holen war. Jetzt kündigte er in dem Focus-Artikel erneut an, auf Entschädigung zu klagen. Auch das war nur heiße Luft.

Die missverstandene Spende

In meiner Zeit als Bundestagsabgeordneter habe ich naturgemäß viele Veranstaltungen und Vorträge in meinem Wahlkreis gehalten: in Schulen, Vereinen und Firmen, so auch bei einer der größten Firmen im Wahlkreis, der Bausparkasse Schwäbisch Hall. Nach einem solchen Vortrag bekam man häufig als kleine Anerkennung eine oder zwei Flaschen Wein, die ich auch gerne angenommen habe, so auch nach dem Vortrag vor mehreren Hundert Mitarbeitern der Bausparkasse. Das kleine Päckchen stand dann mehrere Wochen bei mir im Büro, bevor ich es aufmachte. Zu meiner Überraschung lag ein Brief mit einem Scheck über 4.000 DM bei. Ich überlegte nur kurz und schrieb:

> Sehr geehrter Herr Vorstandsvorsitzender, Ihr Einverständnis vorausgesetzt, habe ich den mir freundlicherweise überlassenen Scheck von 4.000 DM auf das Konto der Stauder Stiftung Wolfskinder eingezahlt, da ich grundsätzlich keine Honorare für Vorträge in meinem Wahlkreis nehme. Ich bedanke mich im Namen der Wolfskinder und lege dem Schreiben eine entsprechende Spendenquittung bei.

Das kam nicht gut an. Bei einer der nächsten Gelegenheiten nahm mich der Vorstandsvorsitzende zur Seite und sagte: »Lieber Herr von Stetten, wem wir spenden, müssen Sie schon uns überlassen.« Ich nahm diese »Rüge« an, ein Jahr später spendete die Bausparkasse erneut für die Wolfskinder.

Klara Kraft-Kierspel

Klara Kierspel wurde am 14. Mai 1925 geboren, war approbierte Apothekerin und heiratete am 11. Juli 1959 den Kaufmann Johannes Philipp Kraft. Die Ehe blieb kinderlos. In den Neunzigerjahren zogen sie nach Baden-Baden und verbrachten dort ihren Lebensabend. Herr Kraft verstarb 2002. Schon früh hat Frau Klara Kraft ihr Herz für die Wolfskinder entdeckt und fasste Vertrauen zu mir als Vorstand der Stauder Stiftung, weil wir immer nachweisen konnten, dass die Spenden 1:1 ohne Abzug irgendwelcher Kosten an die Wolfskinder weitergegeben wurden. Bevor sie 2012 verstarb, setzte sie die Stauder Stiftung – mit dem Vermerk: »für Wolfskinder« – mit einem Teil ihres Vermögens als Erben ein. Auch wenn die Abwicklung bei vielen Miterben und einer großen Zahl von Teilvermächtnissen dauerte, habe ich die Zuwendungen sofort auf 150 Euro monatlich erhöht, indem ich in Vorleistung trat und 1000 Euro je Wolfskind als Weihnachtsspende überwies.

Luise Kazukauskiene schrieb am 5. Dezember 2012:

> Sehr geehrter Herr von Stetten, ich bedanke mich sehr für Ihren Brief vom 13. November. Manche riefen mich an und fragten, ob es kein Irrtum wegen Weihnachtsspende ist: Es kann doch nicht sein – 1000 Euro! Sogar wenn es ein Irrtum wäre, sind alle unglaublich dankbar und glücklich davon. Um Frau Kraft wurde es in Kaunas in evangelische Kirche bei Totenmesse gebetet.

Nach Abwicklung schrieb ich am 5. November 2014 an das Anwaltsbüro: »Sehr geehrte Frau Kollegin, für Ihr Schreiben vom 3. November 2014 bedanke ich mich. Gern übersende ich Ihnen die Entlastung für den Testamentsvollstrecker, Herrn Karl Spillner. Für die Übersendung des Familienstammbuches von Frau Kraft danke ich Ihnen herzlich. Die Wolfskinder denken mit Dankbarkeit an die Erblasserin und ich denke, selten hat eine Erblasserin so viele Gebete mit auf den Weg bekommen und bekommt diese auch noch in Zukunft.«

Im nächsten Frühjahr erzählte mir eine Dame voller Stolz, dass sie von den 1.000 Euro Sonderzuwendung ihrer Enkelin ein Auto gekauft habe. Dafür waren – von mir aus gesehen – die Gelder nicht vorgesehen. Als ich dann aber ihr glückliches Gesicht bei dieser Erzählung wahrnahm und sie fast den Tränen nah war, als sie erzählte, wie ihre Enkelin sich gefreut hatte, wusste ich, dass es richtig war. Mit Freude schenken können sind auch Glücksgefühle, Glücksmomente, die nicht einzufangen sind – insbesondere, wenn man jahrelang nicht schenken konnte.

Zum Andenken an die Spenderin Klara Kraft-Kierspel wurde 2014 bei der Neuerrichtung des Wolfskinderkreuzes eine Gedenktafel angebracht (siehe Seite 254).

Auch aus dem Rotaryclub Bad Mergentheim kamen immer wieder Einzelspenden. Als mein Freund Bernhard Gailing 2013/2014 Govenor vom Distrikt 1830 wurde, kamen auf seinen Aufruf hin nochmals rund 35.000 Euro zusammen. Eine erste Spenderliste aus dem Jahre 1993 der Chaine de Rotisseur sowie eine Liste der Spender der letzten drei Jahre mit einigen Bildern von besonders großzügigen Spendern ist im Anhang. Man möge mir verzeihen, wenn ich die dazwischenliegenden vielen Hundert Spender nicht auch aufgenommen habe.

Honorarkonsul von Litauen

Antanas Račas drängte schon in den Neunzigerjahren, dass ich Honorarkonsul von Litauen werden sollte. Dies konnte ich noch ablehnen, weil ich Vorsitzender der Deutsch-Baltischen Parlamentariergruppe war, die auch Lettland und Estland umfasste.

Nach meinem Ausscheiden 2002 aus dem deutschen Bundestag fokussierten sich meine Kontakte auf Litauen und so nahm ich dann den Antrag, litauischer Honorarkonsul für Baden-Württemberg zu werden, an. Die Bedingung war, dass das Konsulat nicht in Stuttgart, sondern in Künzelsau sein musste. Ich hatte nicht die Absicht, ständig nach Stuttgart zu fahren. Dies wurde genehmigt.

Zur festlichen Eröffnung war der Präsident des Litauischen Parlaments, Česlovas Juršėnas, und der Vorsitzende der Deutsch-Litauischen Parlamentariergruppe, Prof. Justinas Karosas, gekommen, beides Mitglieder der LDDP – Nachfolgepartei der Kommunistischen Partei Litauens. Mit diesen beiden führenden Mitgliedern der Sozialdemokraten hatte ich ein ausgesprochen gutes Verhältnis, wie ich überhaupt versuchte, mit allen politischen Parteien guten Kontakt zu halten. Landsbergis machte einmal eine skeptische

Von links nach rechts: Christian von Stetten, Albert Berner, der litauische Botschafter Evaldas Ignatavičius, Wolfgang von Stetten, Parlamentspräsident Česlovas Juršėnas, Abgeordneter Saulus Lapenas, Antanas Račas, Prof. Justinas Karosas, N.N. Honorarkonsul von Litauen

Antrittsbesuch beim neuen Präsidenten von Litauen Gitanas Nausėda

Bemerkung, worauf ich erwiderte, ich sei der Vorsitzende der Deutsch-Baltischen Parlamentariergruppe mit Mitgliedern aus allen Parteien. Meine Aufgabe sei es, mit der jeweils von den Litauern gewählten Regierung zusammenzuarbeiten und keine Parteipolitik zu machen. Er nickte ein wenig unwirsch, aber das tat unserer Freundschaft keinen Abbruch.

Meine Tätigkeiten und Aufgaben änderten sich dadurch aber nicht viel, da ich bereits 15 Jahre lang die Reisen von litauischen Delegationen in Baden-Württemberg vorbereitet und begleitet hatte, wirtschaftliche Zusammenarbeit förderte und engen Kontakt mit der litauischen Botschaft und den Botschaftern in Bonn und Berlin hielt. Vermehrt hinzu kamen Hilfestellungen für litauische Bürger, die in Baden-Württemberg wohnen.

Ein Besucher fragte einmal ernsthaft, wie hoch denn das Honorar für einen Honorarkonsul sei. Ich musste kurz lachen und antwortete dann: Null, die Kosten trägt man selber.

Der neue Außenminister der Republik Litauen, Gabriel Landsbergis, Enkel des ehemaligen Präsidenten Landsbergis, hat mir mit Schreiben vom 13. Januar 2021 durch seine Direktorin Jolanda Baltioniene mitgeteilt: »Dear Mr. Wolfgang Hermann Freiherr von Stetten, I am glad to inform you that according to the decision of the Minister of foreign affairs of Lithuania of January 11, 2021 your term of office as Honorary Consul has been extended for another 4 years period.«

Gabrielius Landsbergis,
Enkel von
Vytautas Landsbergis

Wenn der liebe Gott mitspielt, sehr gerne.

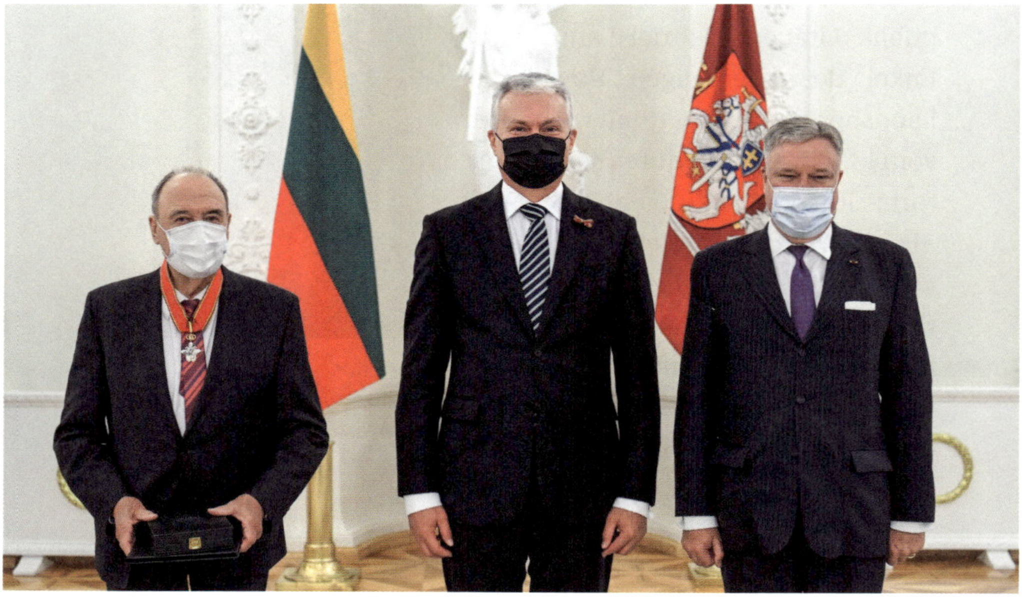

Wolfgang von Stetten erhielt im Juli 2021 das Großkreuz des Gediminas-Ordens, des höchsten litauischen Staatsordens, neben Gitanas Nausėda der deutsche Botschafter Matthias Sonn, aufgrund der Corona-Situation tragen alle einen Mund-Nasen-Schutz

12 Das Wolfskinderkreuz: Warum es einen Ort zum Trauern braucht

Einen Schmerz konnte den Wolfskindern lange Zeit niemand nehmen: Sie hatten keinen Ort zum Trauern. Keinen Ort, nirgends.

Viele von ihnen haben im Krieg und in der Zeit danach erleben müssen, wie ihre Mütter ermordet wurden, ihre Geschwister verhungerten. Oft mussten verzweifelte Kinder ihre Familienangehörigen zurücklassen, konnten sie vielleicht nicht einmal begraben. Die hungrigen Kinder mussten, wenn sie überleben wollten, weiterziehen – immer auf der Suche nach Essbarem. Zum Beispiel nach Litauen – in das Nachbarland, in dem man bei mitleidigen Bauern vielleicht einen Kanten Brot erbetteln konnte.

Manche haben ihre Familie in den Wirren der Nachkriegszeit verloren und wissen bis heute nicht, ob noch Angehörige leben – oder wann und wo sie gestorben sind. Es ist ein zutiefst menschliches Bedürfnis, einen Ort zu haben, an dem die Trauer ihren Ausdruck finden kann. Einen Ort der Ruhe, der Besinnung und des Respekts für die Verstorbenen. Dabei geht es nicht nur um die Toten – es geht auch um die Würde der Lebenden: Sie brauchen einen Platz, an dem ihre Trauer zugelassen wird. Diesen Ort gab es für die Wolfskinder nicht.

Schon bei der Gründung des Vereins Edelweiß 1991 wurde als »Erster Beschluss« verabschiedet:

> 1. In Panemune, an Litauens Grenze, eine provisorische Gedenktafel mit Inschrift der Zahl von in den Nachkriegsjahren in Ostpreußen vor Hunger gestorbenen und gemordeten Kindern, Frauen und alten Leuten anzubringen;
> 2. Sich an republikanische – und Weltorganisationen zu wenden, um Geldmittel für die Errichtung eines Denkmals zum Gedenken der vor Hunger gestorbenen Mütter und Kinder zu sammeln;
> 3. Im Einvernehmen mit dem Chefarchitekten des Bezirkes Silute einen Platz für das Denkmal zu finden und dieses Denkmal bis 1994 zu errichten.

Aber so lange wollte Angelika von Sacksen nicht warten und setzte unter Umgehung aller Vorschriften den Bau des Kreuzes an der Brotstraße durch. Im Jahre 1992 hat der Verein Edelweiß das Denkmal errichtet: ein sechs Meter hohes Holzkreuz aus Kiefer zur Erinnerung an die in den Jahren 1944 bis 1947 umgebrachten und verhungerten Bewohner Ostpreußens. Warum ausgerechnet an diesem Ort?

Etwa 5 Kilometer südlich von hier ist die Königin-Luise-Brücke über die Memel – nach Tilsit.

Heute heißt Königsberg Kaliningrad, gehört zu Russland und ist als russiche »Exklave« von litauischem und polnischem Gebiet umgeben. In der Nähe des Denkmals befindet sich auch eine Wegkreuzung: Hier kreuzen sich die wichtigen Überlandstraßen von Tilsit nach Tauroggen sowie von Memel zur vormaligen Reichsgrenze nach Schmalleningken. Die Wolfskinder nannten diese Straße nach dem Krieg sehnsüchtig »Brotstraße« – weil sie die Kinder nach Litauen führte, sozusagen »ins verheißene Land«. Vorausgesetzt, sie

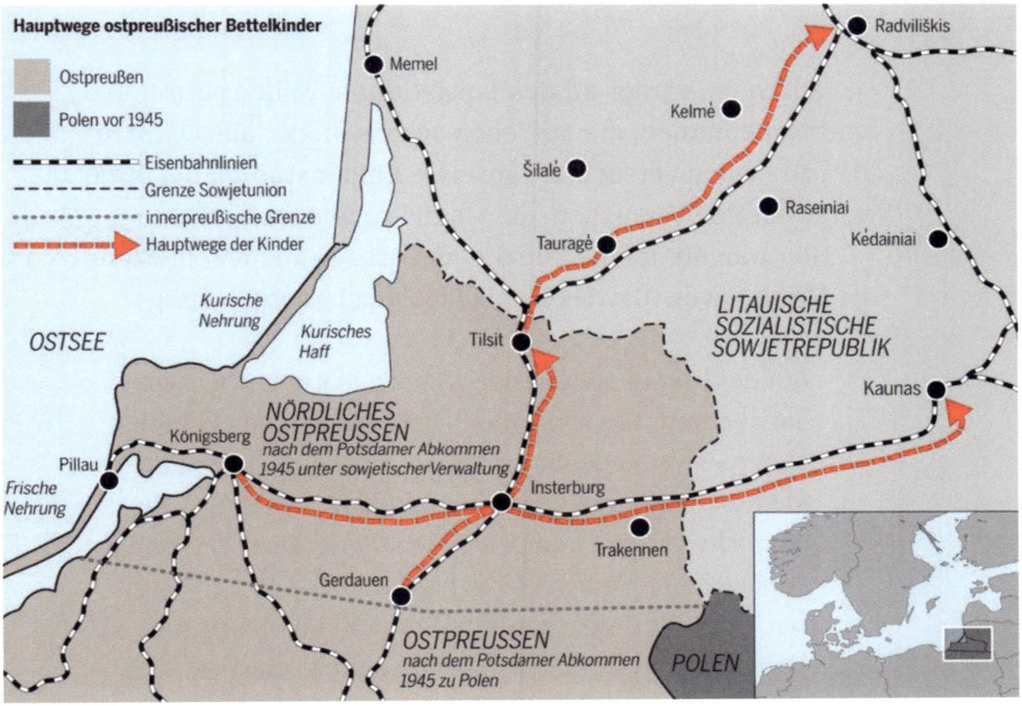

Hauptwege der ostpreußischen Bettelkinder und damit unserer Wolfskinder

Luisenbrücke über die Memel, auf litauisch Nemunas

schafften es, vorher an den sowjetischen Militärpatrouillen vorbeizukommen, die auf jeden schossen, der aus Ostpreußen zu fliehen versuchte. Tausende Kinder starben bei ihren verzweifelten Versuchen, die Memel zu überqueren ...

Hier möchte ich nochmal eine Passage aus »Mein Name ist Maryte« von Alvydas Šlepikas folgen lassen (S. 11ff.):

> Auf der Brücke stehen zwei Wachsoldaten ... Die sich am anderen Ufer bewegenden dunklen Punkte kommen näher – es sind deutsche Kinder, die auf dem Eis die Memel zu überqueren suchen. Ungefähr sieben ... Die deutschen Kinder laufen wie Rebhühner über das Eis, zwei kleinere bleiben ein wenig zurück.
> Der russische Soldat ruft: Halt, zurück, halt, hört sofort auf mein Kommando, halt, ihr faschistischen Schweine, aber die Brücke ist hoch, der Wind viel lauter als die Stimme des Soldaten, die Kinder laufen weiter, sehen den fuchtelnden Mann auf der Brücke, verstehen aber die Sprache des Soldaten nicht ... Der Russe nimmt eine Granate zur Hand, zieht den Ring und wirft sie in Richtung des Kindergrüppchens. Beide Soldaten gehen in die Knie, um keine herumfliegenden Splitter abzubekommen, das Donnern einer gewaltigen Explosion erschallt. Der Explosionsdunst zieht ab: Im von der Detonation herausgesprengten Eisloch zappelt ein Kind, versucht herauszuklettern, es ist kalt, aus dem Wasser steigt Dampf. Die anderen Kinder laufen zurück, versuchen, dem Tod zu entrinnen. Als die Explosion verklungen ist, hört man in der absoluten Stille ein merkwürdiges Geräusch, das an die Stimme eines Tieres vor dem Tod erinnert – hoch und lang gezogen: Jenes Kind

> ist schwer verletzt, es strampelt seltsam auf dem Rücken, stößt sich mit den zappelnden Beinen am Eis ab, von ihm kommt dieser Schrei. Während der Verletzte sich dreht und wendet, quillt Blut unter ihm hervor und färbt eine immer größere Fläche von Eis und Schnee rot ein: ein bunter Fleck in der weiß-schwarzen Welt.
> Zwischen dem verletzten und dem anderen, im Eisloch strampelnden Kind steht zu Tode erschrocken ein etwa sechsjähriger Knirps. Er ist wie versteinert, die Beine gehorchen ihm nicht. Das Kreischen des Verletzten dringt ihm durch Mark und Bein. In seinen Augen steht das Grauen geschrieben.

Auch an sie erinnert das 1992 errichtete Kreuz. Schon 2008 hatte Bronius Dapkus das Kreuz renoviert. Nach 22 Jahren war das Holz morsch geworden. Deswegen bat ich Herrn Dapkus, der selbst ein Wolfskind war und die Gedenkstätte pflegte, ein neues Kreuz anfertigen zu lassen. Der beauftragte Schreiner leistete hervorragende Arbeit. So konnte am 31. Mai 2014 das alte Kreuz durch ein neues ersetzt werden. Das neue Kreuz ist aus wetterbeständigem, hellem Eichenholz. Hell sollte das Kreuz sein, weil es neben Trauer auch Dankbarkeit ausdrückt: Neben all den grauenhaften Schicksalen gab es eben auch die Barmherzigkeit der Litauer, die oft ihr eigenes kärgliches Brot mit den Wolfskindern teilten. Sie teilten – trotz Gefahr für Leib und Leben – aus christlicher Nächstenliebe und Barmherzigkeit. Ihnen soll an dieser Stelle gedankt sein.

Ohne ein Wort zu sagen,
reichte man uns
ein Glas Milch oder Kakao.
Wir waren selig.

Lothar Klas

Auf der Tafel steht in deutscher und in litauischer Sprache:

> Wiedererrichtet 31. Mai 2014
> Mit großem Dank an die Litauer,
> die nach 1945
> Tausenden deutschen »Wolfskindern«
> das Leben retteten.
> Prof. Dr. Wolfgang Freiherr von Stetten,
> Honorarkonsul der Republik Litauen

Fast alle der noch in Litauen lebenden Wolfskinder und einige aus Deutschland waren zu der festlichen Einweihung des neuen Kreuzes gekommen. Auch Angelika von Sacksen, die ich ausdrücklich dazu eingeladen hatte.

Ihren Segen gaben die katholischen Pfarrer Virginius und Vitautas – Sohn von Christel Veprauskas, die selbst ein »Wolfskind« war– und der evangelische Pfarrer Löbner.

Neben dem Kreuz wurden zwei Bäume gepflanzt: Eine Eiche zur Erinnerung an Hedwig Stauder und ein Kirschbaum für Frau Maria Klara Kraft-Kierspel. Beide haben durch ihre großzügigen Spenden über die Stauder Stiftung die Arbeit des Wolfskindervereins maßgeblich unterstützt.

Wir feierten gemeinsam mit den Wolfskindern und Bewohnern der Residenz Schloß Stetten in einem Lokal bis in den Abend hinein. Dabei wurde viel von der Vergangenheit gesprochen. Ich bat die Wolfskinder, doch einmal das glücklichste Erlebnis in Litauen zu Papier zu bringen, damit neben den einzelnen schweren Schicksalen auch die Bedeutung der Hilfe des litauischen Volkes zum Ausdruck gebracht werde.

Einige wenige dieser Erlebnisse sind als Glücksmomente in mein Buch eingeflossen. Eine Anekdote anbei: Die drei Tafeln für Frau Stauder, Frau Kraft-Kierspel und für mich waren aus schwerem Messing. Das war ein Fehler: Sie haben kurze Zeit später »Beine bekommen« und mussten leider durch Plastikschilder ersetzt werden. Die Messingtafel am Kreuz hingegen wurde respektiert.

Von links: Vaidas Vabalas (Mitarbeiter von Wolfgang von Stetten), Pfarrer Virginius, Pfarrer Vitautas, Direktor der Selbstverwaltung Einikes, Pfarrer Löbner aus der Schweiz, Wolfgang von Stetten

Ein Dank an die großzügige Spenderin, Frau Maria Klara Kraft-Kierspel

Unser gemeinsamer Besuch des Wolfskinderkreuzes

Gemütliches Beisammensein der Wolfskinder mit Bewohnern von Schloß Stetten nach der Einweihung

13
Bücher, Ausstellungen und Filme: Wie das Schicksal der Wolfskinder öffentlich wurde

Sonya Winterberg und Claudia Heinermann – Wie ein Meisterwerk entstand

Inzwischen ist das Schicksal der Wolfskinder weithin bekannt: Über ihre Erlebnisse wurden Ausstellungen gezeigt, Filme gedreht und Bücher geschrieben.

Einige Bücher möchte ich aber besonders hervorheben. Das sind die Bücher von Sonya Winterberg und Claudia Heinermann, die in monatelangen Recherchen das frühere Leben der Wolfskinder und deren Leben in der Gegenwart schriftstellerisch und fotografisch eingefangen haben. Sonya Winterberg ist Schriftstellerin, Claudia Heinermann ist Fotografin. Darum habe ich gesagt, das Buch »Wir sind die Wolfskinder – Verlassen in Ostpreußen« wird von Claudia Heinermann fotografisch begleitet – das Buch »Wolfskinder« (ein fotografisches Meisterwerk) wird von Sonya Winterberg schriftstellerisch begleitet mit einem Epilog von mir im Anhang.

Frau Sonya Winterberg und Claudia Heinermann bei ihrer Wolfskinderausstellung in Schloß Stetten

Ein »Geschichtsbuch« über die Wolfskinder

Heinermanns epochaler Bildband mit vielen Schicksalen über die Wolfskinder

Zufall oder Fügung? Sie trafen sich bei einer Veranstaltung in Schloß Stetten und dies führte zu einer außerordentlichen Zusammenarbeit. Sonya Winterberg schreibt auf Seite 20: »Das Schicksal der Wolfskinder beschäftigt mich schon lange. Im Jahre 2007 erschüttert mich eine Analyse des damaligen Bundestagsabgeordneten Wolfgang von Stetten: Sie leben letztlich in erbärmlichen Verhältnissen und es ist eine Schande für den deutschen Staat, dass es trotz aller Anstrengungen nicht gelungen ist, diesen Menschen eine kleine Rente zuzusprechen. Diese nicht einmal 100 Menschen verlieren auch nach 62 Jahren noch immer den Krieg, fühlen sich verraten, verlassen und letztlich vom Vaterland vergessen.«

Ich bin dankbar, dass durch diesen Anstoß die beiden Bücher in monatelanger Arbeit entstanden sind und vielen der interviewten Wolfskinder – die alle das große Fotobuch von Frau Heinermann von mir bekamen – ein Stück Würde zurückgegeben werden konnte. Sie merkten, dass das Interesse nicht aus Sensationshascherei entstand, sondern aus ehrlicher Zuwendung: das Schicksal zu begreifen und auch anderen nahezubringen. Dies ist gelungen, wie die vielen Reaktionen zeigen, die ich von Wolfskindern, aber auch anderen Lesern, bekommen habe und immer noch bekomme.

Zurück ins Verderben!

In manchen Gesprächen habe ich auch immer wieder die Fragen herausgehört: Was wäre gewesen, wenn ...? Wenn wir hätten fliehen können? Wenn wir 1947/48 oder 1950/51 ins Reich abtransportiert worden wären? Fragen, die meist nicht beantwortet werden können.

Die einen blieben in Litauen, weil sie sich versteckt hatten, die anderen, weil sie Angst hatten, nach Sibirien transportiert zu werden, und die dritten, weil ihnen die Pflegeeltern solche Möglichkeiten verschwiegen hatten. Wir wissen von Pflegeeltern, die sich später entschuldigt haben, aber es gab kein Zurück mehr.

Gab es Schuldige? Mütter, Geschwister oder Verwandte, die die Kinder zurückgelassen haben?

Einige Hundert, vielleicht einige Tausend ostpreußische Familien, denen die Flucht gelungen war, schöpften im Mai 1945 Hoffnung auf Rückkehr. Sie hatten Ihre Häuser fluchtartig verlassen müssen, manche hatten ihre Kostbarkeiten und Haushaltsgeräte noch schnell vergraben. Sie wollten zurück in die Heimat, wo die Familien oft schon Jahrhunderte gelebt hatten. Hoffnungsvoll machten sie sich auf den Weg: Wenn sie etwas Fahrbares fanden oder mit dem Zug oder eben auch zu Fuß. Die Reise war beschwerlich. Spätestens in Polen wurde ihnen die letzte Habe, die sie mit sich trugen, genommen – oder dann in Ostpreußen von sowjetischen Soldaten. Ihre Häuser waren besetzt. Sie kamen nicht nur vom Regen in die Traufe, sondern direkt ins Verderben. Sie hungerten, die Frauen wurden vergewaltigt, die Männer abtransportiert. Sie erlebten das gleiche Schicksal wie die daheim Gebliebenen. Glücksmomente gab es keine. Um zu überleben, blieb nur Litauen. Sonya Winterberg erzählt von einigen Schicksalen auf Seite 75ff.

Christopher Spatz: Wissenschaft und ihre Wirkung

Christopher Spatz hat 2015 seine Dissertation geschrieben zum Thema: »Identität und Identitätswandel ostpreußischer Wolfskinder in der deutschen Gesellschaft«. Er hat dafür die Geschichte der Wolfskinder wissenschaftlich erforscht und diese Erkenntnisse in zwei Büchern »Ostpreußische Wolfskinder« und »Ostpreußens Hungerkinder erzählen vom Überleben« erweitert und ergänzt.

Es war ein Glücksfall, dass er während seines Studiums von den Wolfskindern erfuhr. Er schreibt im Vorwort: »Mein Dank für die Umsetzung dieses Projekts gilt an erster Stelle Ruth Leiserowitz. Ohne ihre Pionierarbeit auf dem Gebiet der Wolfskinder-Forschung hätte ich während des Studiums gar nicht von der Existenz der ostpreußischen Bettelkinder erfahren. Sie ist es auch, die meine Promotionspläne vom ersten Tag an befürwortete und in allen Phasen wohlwollend-kritisch flankiert hat.«

Frau Ruth Leiserowitz, damals noch Ruth Kibelka, hat 1994 das erste auf wissenschaftlicher Basis beruhende Buch über die Wolfskinder geschrieben, wobei ihr sehr zugutekam, dass sie selbst litauisch in der ehemaligen DDR gelernt hatte. Darüber habe ich oben bereits berichtet.

Christopher Spatz hat außerordentlich umfangreich recherchiert, in vielen Archiven, so auch in meinem Archiv in Schloß Stetten, unzählige Interviews mit den in Litauen verbliebenen Wolfskindern geführt, aber auch mit den bereits in der Bundesrepublik Deutschland lebenden Wolfskindern. Die Ergebnisse hat er gekonnt zu Papier gebracht. Sein Verdienst ist es auch, was ich in meinem Buch außen vor gelassen habe, auf die Hungerkinder Ostpreußens aufmerksam zu machen – das sind die Waisenkinder, die nach dem Krieg in Königsberg in russischen Heimen untergebracht und dann in die SBZ abgeschoben wurden.

Christoph Spatz bei seiner Buchvorstellung

Mehr als »nur« eine Dissertation

Christopher Spatz hat sich auch nach seiner Doktorarbeit für die Wolfskinder und Hungerkinder eingesetzt. Er war maßgeblich daran beteiligt, dass die Gesellschaft für bedrohte Völker sich für deren Anerkennung als Kriegsopfer einsetzte, damit sie eine kleine Entschädigung von 2.500 Euro erhielten. Frau Prof. Ruth Leiserowitz ist sicher stolz darauf, dass ihre Arbeit so erfolgreich fortgesetzt wurde.

Die Hervorhebung dieser Bücher ist keine Herabsetzung der anderen Autoren. Sie alle haben mit ihren Büchern dazu beigetragen, dass die besondere Grausamkeit, welche die ostpreußischen Bettelkinder betroffen hat, nicht in Vergessenheit gerät. Vielleicht tragen sie dazu bei, dass in Zukunft eine solche Ungeheuerlichkeit und Unmenschlichkeit nicht mehr passiert.

Alvydas Šlepikas: Schreiben rettet die Würde

Im Prolog dieses Buches und im vorigen Kapitel lasen Sie Ausschnitte aus dem Buch »Mein Name ist Maryte« von Alvydas Šlepikas.

Anlässlich der europäischen Präsidentschaft Litauens wurde sein Buch durch den deutschen Botschafter Matthias Mülmenstädt in seiner Residenz zusammen mit dem Buch von Sonya Winterberg »Wolfskinder – Verlassen in Ostpreußen« im Beisein der Autoren vorgestellt. Beide haben nach gründlicher Recherche und Dutzenden von Interviews mit den überlebenden »Wolfskindern« ihre Bücher verfasst.

Die Vorsitzende des Vereins Edelweiß-Wolfskinder, Frau Luise Kazukauskiene (Luise Quitsch), dankte beglückt der Autorin Sonya Winterberg und dem Autor Alvydas Slepikas, weil sie das Leben der Wolfskinder treffend geschildert haben und meine Hilfe und die der Stauder Stiftung unterstützten, die vielen einen würdigen Lebensabend ermöglichte. Aus Anlass der Verleihung des Förderpreises des Georg-Dehio-Buchpreises hielt der Historiker Dr. Christopher Spatz eine Laudatio auf den Schriftsteller Alvydas Šlepikas und den Übersetzer Markus Roduner (www.kulturforum.info):

»Die Geschichte der ostpreußischen Hungerkinder ist ein wichtiger Bestandteil der deutsch-litauischen Beziehungen

Alvydas Šlepikas: eine ästhetische Annäherung an das Thema

im 20. Jahrhundert. Die Litauer erbrachten, im Verhältnis zu ihrer eigenen kleinen Zahl, einen der größten, wenn nicht vielleicht sogar den größten Anteil humanitärer Nachkriegshilfe für die hungernde deutsche Zivilbevölkerung. Um uns genau dies ins Bewusstsein zu rufen, sind wir denjenigen Menschen verpflichtet, die ihr eigenes Leben und die Existenz ihrer eigenen Familie in dieser auch für viele Litauer grausigen Nachkriegszeit riskiert haben, um den fremden und erbärmlich aussehenden deutschen Bettelkindern zu helfen.«

Ich war als Ehrengast und Förderer der Wolfskinder eingeladen. »Dieses Buch«, so sagte ich damals, »ist es wert, ins Deutsche übersetzt zu werden, und es müssen Mittel und Wege gefunden werden, die Kosten aufzubringen.« Dies gelang mir auch, u. a. mit Hilfe der Stauder Stiftung. Das Buch erschien 2018 auf Deutsch mit einem Nachwort von mir, das sich im Anhang befindet.

Ausgestellte Schicksale

Auch die Ausstellungen sollen in diesem Kapitel gewürdigt werden. Sie haben in besonderer Weise dazu beigetragen, einer Vielzahl von Menschen das Schicksal der Wolfskinder im wahrsten Sinne des Wortes »vor Augen zu führen«. Ab dem 1. September 2006 wurde eine Ausstellung über Wolfskinder mit Bildern und Dokumenten in Schloß Stetten bei Künzelsau gezeigt. Anlass war der Besuch von ehe-

Eine erfolgreiche Ausstellung: Sie wird auch heute noch gezeigt

Bilder und Originalzitate lassen in der Ausstellung Einzelschicksale lebendig vor Augen treten

maligen »Wolfskindern« aus Litauen und die Feier »15 Jahre Wiederaufnahme der diplomatischen Beziehungen zwischen der Bundesrepublik Deutschland und den Republiken Litauen, Lettland und Estland«.

Es gibt über die Wolfskinder und ihre Schicksale zwei große Wanderausstellungen, die sowohl in Deutschland als auch international gezeigt wurden und werden. Die erste Ausstellung basiert auf Recherchen und persönlichen Gesprächen der Fotografin Claudia Heinermann und der Journalistin Sonya Winterberg: Für diese einzigartige Dokumentation reisten sie über mehrere Jahre nach Litauen, um die dort lebenden Wolfskinder zu besuchen. Mit ihnen sprachen sie über die Erlebnisse der Kindheit, die Flucht und das Leben hinter dem Eisernen Vorhang – ohne Wurzeln und voll der Sehnsucht nach Familie und Verwandten. Ihre bewegenden Schicksale werden so dem Vergessen entrissen und öffnen sich zu einem vielschichtigen Panorama der Zeitgeschichte.

Aus diesen gemeinsamen Reisen und intensiven Begegnungen entstand nicht nur das bereits erwähnte sehenswerte Fotobuch, sondern auch die Wanderausstellung. Diese wurde finanziert vom »Deutschen Kulturforum östliches Europa«.

»Wolfskinder – Verlassen zwischen Ostpreußen und Litauen«

Claudia Heinermann erzählt: »Als ich im Frühling 2011 erstmals vom Schicksal der Wolfskinder hörte, war ich tief berührt und zugleich überrascht, dass mir das Thema nie zuvor begegnet war. Seither hat es mich nicht mehr losgelassen. Schon zu Beginn meiner Recherchen lernte ich die Journalistin Sonya Winterberg in Schloß Stetten kennen, die sich ebenfalls mit dem Thema beschäftigte und dazu ein Buch schreiben wollte. Wir beschlossen, uns gemeinsam auf Spurensuche zu begeben und die Lebensgeschichten der Wolfskinder in Bild und Text vor dem Vergessen zu bewahren. Heute leben noch rund siebzig Wolfskinder in Litauen, die meisten sind inzwischen hoch betagt. Bis heute haben wir 42 von ihnen auf unseren Reisen besucht, manche auch mehrmals und viele sind uns über die Zeit ans Herz gewachsen.

Während Sonya Winterberg im Rahmen ihres Oral History Projekts mit Hilfe von Tiefeninterviews die Lebensgeschichten der Wolfskinder aufzeichnet, fotografiere ich Portraits der Zeitzeugen, ihre Lebensumstände, das Wohnumfeld sowie historische Fotos und Dokumente.

Auf unseren Reisen durch Litauen im Wechsel der Jahreszeiten habe ich außerdem zahlreiche Landschaftsaufnahmen gemacht. In ihren Erinnerungen spielt die Natur und die Landschaft Litauens eine große Rolle.«

Auszüge aus Interviews sowie Kurzportraits der einzelnen Wolfskinder runden das Bild ab. Durch die Gesamtschau von

Die Wolfskindertafel in der Ausstellung

Fotografien, Interviews und Dokumenten werden dem Leser die Zeitzeugen persönlich nahegebracht. Das Schicksal der Einzelnen wird ausführlich dargestellt und gibt dem Betrachter die Möglichkeit, in das Leben der jeweiligen Person einzutauchen. Dabei geht es auch um ihre Erinnerungen an Ostpreußen, den Krieg und ihr späteres Leben in Litauen.

Zu sehen war die Ausstellung u. a. in folgenden Städten:

2015: Feierliche Eröffnung in Vilnius
2015: Nutshuis Den Haag, Niederlande
2016: Ostpreußisches Landesmuseum Lüneburg
2016: Residenzen Schloß Stetten bei Künzelsau
2016: Forum in den Arkaden Crailsheim
2016: BredaPhoto international photofestival, Niederlande
2017: Bürgerhaus Ibbenbüren
2017: Haus der Heimat Wiesbaden
2018: Kulturzentrum Ostpreußen im Deutschordensschloss Ellingen
2020: Fränkisches Freilandmuseum Bad Windsheim
2021: Haus der Heimat in Stuttgart

Ausführliche Informationen zum Projekt:
www.wolfskinder.eu

Die zweite große Wanderausstellung wurde u. a. initiiert von Angelika Pasenau, über die ich oben geschrieben habe. Sie schaffte es, ein Treffen zwischen dem Botschafter Matulionis und mir sowie den Museumsleitern des Genozidmuseums in Vilnius zustande zu bringen.

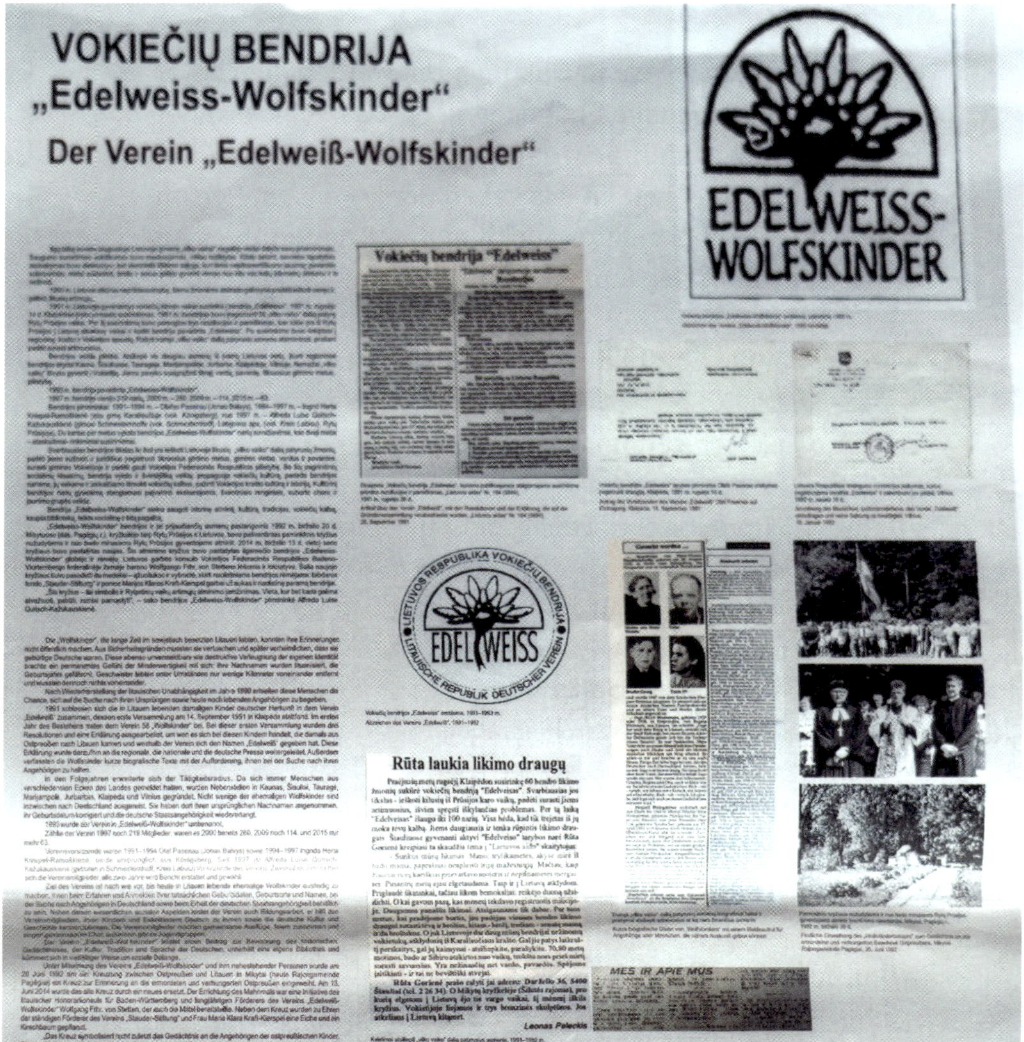
VOKIEČIŲ BENDRIJA
„Edelweiss-Wolfskinder“
Der Verein „Edelweiß-Wolfskinder“
EDELWEISS-
WOLFSKINDER
Vokiečių bendrija "Edelweiss"
LIETUVOS RESPUBLIKA VOKIEČIŲ BENDRIJA
EDELWEISS
LITAUISCHE REPUBLIK DEUTSCHER VEREIN
Rūta laukia likimo draugų
Leonas Paleckis
MES IR APIE MUS

Einige Seiten aus der Ausstellungsbroschüre, Dokumente über das Schicksal der Wolfskinder und der historischen Aufarbeitung

»Wolfskinder: Auf dem Brotweg von Ostpreußen nach Litauen 1945–1948«

Die Museumsmitarbeiter hatten 20 Treffen – sowohl in Litauen als auch in Deutschland, um die authentischen Erzählungen der ehemaligen Wolfskinder in Bild und Ton festzuhalten.

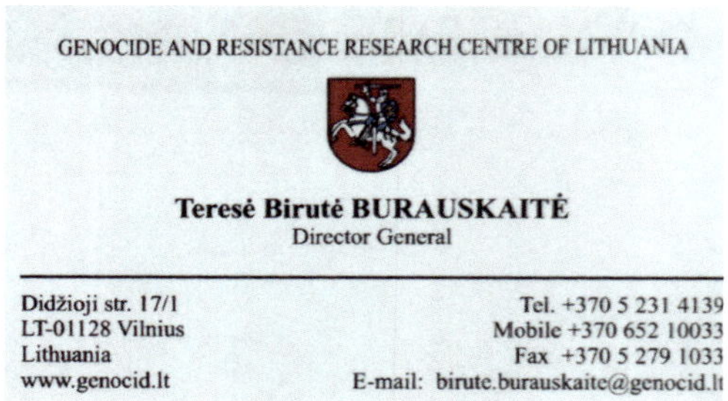

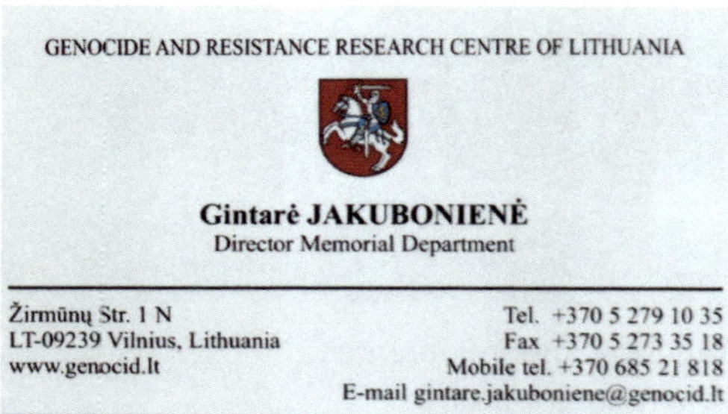

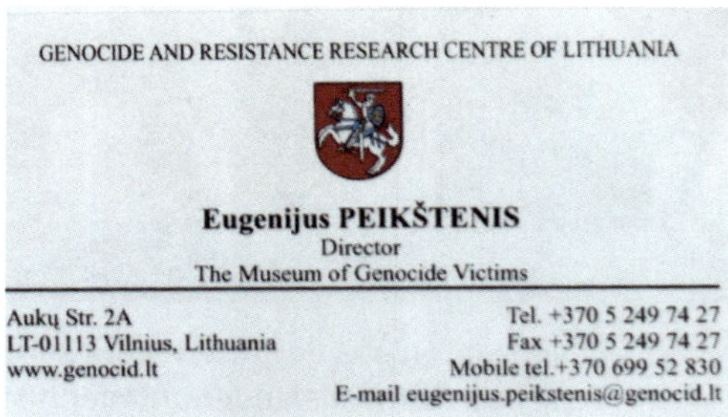

Visitenkarten des Leitungsteams des Genozidmuseums in Vilnius

Die Ausstellung zeichnet den »Brotweg« nach, den einige Tausend hungernde Kinder nach dem Ende des Zweiten Weltkrieges gegangen sind – bettelnd nach Essbarem. Sie verfolgt das Ziel, eines der tragischsten Kapitel in der gemeinsamen deutsch-litauischen Geschichte im 20. Jahrhundert aufzuarbeiten und anschaulich darzustellen.

Zwölf Lebensberichte ehemaliger Wolfskinder sind auf Monitoren in litauischer und deutscher Sprache (mit Untertiteln) zu sehen. Familienfotos, Dokumente sowie der auf Karten eingezeichnete Weg der Kinder aus dem zerstörten Ostpreußen nach Litauen und ihre Wanderschaft durch die litauischen Ortschaften werden gezeigt. Diese Ausstellung hatte bisher u. a. folgende Stationen:

2017: Litauisches Parlament in Vilnius
2017: Schloß Stetten
2018: Thüringer Landtag Erfurt
2018: »Stasimuseum« Berlin
2018: Brandenburger Landtag Potsdam
2019: Greifswalder Dom St. Nikolai
2019: Haus des Deutschen Ostens München

Die Ausstellungskosten übernahm der litauische Staat. Beide Ausstellungen habe ich von Anfang an bis zur Ausstellungseröffnung begleitet.

Rick Ostermann: Ein wahrer Film

Am 12. Januar 2009 schrieb Rick Ostermann: »Sehr geehrter Baron Stetten! Getrieben von meinem familiären Hintergrund, beschäftige ich mich seit einiger Zeit mit dem Thema Wolfskinder, in den letzten Monaten sehr intensiv. So habe ich im Zuge meiner Recherchen einige heimgekehrte Wolfskinder in Deutschland treffen können und entsprechende Interviews geführt. Diese Gespräche waren immer sehr bewegend und oft fiel, mit großer Begeisterung, Ihr Name. Meine Familie mütterlicherseits stammt aus Ostpreußen; meine Mutter hat als Vierjährige die Flucht selber mit meinen Großeltern erlebt. Mein Urgroßvater war ein bekannter Pferdezüchter, mein Großvater Kavallerieoffizier in Allenstein ...«

Er kam dann mit dem Gesellschafter der Badland Film GmbH nach Schloß Stetten. Nach einem sehr ausgiebigen Gespräch zeigte ich ihm Unterlagen und er erklärte, einen Film drehen zu wollen. Am 10. März 2009 schrieb er: »Sehr geehrter Baron Stetten! Wieder zurück in Berlin, wollte ich mich auch im Namen von Lars Graume für die schöne und herzliche Zeit bei Ihnen bedanken ... Ich plane, im April nach Litauen zu fahren, um eine Rechercheresise zu machen, vielleicht darf ich mich vorher noch mal an Sie wenden, wenn ich Fragen habe. Mit einem köstlichen Schluck Rotwein in der Hand, verbleibe ich mit freundlichem Gruß aus Berlin, Rick Ostermann.«

Wir hatten verschiedene Kontakte. Es dauerte etwas länger, aber 2013 war der Film fertig, wurde bei den 70. Inter-

Regisseur Rick Ostermann lässt in seinem Film die Wirklichkeit aufleben

nationalen Filmfestspielen in Venedig gezeigt und erhielt eine Auszeichnung. Im Jahr 2014 hatte er Premiere in Deutschland. Der Film ist hart, aber wahr. Es ist nichts drin, was ich nicht aus Erzählungen der Wolfskinder weiß, und ich habe ein entsprechendes Feedback geschrieben. Folgender Auszug meines Schreibens wurde in das Presseheft eingefügt:

> Der Film war ein außerordentliches Erlebnis, insbesondere für diejenigen, die sich mit der Geschichte der Wolfskinder befasst haben. Drehbuch und Regie waren voll übereinstimmend mit den vielen Berichten, die ich von »Wolfskindern« erhalten habe, dazu ein großes Kompliment an Herrn Ostermann. Ein Film ohne viel Worte mit eindrucksstarken Momenten und

– insbesondere was die Wolfskinder angeht – mit überzeugenden Darstellern bis ins Detail. Mimik und Gestik haben weit mehr Wirkung gezeigt, als Worte es hätten hergeben können.
Hervorragend herausgearbeitet wurden die Konflikte der jungen Menschen bei der Verabschiedung durch Übergabe an fremde Leute, ebenso der Bruderkonflikt zwischen den beiden Brüdern, den der ältere Bruder zugunsten von »Jonas« durch die eigene Flucht löst. Auch die Szene mit der Tötung im Schilf war dramatisch, aber nicht zu brutal und letztlich beim Überlebenskampf »verständlich«. Der Film hat hervorragend herausgearbeitet, wie diametral Litauer Wolfskinder behandelt haben: Auf der einen Seite das Hetzen der Hunde, auf der anderen Seite die Barmherzigkeit, das Brot zu teilen unter eigener Gefahr, von den Sowjetsoldaten verfolgt zu werden.

Auch wenn es nur ein Film ist, ist es ein historisch wertvolles Dokument, weil es eine Symbiose von vielen Tausend Schicksalen der Wolfskinder darstellt. Zum Schluss nochmals mein Kompliment an Herrn Rick Ostermann und alle Schauspieler, insbesondere die Jugendlichen, aber auch alle anderen Mitwirkenden. Dabei war besonders ausdrucksstark natürlich der Hauptdarsteller Hans – zeitweise fast wie Buster Keaton –, der durch geringe Nuancen seine Emotionen preisgab und damit außerordentlich überzeugte.

Nicht zu vergessen, besonders inbegriffen in das Kompliment und Dank auch an die Kamerateams und ihre Mitstreiter, die unglaublich eindrucksvolle Aufnahmen der litauischen Landschaft und der Kurischen Nehrung vermitteln konnten. Dabei fällt mir noch ein, dass die Darstellerin der Christel (im Übrigen waren es häufig junge Mädchen, die Gruppen führten) ihre Rolle hervorragend verkörperte. Das Abschneiden der Zöpfe und das Selbstabschneiden des Haares zeigte Abschied und Schmerz in außerordentlich gekonntem Maße.

14
Wie ein Traum in Erfüllung ging:
Besuche und Reisen

Zu Besuch in Deutschland

Schon bald nach meinen ersten Besuch in Litauen erfolgte eine rege Reisetätigkeit von Litauen nach Deutschland und umgekehrt. Zwei Wochen nach unserem Kennenlernen kam Antanas Račas mit den ersten 15 landwirtschaftlichen Praktikanten, die ich kurzfristig mit Hilfe der Vorsitzenden der Kreisbauernschaften in Hohenlohe und Schwäbisch Hall unterbrachte. Es folgten dann die politischen Besuche, die Besuche von Unternehmern und Landwirten aus Litauen.

Bereits im Juli/August 1993 war der Jugendverein Edelweiß nach Deutschland gereist. Per Fax bat ich den Botschafter Reinhard Kraus um Hilfe: »Ich wäre Ihnen sehr dankbar, wenn er die Visa am morgigen Freitag bekommen könnte, da die Gruppe bereits am Samstagmorgen abreisen muss.« Eine kühne Bitte, aber Botschafter Kraus half innerhalb von 24 Stunden und die Reise konnte stattfinden.

So ganz jugendlich waren die mitgereisten Mitglieder des Jugendvereins Edelweiß nicht, die meisten waren zwischen 18 und 31 Jahren alt. Dabei erfuhr ich dann auch, dass der Bus für die Jugendgruppe immer noch von Herrn Pasenau

21/07 '93 10:10 FAX - 37 2 2822196 Dt. Komitee S01

T e i l n e h m e r l i s t e

für den Studienaufenthalt der Gruppe des Jugendvereins "Edelweiss" aus Litauen für die Zeit vom 26. Juli bis 7. August 1993 im Bundesland Brandenburg und Berlin

BUKSNAITIS, Vytautas	01.01.1959	LM 427243
BUKSNAITIS, Gintautas	05.06.1967	LM 618689
BARTKEVICIENE, Almute	25.11.1962	LM 697208
BRUKAS, VILIS	04.01.1973	LR 738623
MIKUCIONIENE, Daiva	21.09.1968	LM 794011
MEDELIENE, Roma	19.06.1962	LM 865017
MIZARIENE, Jurate	28.02.1965	LA 872613
KVAINAUSKIENE, Zaneta	31.10.1961	LG 773187
GUMBYS, Robertas	02.08.1965	LA 553551
SEVERJANOVAS, Viktoras	10.05.1959	LG 509479
FALKAS, Vidmantas	30.06.1975	LG 471870
DEGYTE, Dziuginata	26.07.1974	LM 883958
SIURKIENE, Jurate	29.05.1968	LV 473485
VEGNER, Donatas	14.10.1959	LM 679682
BARZDELIS, Vytautas	30.08.1959	LA 543006
EIDUKAITYTE, Renata	02.07.1975	LM 438486
NAUMAITIENE, Audrone	25.12.1964	LG 641818
MELNIKIENE, Alma	26.11.1959	LA 637526
KONDROTAITE, Virginija	10.07.1959	

Jugendgruppe des Vereins Edelweiß

und Frau von Sacksen benutzt wurde. Entsprechende Schritte habe ich dann eingeleitet. Immer wieder kamen größere und kleinere Gruppen.

1996 bekam ich einen langen Brief, geschrieben hat ihn Elena Gucaite, die eigentlich Ella Gutrait heißt. Sie beschreibt darin ihren langen Lebensweg und ihre aktuelle schwierige Lage. Sie war noch nicht in Deutschland gewesen. Der Brief schließt mit folgenden Worten: »Sehr geehrter Herr Professor, vergessen Sie uns nicht. Es war immer ein großes Fest, wenn Sie uns besucht haben. Ich habe nur einen einzigen Traum, vielleicht könnte man eine Reise nach Deutschland organisieren, damit ich wenigstens einmal meine Heimat sehen kann. Aber vielleicht bleibt es nur ein Traum.« Es blieb kein Traum. Die Besuche und Einladungen wurden meist so gelegt, dass sie zugleich mit Festlichkeiten anlässlich von Jubiläen stattfanden. So konnten neben den Wolfskindern auch Politprominenz oder litauische Gruppen aus Deutschland teilnehmen. Es seien nur einige wenige hervorgehoben, etwa im Mai 1998.

Frau Dempwolf

Ich lud 44 Wolfskinder ein, die in Deutschland keine Verwandten mehr hatten. Die Reise ging über Berlin, wo sie vom Bundesinnenministerium empfangen wurden, nach Osterode im Harz, wo sie von der Parlamentarischen Staatssekretärin Gertrud Dempwolf betreut wurden, weiter zu mir in den Hohenlohekreis und anschließend nach Freiburg zur Bundestagsabgeordneten Sigrun Löwisch und dem Rotarier James Lallier.

Die Rückfahrt nach Litauen führte über Dresden, wo sie vom Parlamentarischen Staatssekretär Johannes Nitsch betreut wurden. Überall wurde ihnen ein herzlicher Empfang zuteil und sie erlebten eine ereignisreiche Woche. Tief bewegt, nach 50 Jahren die alte Heimat wiedergesehen zu haben, kamen die Teilnehmer nach acht Tagen wieder nach Litauen zurück.

Bei der Abreise nach dem Frühstück gab ich den Wolfskindern Proviant mit. Ich fragte eine Dame: »Wollen Sie noch was?« Sie dankte lächelnd. Ihre Begleiter sagten mir: »Keine Bange! Sie hat sich schon gut versorgt.« Es war Waltraut Minnt mit ihrer berühmten Tasche (siehe Kapitel 11).

Folgender Brief von H. Palauskiene erreichte mich nach diesem Besuch: »Es war doch so ein komisches Gefühl, als wir überall die deutsche Sprache hörten. Man denkt, es ist meine Muttersprache und man versteht kein Wort oder sehr wenig. Niemals hätten wir sowas noch erleben können nach 50 Jahren. Nochmals sehr herzlichen Dank für alle Sorgen und Mühe.«

Im August 1991 war auch eine Studentengruppe aus den baltischen Ländern zu Gast und so wechselten sich die Gruppen ab.

Folklore, Gesang und Fröhlichkeit gehörten immer dazu, wie beim Johannisfest.

Präsident Landsbergis singt mit den Wolfskindern die Nationalhymne

Folklore beim Johannisfeuer, die Comboband Litauen-Deutschland
(am Schlagzeug Wolfgang von Stetten)

Besichtigung des Milchwerks in Schrozberg

Baumpflanzung im Kreis der Wolfskinder

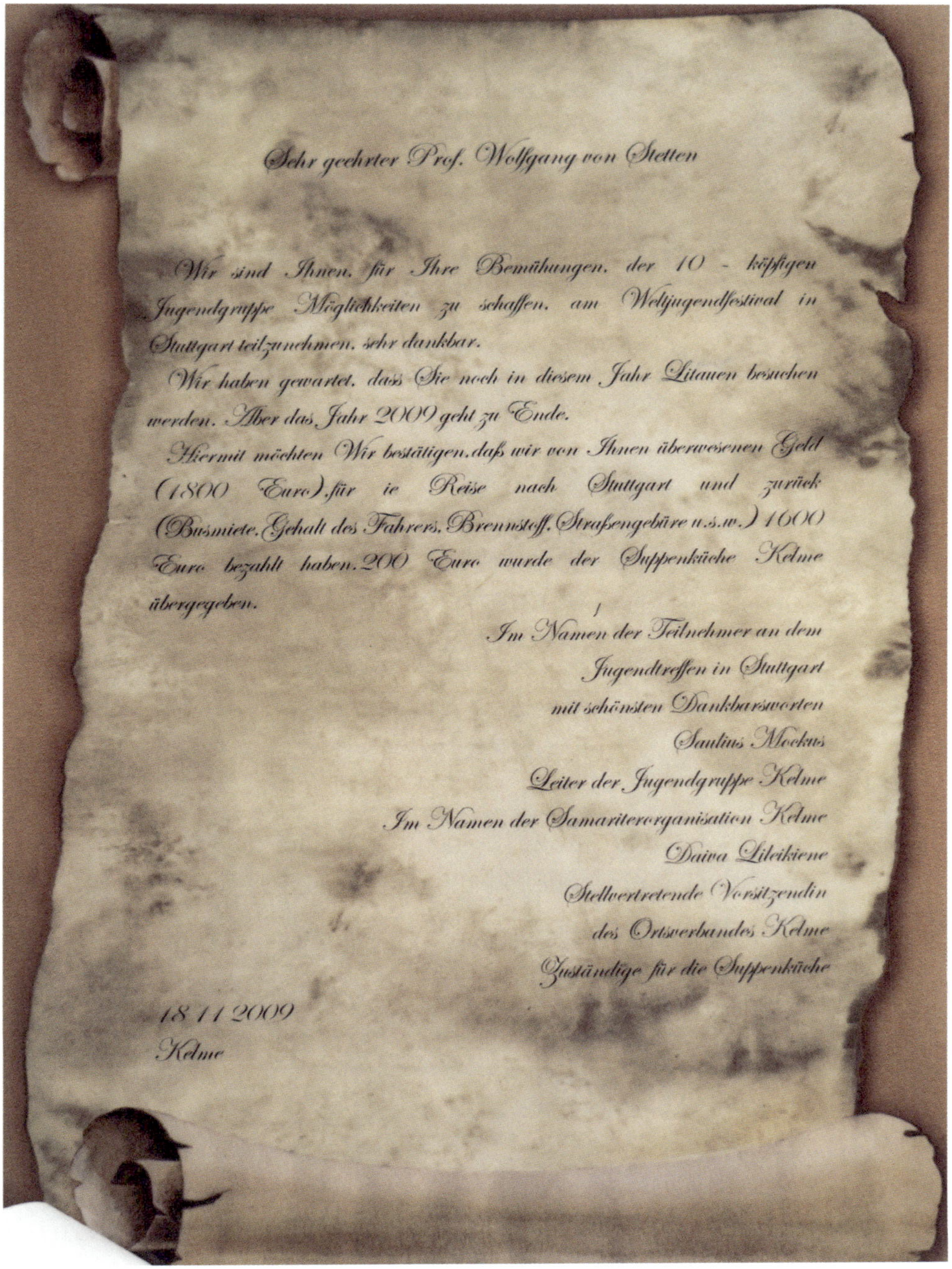

Sehr geehrter Prof. Wolfgang von Stetten

Wir sind Ihnen. für Ihre Bemühungen. der 10 - köpfigen Jugendgruppe Möglichkeiten zu schaffen. am Weltjugendfestival in Stuttgart teilzunehmen. sehr dankbar.

Wir haben gewartet. dass Sie noch in diesem Jahr Litauen besuchen werden. Aber das Jahr 2009 geht zu Ende.

Hiermit möchten Wir bestätigen.daß wir von Ihnen überwesenen Geld (1800 Euro).für ie Reise nach Stuttgart und zurück (Busmiete.Gehalt des Fahrers.Brennstoff.Straßengebüre u.s.w.) 1600 Euro bezahlt haben.200 Euro wurde der Suppenküche Kelme übergegeben.

Im Namen der Teilnehmer an dem
Jugendtreffen in Stuttgart
mit schönsten Dankbarsworten
Saulius Mockus
Leiter der Jugendgruppe Kelme
Im Namen der Samariterorganisation Kelme
Daiva Lileikiene
Stellvertretende Vorsitzendin
des Ortsverbandes Kelme
Zuständige für die Suppenküche

18.11.2009
Kelme

Ein besonders schönes Dankeschön

Jugendgruppe aus Kelme

Anlässlich eines Besuches in Schloß Stetten waren die Wolfskinder zu Besuch im Bio-Milchwerk Schrozberg (Heute, zu Corona-Zeiten, würden sie natürlich Masken tragen.)

2005 kam eine große Delegation anlässlich der 15-jährigen Wiederaufnahme der diplomatischen Beziehungen und pflanzte einen Baum in Schloß Stetten.

2009 kam eine Jugendgruppe aus Kelme mit einem besonders netten Dankeschön.

Beim Bundespräsidenten

Der Anlass für eine ganz besondere Reise der Wolfskinder war das zwanzigjährige Jubiläum der deutsch-baltischen Beziehungen: Im Mai 2011 wurde dazu eine Gruppe der Wolfskinder von mir nach Deutschland eingeladen. Zu den Höhepunkten der Reise zählte ein Empfang beim Bundespräsidenten Christian Wulff im Schloss Bellevue. Es war für die 35 Teilnehmer der Delegation ein bewegender Moment, als sie vom Staatsoberhaupt des Landes empfangen wurden, das sich 20 Jahre lang nicht dazu durchringen konnte, ihnen zumindest eine bescheidene Rente zu gewähren.

Eine Hoffnung keimte insbesondere auf, nachdem der Bundespräsident Christian Wulff auf die Hilfe des litauischen Staates u. a. auch für die Wolfskinder in Höhe von 60 Euro hingewiesen hat – immerhin fast ein Drittel der monatlichen Durchschnittsrente in Litauen und fast die Hälfte der

Umringt von den Wolfskindern in der Mitte: Bundespräsident Wulff, rechts: Frau Dr. Steinbach, Frau Kazukauskiene, links: von Stetten, Frau Dempwolf, Botschafter Butkus

geringen Rente der Wolfskinder. Diese Zahlungen wurden geleistet an alle in Litauen lebenden Minderheiten, die nach dem Krieg ohne Eltern nach Litauen vertrieben wurden oder dorthin flohen. Von Deutschland kam aber nichts.

An diesem Tag waren aber derlei Gedanken vergessen. Ganz besonders genoss diese Augenblicke Waltraud Minnt. Unvergesslich bleibt allen Beteiligten der Anblick, wie Waltraud im Schloss Bellevue auf einem Diwan lag: Unter einem

Überreichung der Ehrenplakette des Bundes der Vertriebenen, links: Frau Kazukauskiene, rechts: Frau Dr. Steinbach

Gemälde – wie eine Königin. Im Protokoll des Empfangs der Wolfskinder gibt es dazu einen offiziellen Vermerk: Eine ältere Dame habe im Schloss das Bewusstsein verloren. Zur Stabilisierung des Kreislaufs sei sie auf ein Kanapee gelegt worden, wo sie sich nach kurzer Zeit erholt habe. Die anderen Wolfskinder sind bis heute über Waltrauds Kreislaufversagen empört: »Nicht einmal beim Bundespräsidenten konnte sie sich zusammenreißen!!« Später darauf angesprochen, kichert Waltraud: »Für einen Moment war ich die Prinzessin auf der Erbse!«

Am Abend, während eines festlichen Empfangs im ehemaligen Reichspräsidentenpalais, der heutigen Parlamentarischen Gesellschaft, wurde mir die Ehrenplakette des Bundes der Vertriebenen von der Präsidentin Dr. Erika Steinbach verliehen. Dabei wurde insbesondere auf meine Bemühungen für die Wolfskinder verwiesen.

Anlässlich dieses Besuches beim Bundespräsidenten berichtete die BILD-Zeitung groß über die Wolfskinder.

Zum Abschluss der Reise gab es einen Festakt auf Schloß Stetten. Neben dem ehemaligen Präsidenten, Vytautas Landsbergis, waren auch der Botschafter der Republik Litauen, Mindaugas Butkus, und Antanas Račas, einer der Unterzeichner der litauischen Unabhängigkeitserklärung, angereist.

Es kam zu einer kleinen historischen Begegnung, als Ursula Dorn, die einst mit ihrer Mutter bettelnd durch Litauen zog und sich selbst auch zu den Wolfskindern zählt, in Anwesenheit des ehemaligen Präsidenten noch einmal einen Brief vorlas, den sie im Februar 1992 an Vytautas Landsbergis geschrieben hatte.

Richard Freiherrr von Stetten mit Offizierskameraden aus Lettland (links): Oberstleutnant Ivo Mogilmijs und Litauen: Oberstleutnant Valdas Gegelevicius (Mitte)

Franziska von Stetten verköstigt die Gäste mit litauischen Spezialitäten

Immer mit dabei: die litauische Folkloregruppe aus Stuttgart
und die Jagdhornbläser aus Künzelsau

11. MAI 2011 • BILD-BUNDESAUSGABE — Seite 7

WIR WAREN WOLFSKINDER

5000 deutsche Waisenkinder aus Ostpreußen irrten nach Kriegsende 1945 durch die Wälder, erlebten Hunger, Kälte, Tod. Gestern empfing Bundespräsident Wulff erstmals ehemalige „Wolfskinder" im Schloss Bellevue. 70 leben noch heute in Litauen. BILD-Reporter Hans-Jörg Vehlewald traf drei von ihnen

Flucht ohne Eltern: Tausende deutsche Waisen schlugen sich 1945 ganz alleine durch, hausten in Wäldern und den Ruinen der zerbombten Städte

Ursula Hundrieser (78), Hildegard Summek (74) und Ruth Deske (78) am Bahnhof von Tytovenai (Litauen). Heute leben die ehemaligen Wolfskinder von einer schmalen Rente und Spenden aus Deutschland, die der Ex-CDU-Bundestagsabgeordnete Wolfgang von Stetten organisiert hat

„Ich habe 15 Jahre im Wald geschuftet – wie ein Mann"

RUTH DESKE, GEBOREN 1933 IN GERDAUEN (OSTPREUSSEN)

„Zu uns kamen die Russen im Januar 1945. Mein Vater war im Krieg geblieben, Mutter sorgte allein für uns. Doch sie hielt die Strapazen nicht aus. Sie wurde jeden Tag schwächer, war nicht mehr bei Verstand. Sie verhungerte vor unseren Augen, flüsterte nur noch ‚Brot, Brot'. Dann starb sie."

Ruth Deske (78) mit dem Hochzeitsfoto ihrer Eltern

Ruth, mit gerade 13 Jahren die Älteste der Geschwister, muss nun allein für die Familie sorgen. Bruder und Schwester bringt sie bei Bauern in Litauen unter. Der jüngste Bruder, Karl-Heinz, bleibt bei der gebrechlichen Oma im Dorf, wenn Ruth wieder mit dem Kohlezug nach Litauen über die Grenze fährt, um dort Brot zu erbetteln.

„Anderthalb Jahre ging das so", erzählt Ruth, „am Bahnhof haben wir Wolfskinder uns um einen Platz auf den Waggons geprügelt. Immer auf der Hut vor den Aufsehern."

Doch dann wird die Oma zu schwach, um sich weiter um den vierjährigen Karl-Heinz zu kümmern. Sie überlässt den Jungen Ruths Obhut. „Ich bin einfach losgelaufen, den kranken Karl-Heinz auf dem Arm, 18 Kilometer durch die Nacht zum Bahnhof, dann über die Grenze."

In Litauen nimmt ein einbeiniger Bauer Ruth als Hilfe auf, kümmert sich um den kleinen Karl-Heinz. „Wir waren bitterarm, hatten nur wenig Land, dazu eine Kuh. Aber wir haben überlebt."

Später verlässt Ruth den Hof, lässt ihren Bruder bei dem Bauern als Knecht zurück. Sie arbeitet auf einer Kolchose. „Als Deutsche mit litauischem Pass ließen mich die Sowjets nicht in der nahen Fabrik arbeiten." Ruth fängt als Holzfällerin an. „15 Jahre lang habe ich im Wald geschuftet wie ein Mann. Ich habe einfach nur durchgehalten. Es war nicht leicht", sagt sie mit Tränen in den Augen.

Sie heiratet, bekommt 1954 eine Tochter, die heute an Parkinson erkrankt ist – wieder ein Kind, um das Ruth sich kümmern muss. Ihr Leben lang.

„Ein Arzt ließ mich einfach blutend liegen"

URSULA HUNDRIESER, GEBOREN 1933 IN KÖNIGSBERG

„Mein Vater war an der Front, meine ältesten Brüder gefallen. Mutter und ich waren allein mit meinem kleinen Bruder Manfred, als die Russen kamen."

Ursula Hundrieser (78)

Die Soldaten vergewaltigen die Mutter, dann kommen Hunger und Typhus über die Familie. „Ich brachte Mutter ins Spital, sie war ganz grau und schwach. Nach sechs Tagen war sie tot. Ich habe sie nicht mehr sehen dürfen."

Auch Ursulas kleiner Bruder, gerade ein Jahr alt, stirbt an Entkräftung und Hunger: „Er hatte immer geschrien, war ganz aufgeschwollen. Wir haben beide im Massengrab beigesetzt. Da stand ich nun, ganz allein auf mich gestellt."

Ursula, kaum zwölf Jahre alt, flieht in die nahen Wälder Litauens, dort wo Tausende anderer Wolfskinder sich verstecken. „Wir bettelten um Brot und stahlen uns durch, schliefen unter Büschen und in Scheunen. Eine Familie nahm mich auf, ließ mich die Kühe und die Kinder hüten."

Was es heißt, Deutsche zu sein, lernt Ursula, als sie vom Huftritt eines Pferdes schwer verletzt im Militär-Krankenhaus landet. Der sowjetische Arzt weigert sich, das „Faschisten-Kind" zu behandeln. „Die ließen mich einfach blutend liegen. Die Narbe ist bis heute zu sehen."

Im Sommer darauf nimmt eine Familie Ursula als Magd auf. „Auf dem Hof lernt sie ihren Mann kennen, heiratet 1955, bekommt zwei Töchter und einen Sohn.

Sie nennt ihn Manfred, wie ihren verstorbenen Bruder.

„Soldaten nahmen sich meine Tante vor meinen Augen"

HILDEGARD SUMMEK, GEBOREN 1936 IN ARYS (OSTPREUSSEN)

„Vater war im Krieg. Mutter starb 1941. Ich wurde von meinen Brüdern getrennt, kam zu meiner Tante Olga nach Königsberg. Die Stadt war wunderschön – bis die Russen kamen! Die Bomben, das Feuer, es war grauenhaft. Die Soldaten kamen in unsere Wohnung. Sie fielen über meine Tante her, nahmen sie sich, direkt vor meinen Augen. Tag für Tag, immer wieder."

Hildegard Summek (74) mit einem Foto ihrer Mutter

Hildegard (damals 9) bettelt in Dörfern um Essen, auch im nahen Litauen. „Eines Tages kam ich zurück, fand meine Tante tot im Zimmer liegen. Sie war einfach verblutet."

Hildegard rennt hinaus und kehrt nie wieder zurück. Sie springt auf den nächsten Kohlezug Richtung Litauen. Dort versteckt sie sich im Wald, ernährt sich von Beeren, Kartoffeln, Rüben. Eine Bauernfamilie nimmt sie auf, erklärt dem Kind: „Von jetzt an heißt du Aleksandra, bist Litauerin wie wir. Als Deutsche würden sie dich nach Sibirien schicken."

Das Mädchen lernt, seine deutsche Herkunft zu verleugnen. Den Vater, der erst 1947 aus dem Krieg heimkehrt, sieht sie nie wieder. Sie heiratet, bekommt drei Kinder, fünf Enkel, zwei Urenkel. Ihre Brüder, die in Deutschland leben, trifft sie erst 1996 wieder – nach 50 Jahren Trennung. **„Nach Deutschland zu gehen kam für mich nie infrage. Mein Leben ist heute hier."**

FUKUSHIMA
1. Bewohner zurück in Atom-Sperrzone

Nach der Atom-Katastrophe: Ein Bewohner mit Strahlenanzug ist zum ersten Mal in seinem Haus

Tokio – Im Strahlenanzug ist ein Bewohner zu seinem Haus in der Sperrzone … Aufenthalts durften 92 Bewohner Habseligkeiten wie Fotos oder persönli…

Viele Leser hören das erste Mal von den Wolfskindern in der Bildzeitung

Der vollständige Brief vom 5. 2. 1992 ist auch zu lesen im Vorspann zu Ursula Dorn: »Ich war ein Wolfskind«:

> Sehr geehrter Herr Präsident!
> Sie werden sicher erstaunt sein, von einer einfachen Frau aus dem Land Deutschland Post zu bekommen. Aber ich musste es einfach aus meinem Herzen heraus tun. Ich möchte im Sinne bestimmt vieler tausender, heute erwachsener deutscher Menschen, die von den liebevollen, gastfreundlichen litauischen Menschen praktisch vor dem Tode gerettet wurden, ein großes Dankeschön aussprechen. Und bitte geben Sie das auch mal ganz öffentlich im Fernsehen bekannt, damit das auch alle Ihre Landsleute mal erfahren, was die alles Gutes an unseren Kindern nach 1945 getan haben. Danke, Danke, Danke. Hiermit habe ich mir, was mir schon lange im Herzen lag, runtergeschrieben.

Der Präsident war sehr gerührt und sagte, er könne sich an den Brief erinnern, man habe sich damals sehr gefreut. Den Dankesbrief des Präsidenten an Frau Dorn gibt es im Archiv Schloß Stetten.

Auch beim großen Empfang zu Ehren der 100 Jahre alten Freiheitserklärung der Baltischen Staaten waren die Wolfskinder dabei.

Ursula Dorn

Das Jahrhundertjubiläum wird auf Schloß Stetten begangen

In guter Gesellschaft mit Besucherinnen aus Litauen

Gegenbesuche in Litauen

Aber auch in umgekehrter Richtung gab es Besuche: In den zweieinhalb Jahrzehnten kam es auch immer wieder dazu, dass ich mit Besuchern Litauen bereiste. Dabei ließ ich nie die Begegnung mit den Wolfskindern aus. Meist fanden diese Treffen in der Schule von Siauliai statt, weil wir dort die Möglichkeit hatten, zusammenzukommen und gemeinsam Mittag zu essen, und weil es verkehrsgünstig liegt.

Die ersten Begegnungen waren sehr beeindruckend, weil sie umrahmt waren von Folklore und Gesang. Dabei war auch ein Chor, der deutsche Lieder sang. Die deutschen Lieder konnten übrigens auch noch viele Wolfskinder mitsingen, die sonst kein Deutsch mehr sprachen. Die Begegnungen verliefen in der Regel harmonisch. Ich versuchte, die Gruppen so zu setzen, dass sich deutsche Besucher und Wolfskinder mischten. Das Problem war naturgemäß die Sprache, aber es ging immer wieder irgendwie: mit Händen und Füßen, mit Hilfe von deutsch sprechenden Wolfskindern oder auch Dolmetschern.

Ich vermittelte oder begleitete viele Gruppen nach Litauen. Drei Dinge durften dabei nicht fehlen: der Besuch der Wasserburg von Trakai – Sinnbild des alten Litauens –, der Berg der Kreuze und Treffen mit den Wolfskindern. Die Besucher waren in der Regel beeindruckt von dem sichtbaren Aufbau des Landes und eben auch vom Schicksal der Wolfskinder und der Tatsache, dass die Litauer Tausenden von Kleinkindern und Jugendlichen das Überleben ermöglicht hatten.

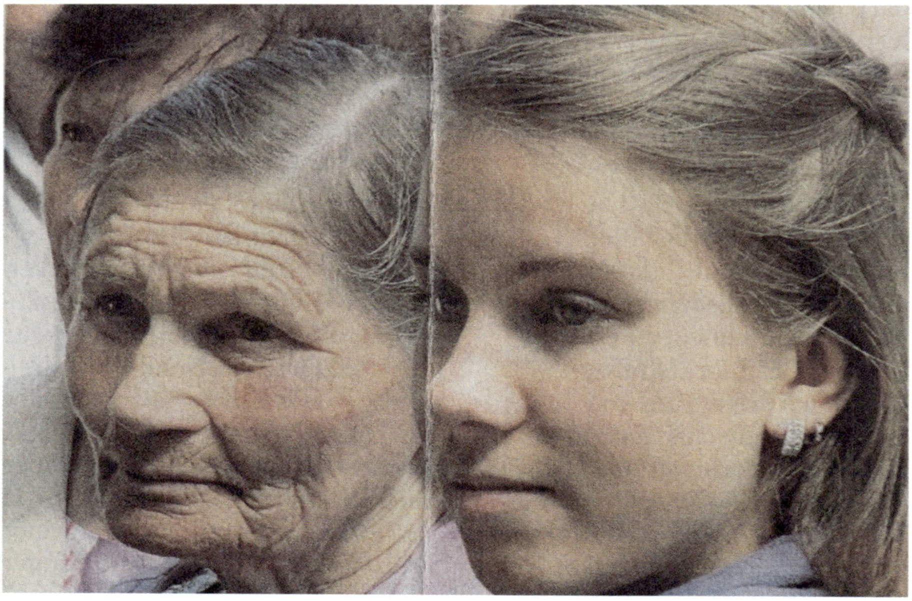

Ursula Haak und Enkelin Erika: Als Ursula sich als Wolfskind durchschlug, war sie halb so alt wie die 20-jährige Erika

Der Rotary-Club Bad Megentheim mit Wolfskindern in Litauen

Der Posaunenchor Kocherstetten in der lutherischen Kirche in Jurbarkas

Die Residenzbewohner von Schloß Stetten singen das Lied »Ännchen von Tharau« vor deren Denkmal in Kleipeda

In der Mitte, neben mir: Stasius Malkevicius – auch ein Signatar der Freiheitsurkunde. Er wettete mit mir um eine Kiste Champagner, dass Litauen noch im Jahr 1991 frei sein würde. Dies bezweifelte ich mit Blick auf die politische Großwetterlage ... Ich habe noch nie so gern eine Wette verloren und wir tranken die Flaschen im Laufe der Zeit.

Heimat Königsberg

Schon eine ganze Weile wollte ich mit Wolfskindern in ihre Heimat nach Königsberg fahren, insbesondere mit denen, die noch nicht ihre alte Heimat besucht hatten. Erst war es die Weltwirtschaftskrise, dann gab es Spannungen mit Russland und schließlich war Antanas Račas verstorben, der diese Reise hätte vorbereiten sollen.

So wurde sie dann organisiert von meinem Mitarbeiter Vaidotas Vabalas und dem Busfahrer Darius Stabokas (Akkordeonspieler in der Comboband), der uns immer in Litauen mit den Gruppen fuhr, aber auch die meisten litauischen Gruppen

Die gemeinsame Reise nach Königsberg

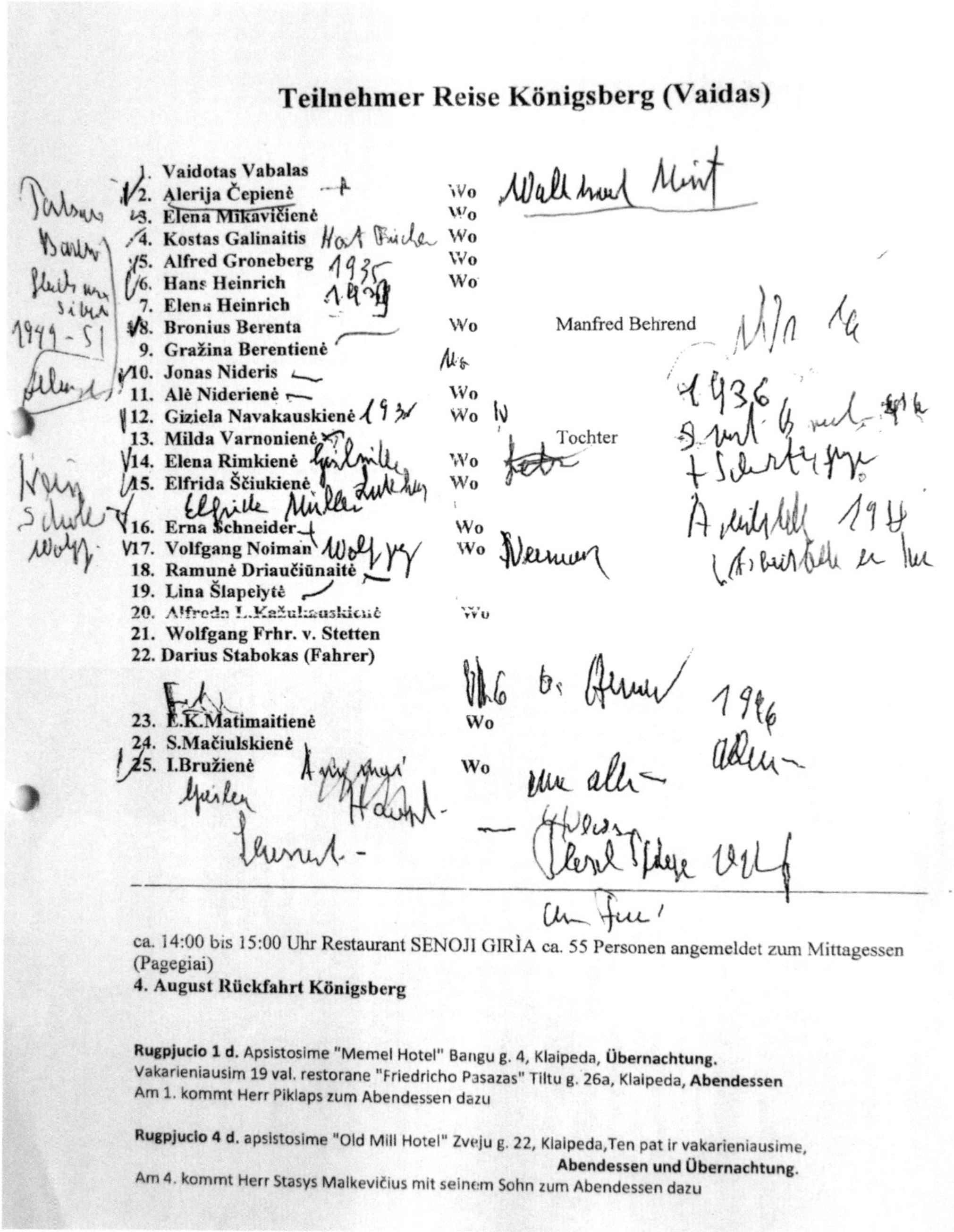

Teilnehmer Reise Königsberg (Vaidas)

1. Vaidotas Vabalas
2. Alerija Čepienė — Wo
3. Elena Mikavičienė — Wo
4. Kostas Galinaitis — Wo
5. Alfred Groneberg — Wo
6. Hans Heinrich — Wo
7. Elena Heinrich
8. Bronius Berenta — Wo — Manfred Behrend
9. Gražina Berentienė
10. Jonas Nideris
11. Alė Niderienė — Wo
12. Giziela Navakauskienė — Wo
13. Milda Varnonienė — Tochter
14. Elena Rimkienė — Wo
15. Elfrida Ščiukienė — Wo
16. Erna Schneider — Wo
17. Volfgang Noiman — Wo
18. Ramunė Driaučiūnaitė
19. Lina Šlapelytė
20. ~~Alfreda L.Kažukauskienė~~ — Wo
21. Wolfgang Frhr. v. Stetten
22. Darius Stabokas (Fahrer)

23. E.K.Matimaitienė — Wo
24. S.Mačiulskienė
25. I.Bružienė — Wo

ca. 14:00 bis 15:00 Uhr Restaurant SENOJI GIRÌA ca. 55 Personen angemeldet zum Mittagessen (Pagegiai)

4. August Rückfahrt Königsberg

Rugpjucio 1 d. Apsistosime "Memel Hotel" Bangu g. 4, Klaipeda, **Übernachtung.**
Vakarieniausim 19 val. restorane "Friedricho Pasazas" Tiltu g. 26a, Klaipeda, **Abendessen**
Am 1. kommt Herr Piklaps zum Abendessen dazu

Rugpjucio 4 d. apsistosime "Old Mill Hotel" Zveju g. 22, Klaipeda,Ten pat ir vakarieniausime, **Abendessen und Übernachtung.**
Am 4. kommt Herr Stasys Malkevičius mit seinem Sohn zum Abendessen dazu

Handschriftliche Notizen von Wolfgang von Stetten, um zu klären, wer in Königsberg wirklich mit dabei war

nach Deutschland chauffierte. Von Klaipeda aus fuhren wir über die Kurische Nehrung, wo die russische Grenze plötzlich mitten im Wald auftauchte. Wir hatten unseren ersten Aufenthalt in Cranz, um dann direkt nach Königsberg zu fahren.

Während unterwegs den Wolfskindern einiges bekannt war, empfanden sie Königsberg zunächst völlig fremd. Wir wohnten in der Innenstadt in einem der großen Hotels, umgeben von Kaufhäusern, Bürohäusern etc. – so, wie man sie in jeder modernen Innenstadt antrifft. Der eine oder andere Mitreisende scheute sich sichtlich in diesem Luxushotel und so blieben sie auch immer in Grüppchen.

Am nächsten Tag lernten wir dann Königsberg mit einem sehr guten Stadtführer kennen. Das Schloss, die Domkirche – wo zufällig gerade ein Orgelkonzert stattfand –, ein Museum und vieles mehr. Abgerundet wurde der Tag mit einer anderthalbstündigen Bootsrundfahrt durch die Gewässer von Königsberg. Am nächsten Tag waren wir eingeladen in die Residenz des deutschen Generalkonsuls, wo uns der amtierende Konsul über die aktuelle politische Lage informierte.

Seine Residenz war in einem Stadtteil, der nicht vom Kriege zerstört war und in dem noch viele typisch deutsche Großvillen mit Garten standen. Während lange Zeit alles, was an Deutschland erinnerte, abgerissen wurde, stehen diese Häuser unter Denkmalschutz. Ein aufkommendes Geschichtsbewusstsein?

Auf der Rückfahrt am nächsten Tag kamen bei der Fahrt über Wehlau, Insterburg, Gumbinnen bis Tilsit einige Erinnerungen auf. Tilsit – die rettende Luisenbrücke über die Memel oder auch der frühe Tod. Am Wolfskinderkreuz trafen wir dann die anderen, die nicht mitgefahrenen Wolfskinder und die Angehörigen, für ein Gedenken, um dann gemeinsam ein spätes Mittagessen einzunehmen.

Geplant war noch ein Abschiedsabend in einem Hafenrestaurant und Übernachtung in Klaipeda. Nach und nach verließen die Reisenden aber mit ihren Angehörigen das Restaurant. So saßen wir dann abends zu fünft mit dem Signatar Stasius Malkevicius und seinem Sohn im reservierten Restaurant – die Hotelbetten blieben leer. Für viele war die Reise in die Vergangenheit doch sehr schwer, da sie verbunden war mit Erinnerungen an schreckliche Ereignisse. Aber sie löste auch Glücksmomente aus, wie die Briefe hinterher bestätigten.

Im Jahre 2020 plante ich Reisen in die einzelnen Regionen. Damit wollte ich den Wolfskindern die Anfahrt zu einer zentralen Veranstaltung ersparen. Corona kam dazwischen, vielleicht klappt es im Herbst 2021.

15
Wo ist Heimat?:
Was gebrochenes Deutsch über Brüche im Leben verrät

Zum Schluss soll noch einmal Ingrid Knispel (Ingrid Ramoškienė) zu Wort kommen. Und dies ist ihre Lebensgeschichte:

Ingrid wurde 1940 in Königsberg geboren. Sie hatte zwei ältere Brüder. Der Vater verstarb. Als im Jahr 1945 die Russen einmarschierten, stirbt auch die Mutter – wahrscheinlich an den Folgen von Gewalt. Die Brüder kommen in ein Heim, wo sie später verhungern.

> Meine Familie, alles verhungert
> Mutter ist schon gestorben,
> kurz nach Russen gekommen
> ich weiß nicht, was passiert ist
> kann sein, die Russen was hat gemacht
> Die Bruder war schon in Waisenhaus
> ich kann mich erinnern, aber ganz wenig
> ich hab besucht einmal, das war schrecklich
> haben wir solche Suppe gegessen
> aber später war alles weg
> Meine Nachbarin hat gesagt, sie sind gestorben, na ja verhungert.

Ingrid wird bei Frau Kress, einer Freundin der Mutter, untergebracht. Auf der Flucht 1947 nach Litauen verließ sie Frau Kress. Sie ist allein. Der Zufall führt sie nach Kelme. Kelme war später der Dreh- und Angelpunkt für meine Arbeit in Litauen.

> Ich bin gekommen nach Litauen
> wir sind mit Zug gekommen
> aber mit Zug war schrecklich
> muss man abwarten,
> wenn Zug schon Anfahrt macht
> dann ich springe
> ich hab so Angst
>
> ich weiß nicht, wo wir sind ausgestiegen
> da waren gegangen wie alle Wolfskinder auch
> und haben gebettelt
> Wo Essen gekriegt
> immer manchmal Essen gekriegt
> manchmal war Hund da
> und ... Hetze macht Hund.
>
> Nicht alle waren gute Menschen.
> Eine war: »Oh schade!«
> Die Kinder die Milch hat gegeben und Brotstück.
> Andere sagt: »Rausgehen Faschisten!«
> Das waren solche gute und schlechte.

In Kelme wird sie von einem älteren Mann aufgenommen. Er war früher Notar und ermöglichte ihr, die Schule zu besuchen.

So ein Sonntag war,
das war kleine Stadt Kelme.
Ich weiß das eine Haus, diese Haus noch steht.
Männer hat gespielt Karten, das war Sonntag.
Ein alter Mann war gesprochen Deutsch.
Wir haben gelacht,
das war gut,
wenn er konnte sprechen Deutsch.
Er hat gesagt, ich wohne nicht hier,
ich wohne weiter und dann andere Seite Straße.
Wenn ich bin gegangen dort,
ja, das kann ich nicht vergessen,
das war Nudel-Milch-Suppe.
Das war so lecker, so lecker.
Hach, ich hab gegessen, so gegessen.
Er hat gelacht, der alte Opa.
Und war Nachtportier.
Prima, alles.
Ich hab alles, was für mich ist schön.

Sie bleibt bis zu seinem Tod im Jahre 1954.

Opa ist gestorben Januar 1954.
Dann ich hab gesehen,
wie Menschen schicken nach Sibirien.
Ich hab gesehen diese Bild,
ich hab gesehen,
wie alte Menschen mit kleine Kinder war.
Oh, das war schrecklich nah bei uns.
Er immer war auch bereitet,

er hat immer gesagt:
»Wenn ich gehe nach Sibir, du musst laufen weg!«
Ich hab gesagt: »Oh, wo ich muss laufen?«
Was das Sibir ist?
Sibir wo ist so weit und so kalt ist dort.

Dann kommt sie in ein Kinderheim in Vilnius. Von dort geht ein Transport in ein Arbeitslager hinter Moskau, wo sie auch drei Monate in einem Gefängnis verbringen muss. Sie kommt zurück nach Kelme, wo sie wohnt und arbeitet. Sie heiratet einen Mann, von dem sie später herausfindet, dass er als Spitzel arbeitet.

Drei Kinder werden geboren, von denen zwei heute noch leben: der Sohn in England, die Tochter in Deutschland.

Die Zitate aus unserem Gespräch sind dargestellt wie die Verse eines Gedichtes. Gedrängt und dicht wirken die Worte mit ganz eigener Kraft und laden zum Hinhören und zum Mitfühlen ein. Vieles, was Ingrid Knispel erzählt, ist mir bekannt durch unzählige Gespräche und Briefe. Manches erscheint nebelhaft, verschwommen und bruchstückhaft. Möglicherweise nimmt ein kleines, hilfloses Kind genau auf diese Weise schreckliche Erlebnisse wahr. Sie kommen immer wieder, traumatisch beim Erzählen oder auch beim Träumen in der Nacht.

Ich kann nicht vergessen,
und jetzt wir sind alt.
Immer mehr kommt das raus,
immer mehr!
Manchmal bombardiert Königsberg
ich schlafe und kommt die Flugzeuge

oooh, ich denke, ich habe Angst
Wo ist Mama?
Ich muss laufen.
Wo ist Mama?
Ah, Gott sei Dank, ich war wach.
Das war ein Traum nur.
Ja, das ist wahr.
Und nicht für mich alleine,
für alle, wenn immer getroffen in Siauliai,
die haben das gleiche gesprochen.
…

Ingrid lebt in Šiauliai und hört nach der Wende von Antanas Račas, der die Deutschen in Kelme und Umgebung zusammenführt. Sie sprechen deutsch, sie singen deutsche Lieder, die Ingrid noch nicht vergessen hat. Dort hört sie vom Verein Edelweiß.

Obwohl sie selbst nicht gut deutsch schreiben kann, wird sie später Vorsitzende des Vereins. Sie erhält dabei Unterstützung von anderen ehemaligen Wolfskindern. Wie viele ihrer Schicksalsgenossen bekommt sie Probleme mit dem Bundesverwaltungsamt wegen ihrer deutschen Staatsbürgerschaft.

Nachdem es Ingrid gelungen war, die Einbürgerung zu erhalten, siedelt sie nach Deutschland über und Frau Luise Kazukauskiene übernimmt den Vorsitz 1996. Nach kurzem Lageraufenthalt wird Ingrid nach Bochum überwiesen, in eine Wohnung, die ihr nicht gefällt. Sie sucht und findet eine Wohnung in der Ostpreußenstraße. Jahre später zieht sie nach Dortmund. Dort kümmert sie sich um ein krankes ehemaliges Wolfskind.

Mit Freude schenken können, sind auch Glücksgefühle, Glücksmomente, die nicht einzufangen sind – insbesondere, wenn man jahrelang nichts schenken konnte.

Wolfgang von Stetten

So richtig heimisch ist sie aber nicht geworden. Sie besucht Litauen oft und siedelt 2018 endgültig zurück in ihren früheren Wohnort. Wegen Corona lag sie im Krankenhaus, ist aber wieder ganz gesund und lebt mit vielen Gedanken an die Vergangenheit in Šiauliai. Ingrid denkt oft darüber nach: Was ist meine Heimat? Ostpreußen? Litauen? Deutschland?

Ingrid Knispel

Ihr Fazit: »Ich fühle mich jetzt wohl in Litauen, aber ich vermisse Deutschland.«

Ich hab alles bei mir in Gedächtnis zusammen
ich trage das
ich wollte nicht manchmal falsch verstehen
Menschen manchmal wissen, wie es ist
immer Angst noch
Aber ich war schon in Deutschland
das erste Mal das Gefühl war:
ich bin frei.

Zum Schluss: Wolfskinder – Wanderer zwischen drei Welten

So wächst Ingrid, wie viele andere Wolfskinder auch, zwischen »drei Welten« auf. Ostpreußen, Litauen, Deutschland – was ist die wirkliche Heimat? Dort, wo man geboren wurde, dort wo man aufwuchs und lange lebte, dort, wo man hoffte, eine neue (alte) Heimat zu finden, oder schlicht dort, wo man sich wohlfühlt? In Litauen wurde man oft, wenn man die Herkunft kannte, als Faschist beschimpft, in Deutschland, wo man die Herkunft nicht kannte, wurde man als Russe bezeichnet. Und in Litauen fragte man – wie es Ingrid geschah, als sie als Deutsche zurückkehrte –, woher sie so gut litauisch könne.

Zweimal versuchte ich, die Hilfe für die Wolfskinder auf materielle Bedürftigkeit einzuschränken. Das war falsch. Die Unterstützung war eine Art »Schmerzensgeld« für die Verletzungen, Balsam für die geschundenen Seelen und das Heilmittel für die nächtlichen Albträume. Es war für viele aber auch eine Genugtuung, dass sie nicht vergessen waren und andere die Pflicht des Deutschen Staates übernahmen.

Auch wenn sie Wanderer zwischen drei Welten bleiben, mögen sie die innere Heimat finden!

Der Autor Prof. Dr. Wolfgang Freiherr von Stetten

Geboren am 22. Januar 1941 in Niederwartha, Kreis Meißen, zusammen mit der Zwillingsschwester Helga

Eltern: Kurt Freiherr von Stetten,
Hedwig Freifrau von Stetten, geb. Kemmer
Zwei ältere Geschwister: Gudrun, geb. 1936
und Ingrid, geb. 1939

1969 Heirat mit Silvia, geb. Forrer, einer gebürtigen Schweizerin, drei Kinder:
Christian Alexander, geb. 1970, verheiratet mit Natalie, Tochter Louisa und Sohn Alexander
Richard Hermann, geb. 1971, verheiratet mit Theresa, Tochter Sophia und ein Sohn Constantin
Franziska Mathilde, geb. 1976, verheiratet mit Michael

Am 20. Mai 1941 fällt der Vater als Flugzeugführer auf Kreta
Umzug nach Minden/Westfalen
Frühjahr 1944 Fahrt nach Künzelsau-Schloß Stetten, um das Kriegsende abzuwarten, daraus wurden fünf Jahre
1947 Grundschule Kocherstetten (eine Lehrerin für vier Klassen)
1951 Altsprachliches Gymnasium Minden/Westfalen

1955 Schlossgymnasium Künzelsau
1958 Gymnasium Petershagen
1961 Abitur in Münster/Westfalen
1961–1964 Studium der Volkswirtschaft an der Universität Köln, Unterbrechung nach dem Tode des Großvaters

Übernahme der Verwaltung von Schloß Stetten
1965 Gründung der Schloß Stettener Truthahnspezialitäten. Motto: »Die Pute, das Kalb der Zukunft«, Fremdenverkehr, Altersruhesitz, Erwerb der Miteigentumsanteile von elf Miteigentümern
Gründer und langjähriger Vorstandsvorsitzender bzw. Geschäftsführer mehrerer Schloß Stettener Firmen und Vorstand verschiedener Stiftungen

1968–1970 Studium der Rechtswissenschaften an der Universität Würzburg mit Abschluss 1. Juristisches Staatsexamen
1971–1974 Referendartätigkeiten beim Landkreis Würzburg, beim Land- und beim Amtsgericht Würzburg, zwei Semester Studium an der Hochschule für Verwaltungswissenschaft in Speyer
1972 Promotion zum Dr. iur. utr. der Julius-Maximilians-Universität, Würzburg
1974 2. Juristisches Staatsexamen, München
1974–1984 Richter an den Amts- und Landgerichten Langenburg, Ellwangen, Crailsheim und Bad Mergentheim
1984–1991 Prof. für Handels- und Wirtschaftsrecht an der Hochschule für Technik und Wirtschaft Heilbronn

Mitgliedschaften und Engagement in zahlreichen Vereinen und Institutionen, u. a.:
Seit 1976 Mitglied der Confrérie de la Chaîne des Rôtisseurs – Paris-Bailliage National d'Allemagne, Bailli von Baden-Württemberg, Chancelier d'Allemagne, Bailli Délégué d'Allemagne (Präsident), Mitglied des Conseil d'Administation Paris, Membre Conseil d'Honneur Paris
Seit 1989 Vorsitzender bzw. Geschäftsführer der Künzelsauer Burgfestspiele Schloß Stetten e.V.
Intendant und Autor mehrerer heimatverbundener Stücke und Kinderstücke
Seit 1991 Ordensritter »Ritterlicher Orden St. Johannis vom Spital zu Jerusalem«
Mitglied der Ordensregierung, Vorsitzender des Verwaltungsrates der Johanniter-Schwesternschaft e.V., Mitglied der Präsidiums der Johanniter-Unfall-Hilfe e.V.
Seit 2014 Ehrenkommendator

1958 Mitglied der Jungen Union und der CDU
1968–1972 Gemeinderat von Kocherstetten
1972–1994 Stadtrat von Künzelsau
1974–1984 und 1989–1994 Mitglied des Kreistages Hohenlohekreis
2004–2020 Ortschaftsrat von Kocherstetten

12/1990–10/2002 Mitglied des Deutschen Bundestages, u. a. Mitglied des Rechtsausschusses, Obmann der CDU/CSU-Fraktion, Vorsitzender der Deutsch-Baltischen Parlamentariergruppe, Mitglied der Verfassungskommission, Mitglied im Richter-Wahlausschuss

1998–2002 Stellvertretender Vorsitzender des Ausschusses für Wahlprüfung, Immunität und Geschäftsordnung
2005–2017 Landesvorsitzender Seniorenunion der CDU Baden-Württemberg, Ehrenvorsitzender
2010–2017 Stellvertretender Bundesvorsitzender, Ehrenmitglied der Senioren-Union Deutschland

Zahlreiche Ehrungen und Auszeichnungen, u.a.:
1990 Bundesverdienstkreuz am Bande
1996 Litauischer Gedimino Orden III
1996 Estnisches Maarjamaa-Kreuz 1. Klasse
2002 Drei-Sterne-Orden (Commandeur) Lettland
2003 Ehrenbürger der Rajongemeinde Kelme, Litauen
2004 Honorarkonsul der Republik Litauen für das Land Baden-Württemberg
2011 Ehrenplakette des Bundes der Vertriebenen (BdV)
2015 Ehrenbürger der Rajongemeinde Jurbarkas, Litauen
2021 Großkreuz des Gediminas-Ordens

Familie von Stetten am 80. Geburtstag des Autors am 22.01.2021 – coronabedingt mit Abstand

Anhang

Liste der Spender

Es gab und gibt viele Gründe zu spenden. Viele haben Flucht und Vertreibung selbst erlebt, aber dank glücklicher Umstände oder Gottes Fügung, blieb ihnen das schwere Schicksal der Wolfskinder erspart. Andere berührt dieses Schicksal, ohne selbst in Not gewesen zu sein. Sie wollen schlichtweg aus Menschlichkeit handeln. »Pars pro toto« folgt die Liste der Spender im Jahre 1993 bei menem ersten Aufruf der »Confrérie de la Chaîne des Rôtisseurs – Paris« und die der Spender der letzten drei Jahre. Einige wollten nicht aufgenommen werden. Die Spendenhöhe wurde überall weggelassen. Bei den Spendern der letzten drei Jahre aus datenschutzrechtlichen Gründen »nur noch« der Nachname. Dies ist nicht gerecht gegenüber denen, die in den letzten Jahren dazwischen gespendet haben, sie mögen mir verzeihen.

Mit Erlaubnis von einigen Wenigen folt auch ein Portrait. Und darunter möchte ich das Ehepaar von Tiesenhausen und Elisabeth Gisch, die im März 2021 den 103. Geburtstag feierte, hervorheben.

Mein Dank gilt aber auch allen, die die Wolfskinder physisch und psychisch unterstützt haben.

Die besonders großzügigen Spender der letzten Jahre

Waltraud Freifrau und Wolter Freiherr von Tiesenhausen, Meckenheim

Franziska von Stetten gratuliert am 18.03.2021 Frau Elisabeth Gisch zu ihrem 103. Geburtstag, Künzelsau – Schloß Stetten

Lieselotte Kock, Künzelsau

Eheleute Ruth und
Karl-Heinz Nauck,
Künzelsau – Schloß
Stetten

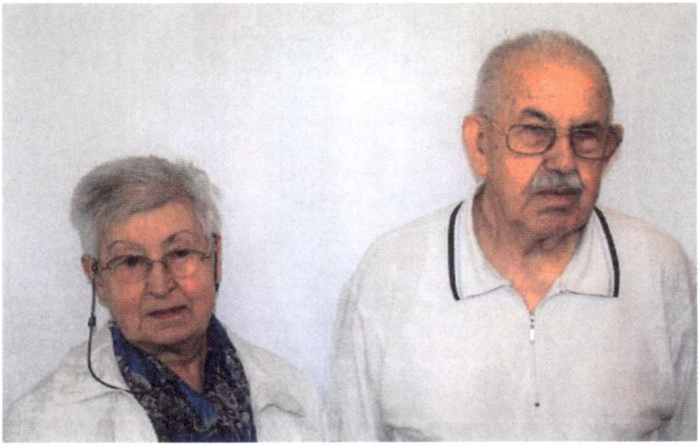

Eheleute Zita
und Kurt Vollmer,
Künzelsau – Schloß
Stetten

Eheleute Renate und Eberhard Schmidt,
Künzelsau – Schloß Stetten

Ruth Krafft, Gauting

Eheleute Werner
und Agate Keppner,
Lauda-Königshofen

Fritz Steinbacher aus Plüder-
hausen vor dem Denkmal für
die vertriebenen Ostpreußen

Eheleute Helga und Heinrich Macke,
Künzelsau – Schloß Stetten

Eheleute Brigitte und Rolf Mayworm,
Henstedt-Ulzburg

Erste Spendenaktion der Confrérie de la Chaîne des Rôtisseurs 1993

Amesöder, Dieter, Fellbach

B. Dr.? -nicht zu lesen-

Bauernfeind, Heide, München

Bausch, Alfred, Blumberg

Belleve-Hotel

Bentgens, Theo, Hünxe

Berghaus, Rudolf, Ehrwald, Tirol

Bergmann, Ilona, Rosengarten

Bernstein, Elsa, Berlin

Bindel, Hans, Korb

Bovensiepen, Burkard, Fa. Alpina Buchloe

Bristol Kempinski, Berlin, Herr Brennicke

Burkhardt, Helmut, Stuttgart

Burtsche, Roland, Colombi Hotel Freiburg

Bussemer, Heinz, Emmering

Dammin, Dr. Siegfried München

Darboven, Helga, Rosengarten

Degering, Walther, Wolfenbüttel

Denk, Karl, München

Dräger, Werk, Dr. Christian

Dürr, Theo, Hotel Hohenlohe

Engelhardt, Walter, Höchstadt

Epp, Hansjoachim, Bad Wiessee

Esser, Dr. Josef, Goch

Eussler, Eva-Maria

Faleschini, Harald, Stelle

Finster, Dr. Waldemar, Thalfang

Fischer, Ludwig

Freidinger, Heinz, Saarbrücken

Freitag, Hermann, Hamburg

Frisch, Rudolf, Kaiserslautern

Fuhrmann, Jürgen, Ellerbek

Funk-Fritsch, Hans-Ulrich, Lions Club Bruchsal

Gerard, Klaus, Peissenberg

Graf, Dr, Dieter, Lüneburg

Gross, Wolfgang, Forum Hotel Hamburg

Haas, Walter, Inzlingen

Harberl, Anneliese, München

Hahn, Otto, Stuttgart

Hahne, Hans-Joachim, Hannover

Hasenclever, Senator Dr.h.c. Rolf, Schalksmühle

Hautmann, Erika, FL-Triesen

Heinrich, Stephanie, Recklinghausen

Heinrichs, Robert, Erkelenz

Helfert, Richard, Schöller Lebensmittel, Nürnberg

Hermans, Jürgen

Herzel, Dr. Hans-Joachim

Hirt, Siegfried, Starnberg

Hoffmann, Hans, Germering

Hoffmann, Heinz, CH-Basel

Hofmann, Hans, Waiblingen

Höhn, Werner, Stuttgart

Hoppe, Horst Michael, Berlin

Horlacher, Künzelsau

Husen, van, Dr. Horst

Imhoff, Fa. Imhoff, Essen

Isenberg, Karl. Hotel Schloß Waldeck

Jaegle, Walter, Stuttgart

Jebens, Dr. Thomas, Gerlingen

Joerss, Hermann, Hermann Joerss GmbH

Kapplinghaus, Elfriede, Taunusstein

Kauert, Wolfgang, Berlin

Kellner, Hans, München

Kirschner, Willi, Dr. Korb

Klapdor, Kurt-Philip, Nagold

Kleber, Margarete, Hotel Kleber Post, Saulgau

Klink, Dr. Alfred, Schwäbisch Gmünd

Knecht, Kurt

Köhler, Dr. Günther, Köln

Kähler, Jochen, Dom-Brauerei Köln

Kösters, Irmgard, Münster

Kuhnle, Irene, Fa. Bertold Kuhnle, Waiblingen

Lallier, James, Deutz & Geldermann, Breisach

Landre, Reinhold, Schöningen

Langenbacher, Stephanie, Gast zum Adler

Laufenberg, Theo, Grand Hotel Sonnenbichl, Garmisch-P.

Leick, Edith, Sprockhövel

Leupoldt, Franz, Weißenstadt

Listmann, Karl, Rüsselsheim

Lohhöfer, Jürgen, Rest. La Touraine Saarbrücken

Lütge, Claus, Lüneburg

Mannozzi, Massimo, Rest. Bacco, Berlin

Mayworm, Rolf, Henstedt-Ulzburg

Menten, Bert, Bergisch-Gladbach

Merkle, Dieter, Buchenbach

Metzger, Lions Hilfe Braben Neudorf

Mondorf, Dr. Werner, Frankfurt

Mörtl, Ludwig, Klosterbrauerei Andechs

Munz, Gerhard, Vaihingen-Enz

Nebig, Ernst-August, Langenhagen

Nimtz, Klaus, Emmendingen

NN. nicht zu lesen

Norddeutsche Gaststätten, GmbH, Hamburg

Nothelfer, Dr. Norbert, Bad. Staatsbrauerei Rothaus

Palasthotel Betriebs GmbH

PAN-Europa-Union

Pape, Dr. Wilhelm, Paderborn

Pistor, Ernst-August, Berlin

Popp, Werner u. Maria, Hamburg

Randkofer, Georg, Rest. Dallmayr, München

Ratsweinkeller (k. weitere Angabe)

Rees, Dr. Heinrich, Krefeld

Reindl, Karl, Partenkirchner Hof, Garmisch-Partenkirchen

Renner, W., Schwäbisch Gmünd

Renner, Willi, Schwäbisch Gmünd

Richter, Heinz, Hamburg

Rohaczek, Robert, Schwäbisch Gmünd

Röhr, Alfred, Hamburg

Rosenbauer, Ferdinand, Seeheim-Jugendheim

Sauda, Manuel, München

Schachtler, Hans, Weinstadt

Schemberger, Walter, Teppich-Fehj, GmbH, Waiblingen

Schmidt, Werner, München

Schneider, Hans, Gästehaus Ulrich, Elfershausen

Schneider, Reinhart, Offenbach

Schnock, Hans, Merzenich-Golzheim

Schnöckel, Richard, Schnöckels Hotel – Elze

Schulze, Erhard, Berlin

Schumacher, Dr. Egon, Dreieich

Schunter, Karl, Korb-Kleinheppach

Schuster, Dr. Wolfgang

Schwamm, Eugen, Duddweiler

Schwend, Peter, Fellbach

Seckelmann, Dr. Günter, Lüdenscheid

Serenyi-Ringhoffer, Anton, Graf, Union Immobilien München

Sheraton-Hotel, Frankfurt, Herr Interthal

Steinwarz, Axel, Berlin

Sternjakob, Alfred, Franthal

Stihl, Hans Peter, Fa.Stihl, Waiblingen

Stollbrink, Otmar, Grafenhausen

Stüttgen, Hans Willi, Velbert

Tafertshofer, S. Esta Druck Polling

Tappeiner, v. Dr. Dieter, Düsseldorf

Tesche, Dr. Freimut, Wuppertal

Treiber, Armin

Ulmann, Walter, Staufen

Urmersbach, Holger, Ratskeller Glückstadt, Hamburg

Vollmer, Manfred, Rest. Augustiner, München

Voss, Elly, Berlin

Walk, Ludwig, Mühlhausen

Walter, Josef, Lenting

Walter, Michael

Wanner, Erich, Wanner's Gourmet Service

Warth, Horst, Rest. Alt Württemberg, Fellbach

Wedler, Günter, Berlin

Wehrmann, Wilhelm, Park Hotel, Bremen

Weidemann, Werner, Hamburg

Wein Comp.

Weissenrieder, Karl, Fa. Weissenrieder, Ortenberg

Weller, Robert, Strasslach

Widmann, Wolfgang, Backnang

Wohlers, Hans-Werner und Erika

Zinser, Herbert, Stuttgart

Zinsser, Dr. Friedrich, Tübingen

Zumkeller, Lisa, Hotel Adler Häusern

Die Spender der Jahre 2018–2021

Achterberg
Adamietz
Ammann
Ast
Bäcker
Barthau
Bauer
Berlin
Bornemann-Urban
Braasch
Brüller
Bulmer
Bundschu
Burger
Decker
Dobler
Dreier
Dt.-Balt. Parlamentarischer Freundeskreis
Dupke
Eckert
Eichenauer
Engelmann
Entenmann
Erpelt
Eyb von, Freiherr
Faust
Fournier von
Frank
Frisch
Frobel
Gassert
German
Gläseker
Gotthardt
Götz
Grunemann
Habel
Hafner
Häfner
Häussler
Helmdach
Herminghaus
Heumann
Hoffmann B. u. S.
Hoffmann H.
Höhbauer
Höhnke
Hollmann
Holz
Hopf
Hübner
Jacks
Jäger
Jansson
Jebens
Jokisch Stiftung
Kahre
Kaufmann
Keil
Keppner
Kern
Kirchner
Klein
Köch
Kock
Konrad
Kurt
Lange
Lang-Schranz
Liedmeier
Linke
Lorenz
Lübbe
Macke
Marczyncik
Maubach-Wiedenhöfer
Mayworm
Mencke
Modarai
Most
Nauck
Nauck-Stiftung
Neuthart-Manns
Niodusch
Oberhoff
Ochs
Palubitzki von
Paulat
Pest
Peters
Pfeifer
Pfeiffer-Berlin
Prante
Puch
Pusche
Rehnig
Residenz Schloß Stetten – Mitarbeiter

Rexer
Reyl
Riechert
Rieger
Riemath
Röhrkasten
Rotary Alzenau Förderverein
Rotary Bad Mergentheim
Rotary Hilfswerk Plauen
Rothenberger
Rüdinger
Sachs F.-J.
Sachs H.-J.
Sachs W. u. W.
Schaudig
Schlüter
Schmidt A.
Schmidt E. u. R.
Schmutz
Schürmann
Seevers
Simon
Staak
Stäsche
Steinbacher
Straube-Kögler
Struve
Stückl
Thiessen
Thomée
Treutel
Tröster
Unterer
Vetter Group GmbH
Vollmer
Vollnhals
Wedel
Weichs von Freiherr
Weinbrenner E.-M.
Weinbrenner P.
Weinbrenner R.
Weipert
Weldishofer
Wesely-Lany
Winnes-Leu
Winter B. u. G.
Winter R.
Wirsching
Wöhr
Wolf M.
Wolf S.
Wolfskinder Geschichtsverein
Wollenberg
Zwanzger

Liste der Begünstigten

So genau wurden Gelder, die übergeben wurden, dokumentiert

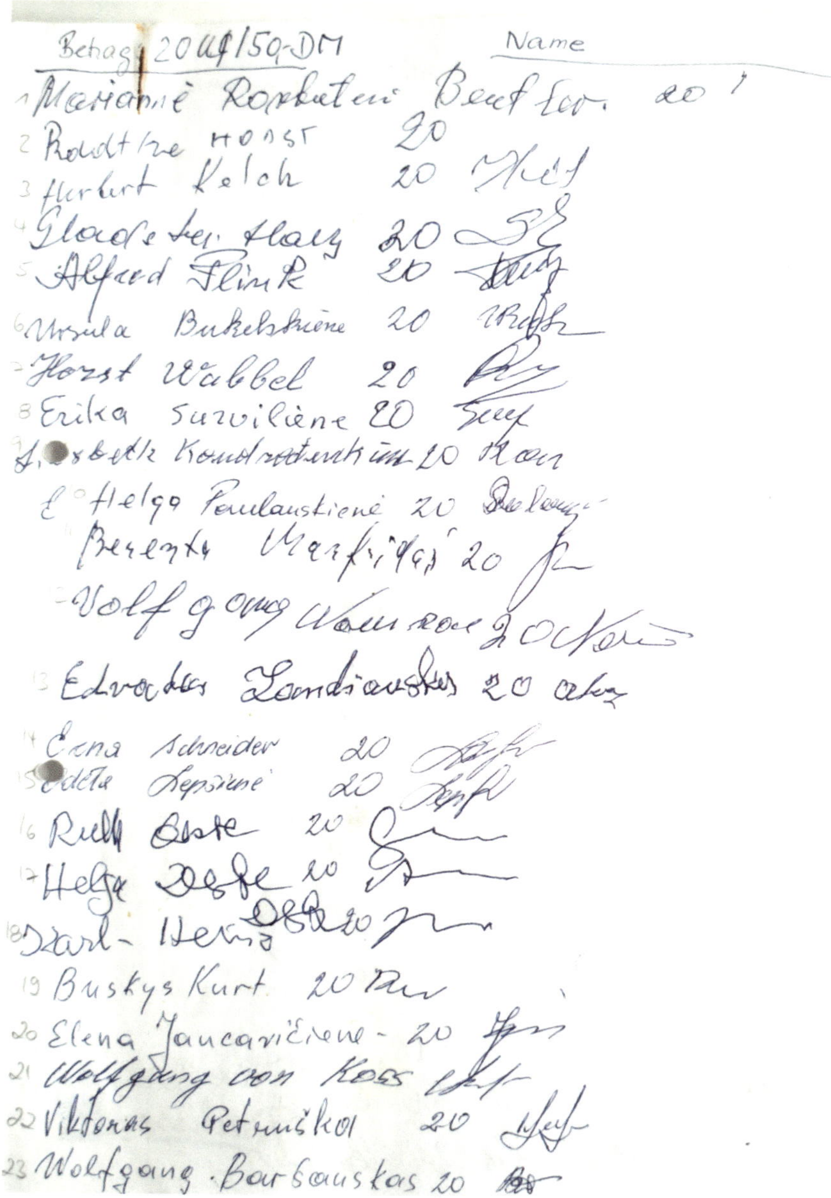
Betrag 20 / 150,- DM Name
1 Marianne Rorbutein 20
2 Roadtke Horst 20
3 Herbert Kelch 20
4 Gladsteter Harz 20
5 Alfred Flink 20
6 Ursula Bukelskiene 20
7 Horst Wabbel 20
8 Erika Suviliene 20
9 [illegible] 20
10 Helga Paulauskiene 20
11 Berenta Marfirlas 20
12 Wolfgang [illegible] 20
13 Edvardas Landsiauskas 20
14 Erna Schneider 20
15 Odete Lepsiene 20
16 Ruth [illegible] 20
17 Helga [illegible] 20
18 Karl-Heinz [illegible] 20
19 Buskys Kurt 20
20 Elena Jancaričiene 20
21 Wolfgang von Koss
22 Viktoras Petruškai 20
23 Wolfgang Barbauskas 20

Radisson SAS Astorija Hotel
Didžioji 35/2
2001 Vilnius
Lithuania
Telephone: +370 2 220 110
Telefax: +370 2 221 762
www.radissonsas.com

24 Almutis Sakalauskas 20 [signature]
25 Warnutene Verpak 20 [signature]
26 Eidijiene Rita 20 Eidg
27 Saukevic Elfrida 20 Sau
28 Thodoras Riek 20 [signature]
29 Fabel Bruno 20 [signature]
30 Erika Preußat 20 [signature]
31 Gerhard Froze 20 [signature]
32 Kristel Vint 20 [signature]
33 Fischer Konrad 20 [signature]
34 Edmunas. von Koss 20 [signature]
35 Elena Hitnenecie 20 Hit.
36 Loreta Stulginskiene 20 [signature]
37 Bernardas Skislingus 20 [signature]
38 Bronius Dapsicas 20 [signature]
39 Horn Hilde 20 [signature]
40 Heinz Vilnveit 20 [signature]
41 Herbert Tchernz 20 Tcher
42 Gerda Šepkienė 20 Sepkiene
43 Elena Mikaričienė 20 20 Elly
44 Čepienė Vale (Waltraut) 20 Čep
45 Barkauskienė Nėlė Vorzla 20 [signature]
46 Ernst Grigoleit 20 Grig
47 Emil. Ulačiulaš 20 [signature]

Radisson SAS

Radisson SAS Astorija Hotel
Vilnius

48 Elzbieta Sabaliauskiene 20
49 Jonas Niderin 20
50 Elsa Gertrud Bieliniene – 20
51 Ursel Jankiene 20
52 Ona Čebariene 20
53 Käte Mačiuliene 20
54 Irmgard Tubin 20
55 Mažuliene Summek 20
56 Jonas Navickas 20
57 ~~Ru~~ Richard Rudi 20
58 Karl-Heinz Deske 20
59 Hansjoachim Koch 20
60 Vytautas Roubutas 20
61 Petrovičiene Regina 20
62 Mindaugas Von Kern 20
63 Petras Buntis 20
64 Vytautas Roubutas 20
65 Lohleit Käte – 20
66 Heinrich Edit 20
67 Helmut Falk 20
68 Dieter Cibulski 20
69 Kramer Walter 20
70 Urzula Maichel 20
71 Lothar Hinzer 20

Sender is a guest

Radisson SAS

72 Rimkūnienė Jennvacs 20 Ozi
73 Elsbieta Sakalienė 20 Sak
74 Fridas – Bendžiūnas 20 Bu
75 Dorsile Güente 20 [signature]
76 Klein Brow 20 [signature]
77 Pilepstaitse Augustinas 20
78 Irena Petraitienė 20. Peß
79 Irena Brušinkienė 20 Br.
80 Ola Karen Matimaitienė 20 [signature]
81 Traute Lileikienė 20. Lek
82 Kaslas Jedimaitės 20 [signature]
83 Lazlola Sefler 20 [signature]
84 Gerehard Holdeln 20 [signature]
85 Gerhard Peffler 20 [signature]
86 Brigitte Mössling 20 [signature]
87 Jonas Eskens 20 [signature]
88 Ulla Ueue 20 [signature]
89 Kurt Kanewll. 20 [signature]
90 Alfred Pahlke -20 + + +
91 Rovkutas Vytas 20 [signature]
92 Rovkutas Rolandas 20 [signature]
93 Chorst Geradavitė 20 [signature]
94 Von Rose Gedminas 20 [signature]

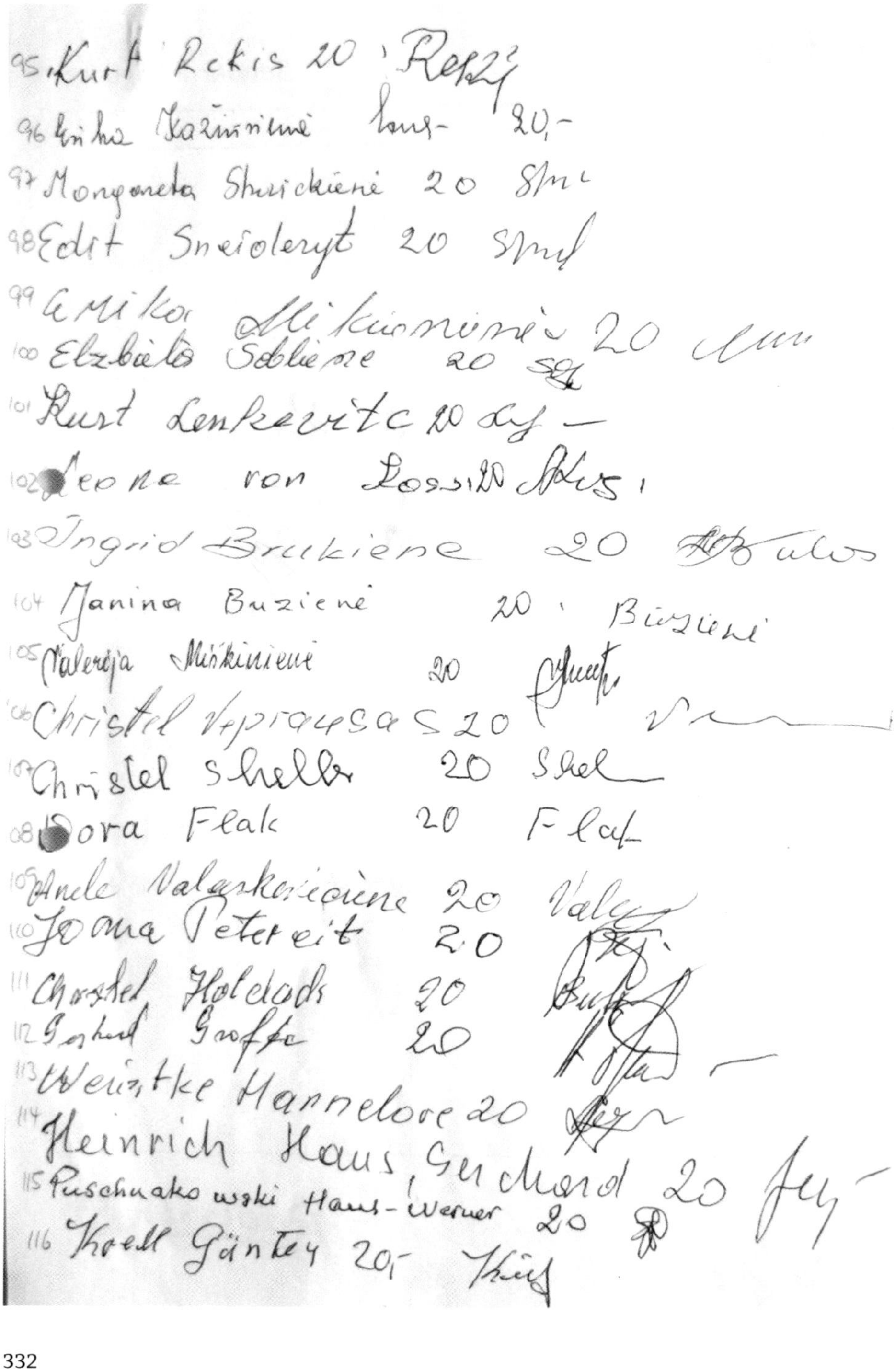

95 Kurt Rekis 20 Rekis
96 Erika Kaziminiene 20,-
97 Margareta Skrickiene 20 Skr
98 Edit Sneiolerjt 20 Sne
99 Emilia Mikusoniene 20 Mi
100 Elzbieta Sobliene 20 Sob
101 Kurt Lenkevitz 20 Lef –
102 Leona von Lossin 20 Alis
103 Ingrid Brukiene 20 Brukus
104 Janina Buziene 20 Buziene
105 Valerija Mikiniene 20
106 Christel Vaprausas 20 V
107 Christel Schella 20 Schel
108 Dora Flak 20 Flak
109 Anele Valaskevicaiene 20 Val
110 Joana Petereit 20 Pet
111 Christel Holdack 20
112 Gerhard Graffe 20
113 Weinitke Hannelore 20
114 Heinrich Haus, Gerhard 20
115 Puschnakowski Hans-Werner 20
116 Knoll Günter 20,- Knoll

Telefax

Sender is a guest

	Name:	Company:	Fax No:
To:			
Copy to:			
From:			Date:
Subject:		Total number of pages including this page:	

NOTE: Please call us immediately if you do not receive all pages correctly.

117 Ramoškienė Ingrida 20 $ [signature]
118 Stankus, Vardas, Otto, Jols 20 $ [signature]
119 Roepschläger Bruno 20 $ [signature]
120 Krell Aušrinė 20 $ [signature]

120 x 20 = 2400 US$ => 6000,- DM

25.08.2001

Radisson SAS

Gründerliste des Vereins Edelweiß

Später wurde die Liste um einiges erweitert. Die Höchstzahl betrug 260 Mitglieder.

Anlage: Schicksale ostpreußischer Kinder nach 1945

	Jetzige Adr.
1. FREUND, Waltraut geb. 1935 in Nordenburg	ADOMAITIENE, Valerija 233036 Kaunas Varnių 35 - 39
2. WEINTKE, Hannelore geb. 1940 in Königsberg	ZNUTIENÉ, Angelé Vinco 233036 Kaunas Taikos Prospektas 73-40
{Swars} 3. ~~SCHWARZ~~, Hans - Manfred geb. 1938 in Milunen Kr. Stallupönen	JODAITIS, Jonas 235458 Akmenis rajonas Ventos Paštas Žerksčiu kaimas
4. SCHWARZ, Hans - Joachim geb. 1934 in Ilimsdorf Kr. Gerdauen	ŠEŠKAS, Jonas, Adolfo 235458 Akmenes rajonas Ventos gyvenviete Zemaiciu 45 - 39
5. PASENAU, Olaf geb. 1934 in Königsberg Sachs (?) Kaserne	BALSYS, Jonas 234340 Prienai Revuonos g-tvė 15 a
6. BEUTLER, Mariane geb. 1937 in Königsberg Bahnhofsiedlung 4	ROVBUTIENE, Nijolė Klaipėda Kauno g-tve 33 - 4
7. MIKOLEIT, Lucie geb. 1931 in Untereiseln Kr. Tilsit	MIKUTIENE, Lucija, Franco Kretingas rajonas Grušlauke
8. MIKOLEIT, Erna-Gerda geb. 1939 in Untereiseln Kr. Tilsit	URBELITE, Gerda 232055 Vilnius V. Grybo 13 - 20
9. SCHASCHKI, Werner geb. 1935 in Königsberg	ŠAŠKI, Verneris 232022 Vilnius Žemynos 11 - 31
10. HERZMANN, Rudolf geb. 1932 in Mauenfeld Kr. Gerdauen	HERZMANN, Rudolf 234520 Mariampole Jaunimo 11 - 27
11. TAMOSCHAT, Hilde geb. 1940 in Fiektenflies Kr. Tilsit	DIRŽIENE, Hilda 235306 Panevezys Zibuciu 21
12. BUNDT, Werner, Reinhardt geb. 1936 in Königsberg Königeckstr. 6	BUNTIS, Petras 235030 Kedainiu rajonas Vilainiai Tuopu 2 - 4

13.	STRASSER, Walter geb. 1933 in Insterburg	ŠTRASSER, Valteris Mariampoles rajonas Ažuolu Būdos paštas D. Zariškių kaimas
14.	STRASSER, Erwin	Štrasser, Erwin Adr. wie oben 13.
15.	ROEPSCHLÄGER, Bruno geb. 1937 in Hoppenbruch Kr. Heiligenbeil	ROEPSLEGERIS, Bruno 234430 Jurbarkas Lauko 2 - 10
16.	VON KOSS, Wolfgang geb. 1931 in Gertlauken	ADOMAVIČIUS, Ulesas Klaipeda Baltijos prosp. 73 - 11
17.	FALK, Helmut geb. 1938 in Koporn Kr. Königsberg	FALKAS, Gelmutas 234820 Rokiškis Vilniaus 12 b - 26
18.	DESKE, Ruth geb. 1933 in Ellenbruch Kr. Gerdauen	GORIENE, Birute 235401 Šiauliai Darželio 36
19.	DESKE, Helga geb. 1933 in Ellenbruch Kr. Gerdauen	ADOMAITIENE, Elena 235400 Šiauliai Pakalnes 4 - 3
20.	DESKE, Karl-Heinz geb. 1943 in Ellenbruch Kr. Gerdauen	DESKUS, Antanas Šiauliu rajonas Kuršėnai Ivinskio g-tve 6 - 38
21.	DESKE, Siegfried geb. 1937 in Ellenbruch Kr. Gerdauen	MAČINSKAS, Pranas Kelmes rajonas Kiaunariu paštas Jagminiškes kaimas
22.	RADTKE, Horst geb. 1937 in Luschhausen Kr. Wehlau	VILIOKAITIS, Jonas 234430 Jurbarkas Darius ir Greno g-tve 58 - 42
23.	BRANDT, Dora geb. 1931 in Königsberg/ Posselau	BRANDT, Dora Kaišiadorių rajonas " paštas Stasiūnų kaimas Ateities g-tve 20 - 4
24.	BONK, Günter geb. 1938 in Königsberg	BONK, Petras 235405 Šiauliai Energetikų 4 - 39

- 3 -

25. (ohne Namen), Hans geb. 1940 in Ostpr. (hatte 2 Schwestern)	BALAIKA, Genius, Kazio 234520 Marijampole Pušyno 8 - 14
26. CILINSKI, Günter geb. 1934 in Brandenburg Kr. Heiligenbeil	CILINSKAS, Gintautas 234500 Marijampoles rajonas Kazlų Rūda Daukanto g-tve Nr. 15 bt.1
27. MOCKAT, Uršula geb. 1938/40 in Dreimil (?) Kr. Stallupönen	UKELIENE, Irena 234270 Vilkaviškis K. - Giedrio g-tve 109
28. DEGE, Harald geb. 1936 in Königsberg Pollwestr. 34	235458 Akmenes rajonas Ventes paštas Žerksčių kaimas
29. SCHULZ, Hildegard geb. 1934 in Königsberg	ŽYMANČIENE, Birutė 235920 Šilale Beržų laukas
30. SCHULZ, Hannelore geb. 1936 in Königsberg	PETRAUSKAITE, Elena (wie vor 29.)
31. CILINSKI, Ditrich geb. 1938 in Brandenburg Kr. Heiligenbeil	CILINSKAS, Ditrichas 234500 Marijampoles rajonas Kazlų Rūda Daukanto g-tve 15 - 1
32. MITTLEWSKI, Ernst geb. 1934 in Oberhausen (?)	MITLIAUSKAS, Ernstas 234287 Vilkaviškio rajonas Virbalio miestelis Gedimino g-tve 23
33. EISERMANN, Christel geb. 1933 in Königsberg Artilleriestr. 20	TUPČIAUSKIENĖ, Kristina 232042 Vilnius Kalvariju 144 - 1
34. UKAT, Günter geb. 1935 in Neuwald Kr. Insterburg	ADOMAVICIUS, Jonas 234134 Ukmerges rajonas Pabaisko paštas Pabaiskas
35. SCHWARZ, Dora geb. 1934 in Königsberg	GUDINIENĖ, Valė 235800 Klaipeda Liepojos g-tve 94
36. SANTOWSKI, Eduard geb. 1931 im Kr. Königsberg	ZANDŠAUSKAS, Edvardas Kaunas Partizanų 55 - 26

- 4 -

37. KÖSLING, Siegfried-Hans geb. 1935 in Golau Kr. Samland	KIOSLINGAS, Zigfrìdas Šiaulių rajonas Kužiu pastas Gilaičių kaimas
38. KLEIN, Helga geb. 1938 in Bruchort Kr. Gerdauen	MIŠKINIENĖ, Helga Lazdijai Draugystes 5
39. EKENDORF, Gerda (Traute) geb. 1938 in Ostpr.	BIELINIENE, Gerda 235900 Tauragė Tumo Vaižganto 122a - 63
40. SHEIZTE, Olga geb. 1939 in Tapiau	ŠNARIENĖ, Olga 233031 Kaunas Popieriaus 8 - 2
41. FLACK, Dora geb. 1935 in Königsberg Friesistr. (?)	PETNYČIENE, Onutė 233030 Kaunas KOVO 11 - osios g-tve 112-74
42. FITZER, Manfred geb. 1940 in Ostpr.	JAKUBAUSKAS, Bronius 234293 Vilkaviškio rajonas Žaliosios paštas Daržininkų kaimas
43. FITZER, Horst geb. 1938 in Ostpr.	GALINAITIS, Kostas (Adr. wie vor 42.)
44. KAKSCHIES, Renate geb. 1940 in Tilsit	PETRAITIENE, Irena Jubarko rajonas Vadžgirio kolūkis - " - kaimas
45. KAKSCHIES, Kristine geb. 1942 in Tilsit	BENDŽIENE, Kristina Šilutes rajonas (Heydekrug) Pagegiu paštas (Pogegen Jonikaičiu kaimas (Jonikaten
46. PRISCHNAKOWSKI, Hans-Werner geb. 1938 in Königsberg/Berlin (?)	DRIŽNIUS, Jonas 234314 Kauno rajonas Virsužiglis
47. STIKA, Gerhard geb. 1936 in Ostpr.	MEIŠTAS, Pranas Šakiu rajonas Jankų paštas Budos kaimas

- 5 -

- 5 -

48. RENKE, Günter geb. 1935 in Königsberg Karschauer Str. 52	ŠAPOLA, Giunteris 234183 Anykščių rajonas Kurklių pastas Kurkliai, Ukmerges g-tve 17
49. KLAFS, Robert geb. 1935 in Kolinburg Kr. Gerdauen	KLEVAITIS, Robertas 235900 Taurages rajonas Baltrušaičių kaimas
50. GRALL, Horst geb. 1935 in Königsberg Blumenstr. 8	GERADVIETIS, Horstas 2349110 Utena J. Gruodžio 91 - 5
51. 51. (ohne Namen) Hartmut geb. 1944/45 in Ostpr.	EIDUKAITIS, Jonas 235900 Taurage Vaižganto 126 - 304
52. HUNDREISEN, Ursula geb. 1933 in Königsberg	BUKELSKIENE, Uršulė 235400 Šiauliai Tilžės 50 - 2
53. PLEAP, Christel geb. 1928 in Königsberg	JAUČKOIENE; Christel 235436 Šiauliai Ginkunai Žiburiu g-tve 8
54. NAUJOK, Paul geb. 1931 in Adl. Liegiten Kr. Labiau	Naujok, Paul 235400 Šiauliai Šalkauskio 10 - 21
55. KNISPEL, Ingrid geb. 1940/41 in Königsberg	RAMOŠKIENĖ, Felicija 235409 Šiauliai Tiesos 4 - 2
56. KESLER, Gertrud geb. 1933 in Fiktenling (?) Ostpr.	ŠETKIENE, Gerda 235900 Taurages rajonas Pilaites kolukis Dapkiškių kaimas
57. CONRAD, Hans geb. 1933 in Argemünde/ Friedrichsdorf	KONDROTAS, Jonas 233000 Kaunas St. Žuko 31-2 a
58. LUTTKUS, Gieslinde geb. 1940 in Ostpr.	RIMKIENE, Elena 235913 Tauragės rajonas Batakių paštas, Batakiu stot Kaštonu g-tve 3

[redacted]

59. Mülbredt, Karl-Heinz-Bodo Kreis Ragnit-Tilsit	Miulbretas Karlas Jurbarko raj. Eržvilkas Piliakalnio g-vė 15

60. Plink, Alfred geb. Eislieten Dwgenendorf	Plinkys Edvardas Šilutės rajonas, [redacted] [redacted] Šilutės paštas Šišgirių kaimas
61. Schmieling, Elfriede geb. 1933 in Königsberg Rosenauer Str. 38	Mereckienė Elfrida Pramonės prosp. 69-64 Kaunas
62. Kisling, Franc geb. 1937 in Gerdauen	Kizlingis Bernardas 5913 Tauragės raj. Batakių paštas Eidintų kaimas
63. Jaschkeit Erika geb. 1935 in Kreiß Labiau Haffwerdendorf	Smetonienė Irena 4430 Jurbarkas Elektros tinklai 2-6
64. Jaschkeit Gustaw geb. 1933 in Kreiß Labiau Haffwerdendorf	Juškaitis Augustinas Tauragės rajonas Lauksargio apylinkė Šakių kaimas
65. Makewitz Helmut geb. 1938 neben Gerdauen	Makevičius Alfonsas Šiauliai Leporių 9-33
66. Schwarz Rosmari geb. 1930 in Ostpreusen, Friedland	Savičiūnienė Marytė Šiaulių rajonas Kurtuvėnai
67. Petreit Hans geb. 1935 in Königsberg, Rosenauer Str. 38	Petraitis Jonas 3036 Kaunas Taikos prospektas 97-52
68. Schiburies Ursula geb. 1935 in Ostpreußen, Heinrichswalde	Barkauskienė. Valė Radviliškio rajonas Kleboniškio apylinkė [illegible]

69.	Fürst, Arno geb. 1935 in Mansfeld Kr. Samland	Fiurstas Arno Joniškis Partizanų 15-3
70.	Nitsch, Ella geb. 1935 in Allenau Ostpreußen	Ulienė Elena Kelmė Naujoji 45
71.	Eidinger, Helmut-Richard geb. 1938 in Schaksnitten Kr. Königsberg	Eidingis Almutas Kelmės rajonas Tytuvėnų paštas Rutelių kaimas
72.	Krell, Günter geb. 1939 in Königsberg, Kaporne Str. 15b	Kerelis Gintaras Kaunas Naglio 12-29
73.	Angelika von Sacksen geb. 1945	Jūratė Aleksandravičienė J. Janonio 17-4 5800 Klaipėda
74.	Kandit, Peter geb. 1937 in Königsberg New York Str. 90	Peter Kandit Marijampolė Draugystės 21-8
75.	Berner, Elfriede geb. 1936 in Samland Gross Heidekrug	Lapinskienė Albina 5922 Šilutės rajonas Bijotai
76.	Deck Herbert geb. in Ostpreußen	Dekas Hubertas 5720 Palanga, Druskininkų 3-19

77. Treinis, Edith geb. 1934 in Ostpreussen Pupelkin	Pricevičienė Elena 4520 Marijampolė Kudirkos 46
78. Schumant Waltraut-Irene geb. 1938 in Ostpreussen Pustininken	Kybartienė Valerija Kartupių paštas Taubučių kaimas Jurbarko rajonas
79. Horn, Hilde geb. Kreis Gerdauen	Miliauskienė Ilda 5900 Tauragė Tarybų 124
80. Beker, Ingrid geb. 1939 in Kr. Königsberg	Popierienė Marija Marijampolės rajonas Puskelnių paštas Tautkaičių kaimas
81. Willuweit, Werner geb. 1939 in Kreis Elch- Niederung	Verneris Viluveit 2043 Vilnius Architektų 23-90
82. Gotschelk Willi geb. ... in Ostpreussen	Gotšelkis Vilnius 2017 Vilnius Laisvės prospektas 72-16
83. Zoibrowski-Müller Elfriede geb. 1934 in Kreis Stalupenen Orinbruch	Ščiukienė Elfrida Biržiškų g-vė 9-22 Kaunas
84. Erwin geb. in Ostpreussen	Jonas-Ervinas Petrauskas Marijampolės raj. Liubavo paštas

85. Käte Lohleit geb. 1932 in Kreiß Elchniederung Alt Seckenburg	Kete Spiridoniene Panevėžio rajonas Berčiūnų paštas
86. Ardi-Leonard Störmer geb. 1939 in Königsberg (centr.)	Laurinavičius Leonas 4306 Kauno rajonas Užliedžių apylinkė A. Kaniukų kaimas Kranto 5
87. Stad Richard geb. 1940 in Ostpreußen	Štadas Ričardas Tauragė Ateities takas Nr. 20 bt. 33
88. Richard Gröning geb. 1939 in Ostpreußen Insterburg	Ričardas Groningas 4456 Jurbarko raj. Girdžių paštas Pavidaujo kaimas
89. Ingrid Wiebern geb. 1940 in Königsberg	Šakių rajonas Kidulių paštas Sutkių kaimas
† 90. Horst geb. 1942 in Kreiß Tilsit-Ragnit (neben Ragnit)	Lynartas Kostas Raseinių raj. Girdvainių km.
91. Elisabett Gudeit geb. 1930 in Kreiß Alenburg, Groß Plauen	Sakalienė Elzbiet[illegible] Kaunas Gravrogkų g-vė Nr. 1 bt. 34
92. Lesker Johan(?) geb. 1939÷38 in Ostpreußen	Leskaitis Jonas Marijampolės raj. Kazlų Rūda Puškino g-vė Nr. 5ª
93. Edith Melenk, geb. 1933 in Kreiß Königsberg Panzerfeld	[illegible] Šilutės rajonas Gardamo apyl. Laukstėnų kaimas

Mitglieder des Deutsch-Baltischen-Freundeskreises und der Deutsch-Baltischen-Parlamentariergruppe

CDU/CSU

Altherr, Dr. Walter
Augustinowitz, Jürgen
Austermann, Dietrich
Barbe, Angelika
Bargfrede, Heinz-Günter
Baumeister, Brigitte
Bauer, Dr. Wolf
Belle, Meinrad
Böhm (Melsungen), Wilfried
Clemens, Joachim
Dehnel, Wolfgang
Doss, Hansjürgen
Echternach, Jürgen, PSts
Ehrbar, Udo
Ehlers, Wolfgang
Eichhorn, Maria
Engelmann, Wolfgang
Eymer, Anke
Francke (Hamburg), Klaus
Fritz, Erich G.
Geldern, Dr. Wolfgang von
Gres, Joachim
Hammerstein, Frhr. Carl-Detelv von
Hennig, Dr. Ottfried (PStS im Bundesministerium der Verteidigung)
Hinsken, Ernst
Hornhues, Prof. Dr. Karl-Heinz
Hornung, Siegfried
Jäger, Claus
Jäger, Renate
Jeltsch, Karin
Jork, Dr. Rainer
Jung, Michael
Jüttner, Prof. Dr. Egon
Kampeter, Steffen
Kappes, Dr. Franz-Hermann
Karwatzki, Irmgard
Klein (Bremen), Günter
Köhler, Dr. Volkmar
Koschyk, Hartmut
Krey, Franz Heinrich
Kronberg, Heinz-Jürgen
Laufs, Dr. Paul (Stellv. Fraktionsvorsitzender)
Lummer, Heinrich
Mahlo, Dr. Dietrich
Marten, Günter
Meinl, Rudolf
Möller, Dr. Franz
Müller (Kirchheim), Elmar
Nitsch, Johannes
Ost, Friedhelm
Otto, Norbert
Päselt, Dr. Gerhard
Paziorek, Dr. Peter
Pfeffermann, Gerhard O.
Pfennig, Dr. Gero
Pflüger, Dr. Friedbert
Rau, Rolf

Rawe, Willi (PStS beim Bundesminister für Post und Telekommunikation)
Roitzsch, Ingrid (Parl. Geschäftsführerin)
Regenspurger, Otto
Reinartz, Dr. Berthold
Rossmanith, Kurt J.
Roth, Adolf (Gießen)
Schätzle, Ortrun
Scharrenbroich, Heribert
Schmidt (Spiesen), Trudi
Schockenhoff, Dr. Andreas
Scholz, Prof. Dr. Rupert
Schwarz, Stefan
Spranger, Carl-Dieter (Bundesminister für wirtschaftliche Zusammenarbeit)
Stercken, Dr. Hans (Vors. des Auswärtigen Ausschusses)
Stetten, Prof. Dr. Wolfgang von
Susset, Egon
Tillmann, Ferdi
Uelhoff, Dr. Klaus-Dieter
Voigt, Dr. Hans-Peter (Northeim)

FDP

Babel, Dr. Gisela
Bredehorn, Günter
Funke-Schmitt-Rink, Dr. Margret
Gallus, Georg, PSts
Hansen, Dirk
Hitschler, Dr. Walter
Homburger, Birgit
Kolb, Dr. Heinrich
Koppelin, Jürgen
Lambsdorff, Dr. Otto Graf von (Parteivorsitzender)
Menzel, Dr. Bruno (Stellv. Fraktionsvorsitzender)
Nolting, Günther
Otto, Hans-Joachim (Frankfurt)
Peters, lisa
Richter (Mremerhaven), Manfred
Schmidt, Arno
Teichmann, Dr. Cornelia von
Timm, Jürgen
Würfel, Uta (Stellv. Fraktionsvorsitzende)

SPD

Barbe, Angelika
Bernrath, Hans Gottfried
Diedrich, Prof. Dr. Nils
Diller, Karl
Eich, Ludwig
Erler, Gernot
Graf, Günter
Habermann, Michael
Hampel, Manfred
Hämmerle, Gerlinde (Parl. Geschäftsführerin)
Hiller, Reinhold
Hilsberg, Stephan
Janzen, Dr. Ulrich
Jäger, Renate
Knaape, Dr. Hans-Hinrich
Koltzsch, Rolf

Kübler, Dr. Klaus
Kuessner, Hinrich
Kuhlwein, Eckart
Lohmann (Witten), Klaus
Mattischek, Heide
Meckel, Markus
Müller (Schweinfurt), Rudolf
Niese, Dr. Rolf
Oostergetelo, Jan
Opel, Manfred
Renesse, Margot von
Reschke, Otto
Schily, Otto
Schmidt (Nürnberg), Renate, VP
Schmidt-Zadel, Regina
Schreiner, Ottmar
Schulte (Hameln), Brigitte
Schwanhold, Ernst
Sielaff, Horst
Sperling, Dr. Dietrich
Terborg, Margitta
Wartenberg, Gerd
Weisskirchen, Prof. Gert
Weißgerber, Gunter
Wohlleben, Verena
Zapf, Uta

Bündnis 90/Die Grünen

Poppe, Gerd

Zusammenfassung des Besuchs Vilnius 6. bis 8. März 1991

Kurzbericht von Prof. Dr. Wolfgang Freiherr von Stetten, MdB

Der Besuch wurde als höchst offiziell gehandelt. Ich war Gast der Regierung, sowohl bei der Übernachtung als auch bei den Mahlzeiten. Für die gesamte Zeit wurde mir ein Fahrzeug mit Fahrer zur Verfügung gestellt. Neben der Begleiterin des Parlaments stand ständig der Vorsitzende der Deutsch-Litauischen Gesellschaft, Dr. Kilius, als Dolmetscher zur Verfügung und auch der persönliche Vertraute von Parlamentspräsident Landsbergis, Herr Antanas Račas, war beinahe bei allen Angelegenheiten dabei. Es wurde immer wieder dankbar vermerkt, dass nunmehr »endlich« auch ein Parlamentarier der Regierungspartei CDU/CSU offiziell nach Vilnius gekommen sei, weil die große Zurückhaltung der Bundesrepublik Deutschland sehr bedauert wurde.

In allen Gesprächen, angefangen vom Parlamentspräsident Landsbergis über den Vize-Präsidenten, die Vorsitzenden der Parteien, den Prorektor der Universität, den Vizepremier und vielen persönlichen Gesprächen außerhalb und innerhalb des Parlaments, habe ich den festen Eindruck gewonnen, dass die Litauer absolut entschlossen sind, sich ihre Freiheit zu erkämpfen und die Freiheitsrechte, die sie derzeit ausüben, nicht mehr aufzugeben, es sei denn, dass man sie mit Gewalt nimmt.

Ich habe auch keinen Zweifel an ihrer Entschlossenheit, das Parlament, wie bereits in der Vergangenheit geschehen, unbewaffnet mit Zehntausenden ihrer Bürger gegen Panzer oder andere Angriffe zu verteidigen. Sie sind nicht bereit, politischem, wirtschaftlichem oder militärischem Druck freiwillig zu weichen.

Symptomatisch für diesen Willen ist, dass in all diesen zahlreichen Gesprächen praktisch überhaupt kein Wunsch nach materieller Hilfe durch die Bundesrepublik Deutschland an mich herangetragen wurde, sondern dass man sich insbesondere moralische und politische Unterstützung erwarte. Es geht diesen Menschen tatsächlich nicht um ein materiell besseres Leben außerhalb der Sowjetunion, sondern um ein freies Leben ohne die Sowjetunion.

Freiheitsurkunde Litauens

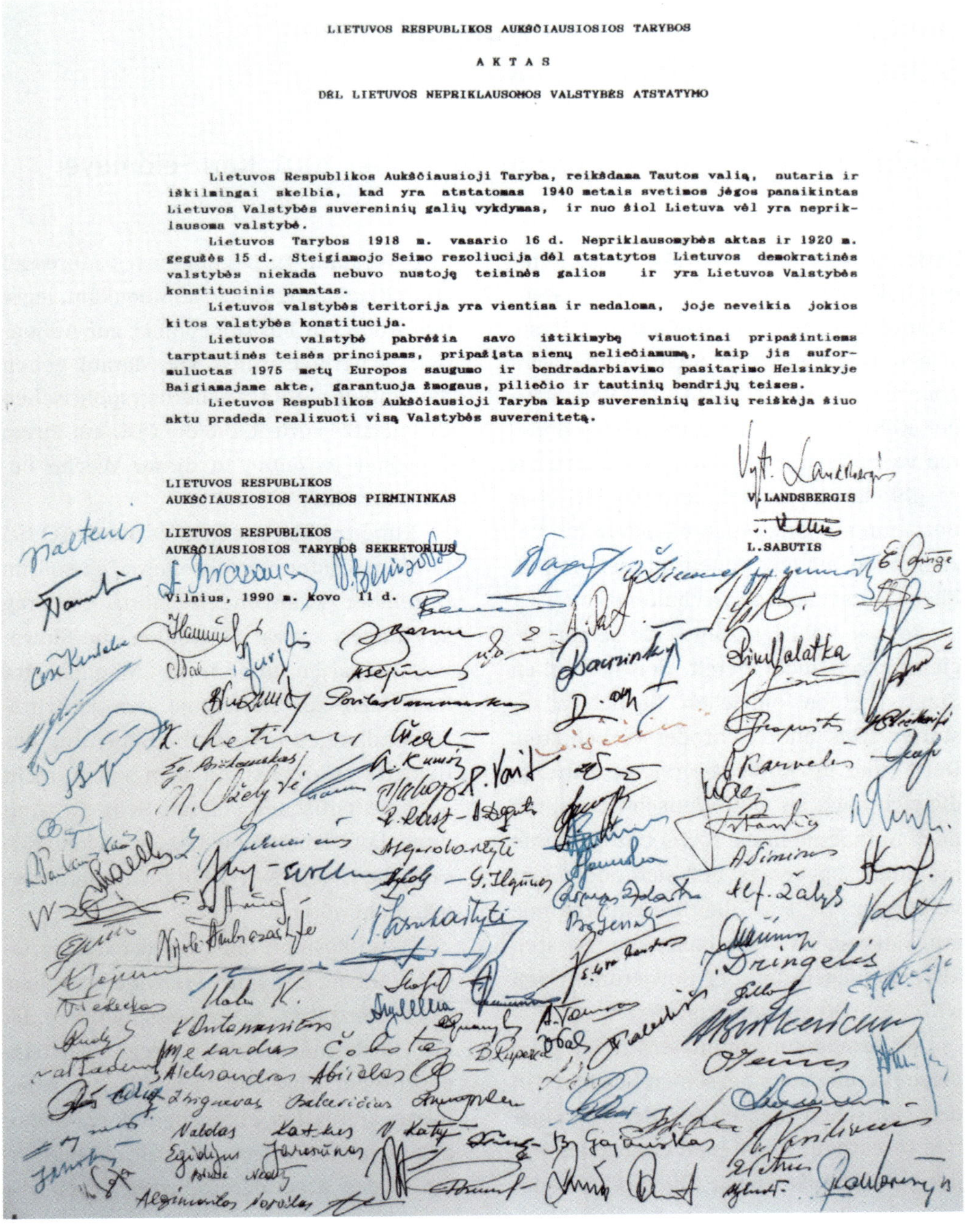

LIETUVOS RESPUBLIKOS AUKŠČIAUSIOSIOS TARYBOS

A K T A S

DĖL LIETUVOS NEPRIKLAUSOMOS VALSTYBĖS ATSTATYMO

Lietuvos Respublikos Aukščiausioji Taryba, reikšdama Tautos valią, nutaria ir iškilmingai skelbia, kad yra atstatomas 1940 metais svetimos jėgos panaikintas Lietuvos Valstybės suverenių galių vykdymas, ir nuo šiol Lietuva vėl yra nepriklausoma valstybė.

Lietuvos Tarybos 1918 m. vasario 16 d. Nepriklausomybės aktas ir 1920 m. gegužės 15 d. Steigiamojo Seimo rezoliucija dėl atstatytos Lietuvos demokratinės valstybės niekada nebuvo nustoję teisinės galios ir yra Lietuvos Valstybės konstitucinis pamatas.

Lietuvos valstybės teritorija yra vientisa ir nedaloma, joje neveikia jokios kitos valstybės konstitucija.

Lietuvos valstybė pabrėžia savo ištikimybę visuotinai pripažintiems tarptautinės teisės principams, pripažįsta sienų neliečiamumą, kaip jis suformuluotas 1975 metų Europos saugumo ir bendradarbiavimo pasitarimo Helsinkyje Baigiamajame akte, garantuoja žmogaus, piliečio ir tautinių bendrijų teises.

Lietuvos Respublikos Aukščiausioji Taryba kaip suverenių galių reiškėja šiuo aktu pradeda realizuoti visą Valstybės suverenitetą.

LIETUVOS RESPUBLIKOS
AUKŠČIAUSIOSIOS TARYBOS PIRMININKAS — V. LANDSBERGIS

LIETUVOS RESPUBLIKOS
AUKŠČIAUSIOSIOS TARYBOS SEKRETORIUS — L. SABUTIS

Vilnius, 1990 m. kovo 11 d.

Aus der Isolierung geholt

Die CDU ist jetzt auch dafür, die baltischen Staaten in die NATO einzuladen

Frankfurter Allgemeine Zeitung, 6. Dezember 2001, Karl Feldmeyer

Berlin, 5. Dezember. Die CDU hat sich mit den baltischen Staaten – Lettland, Litauen und Estland – schwergetan, seit sie sich vom sowjetischen Joch 1991 befreien konnten. So ließ die vom CDU-Vorsitzenden Kohl geführte Bundesregierung anderen westlichen Nationen den Vortritt, als es 1991 an die Aufnahme diplomatischer Beziehungen ging. Auch nachdem die Beziehungen aufgenommen worden waren, blieb Deutschland zurückhaltend.

So war Kohl bis zum Ende seiner Regierungszeit nicht bereit, den baltischen Staaten einen offiziellen Besuch abzustatten. Das blieb Schröder vorbehalten. Der Grund für Kohls reservierte Haltung, die sich auch auf den Wunsch der Balten nach Aufnahme in die NATO bezog, wurde nie offen zugegeben, ließ sich aber nicht verbergen: Es war die Rücksichtnahme auf Moskau, das den baltischen Staaten als ehemaligen Teil der Sowjetunion den NATO-Beitritt verweigerte.

Als Verteidigungsminister vertrat Rühe diese Haltung auch bei seinen Besuchen in den baltischen Staaten mit der ihm eigenen Direktheit. Daran hielt er auch als Oppositionspolitiker nach 1998 fest. Als der CDU-Vorstand zu Beginn dieses Jahres zu einer Klausurtagung zusammenkam, legte ihm Rühe ein Positionspapier zur Außen- und Sicherheitspolitik vor, darauf gehen die außen- und sicherheitspolitischen Grundsätze zurück, die die CDU auf ihrem Dresdner Parteitag in dieser Woche beschlossen hat.

Rühe trat dafür ein, dass die NATO bei Ihrem nächsten Gipfeltreffen – es soll im Dezember kommenden Jahres in Prag stattfinden – zwar Slowenien, die Slowakei, Bulgarien und »nach Möglichkeit« Rumänien zur Aufnahme von Beitrittsverhandlungen (das ist die Einleitung des Beitrittsverfahrens) einladen sollen, nicht aber die baltischen Staaten. Seine Begründung dafür lautete, die Ostsee sei kein Krisengebiet, eine NATO-Mitgliedschaft folglich nicht nötig.

Diese Position blieb auf der Klausurtagung Anfang des Jahres unwidersprochen. Doch vertraten Sicherheitspolitiker der CSU, insbesondere der Sprecher der Landesgruppe, Christian Schmidt, im März dieses Jahres die entgegengesetzte Positionen. Schmidt forderte, die baltischen Staaten in den Kreis derer einzubeziehen, die bei der nächsten Erweiterungsrunde der NATO berücksichtigt werden sollten. Ein Echo von der CDU war hierzu nicht zu registrieren. Als dann dem CDU-Bundesvorstand das Rühe-Papier im September erneut vorgelegt wurde, hatte sich die Aussage zu den baltischen Staaten nur verbal, nicht aber inhaltlich verändert. Rühe meinte, es reichte, ihnen eine »klare zeitliche Perspektive für ihren Beitritt« zu eröffnen.

Damit stieß er allerdings innerhalb seiner Partei auf Protest. Nachdem der Bundesvorstand sich Rühes Papier als Leitantrag an den Parteitag zu eigen gemacht und an die Gliederungen der Partei verschickt hatte, meldeten sich die Freunde der baltischen Staaten in der CDU zu Wort. Der Vorsitzende der deutsch-baltischen Parlamentariergruppe im Bundestag, der CDU-Abgeordnete von Stetten, brachte einen Änderungsantrag auf den Weg, dem sich der Landesverband Baden-Württemberg anschloss. Darin wird die Forderung erhoben, nicht Bulgarien und Rumänien, sondern Litauen, Lettland und Estland nebst Slowenien und der Slowakei zu Beitrittsverhandlungen einzuladen.

Eine entsprechende Vereinbarung mit Bulgarien und Rumänien solle dagegen nur »nach Möglichkeit« in Betracht gezogen werden. Das ist eine vorsichtige diplomatische Umschreibung dafür, dass – was ohnehin jedermann in der NATO weiß – beide Staaten noch weit davon entfernt sind, die Aufnahmekriterien der NATO erfüllen zu können. Anders die baltischen Staaten. Sie liegen bei ihrer Erfüllung in der Spitzengruppe. Zur Begründung wiesen die Antragsteller zudem auf die historisch begründete moralische Verpflichtung Deutschlands gegenüber den drei Staaten hin, die Opfer des Hitler-Stalin-Pakts von 1939/1940 geworden sind. »Es gibt nicht den entferntesten Grund – es sei denn, man lässt Russland über die Grenzen der NATO bestimmen –, diese Staaten nicht aufzunehmen«, so argumentieren die Antragsteller.

Das überzeugte zunächst die Antragskommission und dann im Parteitag, wie der in Dresden gefasste Beschluss belegt. »Deshalb sollte beim Nato-Gipfel im Herbst 2002, soweit die jeweilige innenpolitische Lage es erlaubt, der Beitritt Sloweniens, der Slowakei, Bulgarien, Litauen, Lettland und Estland und nach Möglichkeit Rumänien vereinbart werden«, heißt es nun darin. Damit hat die CDU nicht nur den Einklang mit ihrer Schwesterpartei hergestellt, sondern die Gefahr beseitigt, isoliert zu werden. Innerhalb der NATO zeichnet sich eine breite Übereinstimmung zugunsten von Estland, Lettland und Litauen ab.

Geleitwort zu »100 Jahre Deutsch-Litauische Beziehungen«

Husum-Verlag 2017

Es ist wie bei einem »guten Krimi«, man kann nicht aufhören, wenn man zu lesen begonnen hat. Das gilt für die, die sich mit der litauisch-deutschen, deutsch-litauischen Vergangenheit befasst haben.

Die Verantwortung Deutschlands für die drei baltischen Staaten, insbesondere Litauen, beruht auf dem Hitler-Stalin-Pakt vom 23. August 1939 und im deutsch-sowjetischen Grenz- und Freundschaftsvertrag vom 28. September 1939, die von geheimen Zusatzprotokollen begleitet wurden.

Konrad Adenauer trug dem Rechnung, als 1955 die diplomatischen Beziehungen der Bundesrepublik Deutschland mit der Sowjetunion aufgenommen wurden. Ein gesondertes Schreiben stellte dabei klar, dass mit der Aufnahme dieser Beziehungen unter anderem die Annexion der drei baltischen Staaten Litauen, Lettland und Estland nicht anerkannt werde.

In das Bewusstsein der deutschen Politiker, aber auch der Deutschen überhaupt, kam das Problem erst mit der »singenden Revolution« und der Menschenkette von Vilnius über Riga nach Tallinn vom 23. August 1989. Die freie Parlamentswahl in Litauen und die Unabhängigkeitserklärung vom 11. März 1990 sowie die anschließend von Gorbatschow verhängte Wirtschaftsblockade wurden politische Themen.

Am 2. Dezember 1990 wurde ich in den Deutschen Bundestag gewählt. Am 1. März 1991 flog ich als erster deutscher Abgeordneter nach dem blutigen 13. Januar zu einem zweitägigen Besuch nach Litauen. Als einfacher Abgeordneter wurde ich zu meinem Erstaunen von dem Signatar der Unabhängigkeitserklärung, Antanas Račas, mit Dolmetscher und Vertretern des litauischen Außenministeriums hochrangig am Flughafen abgeholt. In den 24 Stunden führte ich umfangreiche Gespräche mit den Größen der Sąjūdis, wie Vitautas Landsbergis, Aloyzas Sakalas, Romualdas Ozolas und vielen anderen mehr. Spontan gründete ich nach meiner Rückkehr mit Mitgliedern aller deutschen Parteien den Deutsch-Baltischen parlamentarischen Freundeskreis, dem 110 Abgeordnete beitraten. Mit Rücksicht auf Gorbatschow und die Tatsache, dass 500.000 sowjetische Soldaten und ihre Angehörigen auf deutschem Boden standen, wurden diese Aktivitäten von der Regierung Kohl-Genscher ungern gesehen.

Eine Einladung der Bundestagspräsidentin Rita Süssmuth an den Vorsitzenden des Seimas, Vytautas Landsbergis, musste nach Intervention der Bundesregierung zurückgenommen werden. Dafür lud ich als Abgeordneter Herrn Landsbergis nach Deutschland ein. Frau Süssmuth empfing ihn wie einen

Präsidenten eines freien Parlaments und er führte wichtige Gespräche in Bonn.

Nach der Ermordung von 7 Litauern am 31. Juli 1991 flog ich über Moskau nach Vilnius zu den Beisetzungsfeierlichkeiten, die in einer ungewöhnlich tragischen, feierlichen Stimmung durchgeführt wurden. Im Namen des deutschen Volkes hielt ich eine kurze Ansprache. In dieser Rede führte ich unter anderem aus, dass die Verantwortung für die feigen Morde die Zentralregierung in Moskau und Gorbatschow direkt durch die falsche Politik gegenüber den baltischen Staaten tragen. »Gorbatschow kann das Blutvergießen nur beenden, wenn er die Freiheit der baltischen Staaten anerkennt. Die sieben Ermordeten sind für ihr Vaterland gestorben. Mögen sie die letzten Toten auf dem Weg zur Freiheit sein. Ich bete für die Verwundeten und verneige mich in Ehrfurcht vor den Toten.« Es waren die letzten Todesopfer der sowjetischen Okkupation Litauens.

Die Ereignisse überschlugen sich. Sieben Tage nach dem Putsch vom 21. August 1991 in Moskau unterzeichneten Außenminister Algirdas Saudargas für Litauen, Janis Jurkans für Lettland und Lennart Meri für Estland sowie Hans-Dietrich Genscher für Deutschland in Anwesenheit von Helmut Kohl im Bundeskanzleramt in Bonn die Dokumente über die Wiederaufnahme der diplomatischen Beziehungen.

Eine kleine geschichtliche Bemerkung am Rande: Die drei Botschafter Vaidotas Antanaistis für Litauen, Andrejs Urdze für Lettland und Tiit Matsulevits für Estland hatten in Bonn mehrere Monate zusammen ein 4-Zimmer-Büro mit einer gemeinsamen Sekretärin. Mit Möbeln half die Bundestagspräsidentin, ich wiederum stellte Fahrzeuge zur Verfügung und übernahm zunächst die gesamten Kosten, einschließlich der Anstellung der Botschafter von Litauen und Estland mit entsprechenden Gehältern und Versicherungen. Es musste schnell und unbürokratisch gehandelt werden. Improvisation auf höchstem diplomatischem Niveau. Das Auswärtige Amt hat später die Kosten übernommen.

Meine weitere Tätigkeit konzentrierte sich auf die Beziehung zwischen Deutschland und Litauen. So konnte ich mit tatkräftiger Unterstützung von Antanas Račas fast 1.000 Praktikanten, insbesondere für die Landwirtschaft, nach Deutschland vermitteln. Die Angehörigen der Opfer des 13. Januar 1991 und die Verletzten, später auch die Angehörigen der Toten von Medininkai, unterstützte ich. Den Holocaust-Überlebenden wurden mit monatlichen Beiträgen geholfen, bis der deutsche Staat diese Hilfe gewährte.

Wolfskinder, in Litauen »Kleine Deutsche« genannt, waren zu Tausenden in den Hungerjahren 1945, 1946 und 1947 nach Litauen gekommen und Tausende verdanken Litauern ihr Leben, weil sie Essen bekamen. Einem Teil der in Litauen verbliebenen Wolfskinder, die sich nach der Freiheit Litauens trauten, sich als Deutsche zu erkennen zu geben, konnte geholfen werden, nach Deutschland zu übersiedeln. Den in Litauen verbliebenen zunächst 120, jetzt noch 52 lebenden Wolfskindern konnte über eine von mir gegründete und geleitete Organisation eine monatliche Rente gewährt werden. Als Ehrenbürger des Kreises Kelme und des Kreises Jurbarkas wurde Litauen zu einer zweiten Heimat für mich.

Dieses Buch ist eine Fundgrube für Historiker und Politiker. Es ist ein Nachschlagewerk, insbesondere für die letzten 100 Jahre deutsch-litauischer Geschichte mit profunden Aussagen und fast 800 Fußnoten zur detaillierten Nachverfolgung. Ein Geschichtswerk, das zum 100-jährigen Jubiläum ein »Volltreffer« ist. Eine herzliche Gratulation und Dank an die Verfasser zu diesem gelungenen Werk.

Epilog zum Buch »Wolfskinder« von Claudia Heinemann

Wolfskinder – ein Begriff seit über zweieinhalbtausend Jahren; Nach der Sage wurden Romulus und Remus, die Gründer Roms, von Wölfen groß gezogen. Danach wurden in allen Jahrhunderten Kinder, die ausgesetzt wurden oder durch Kriegswirren Eltern verloren hatten und in Wäldern aufwuchsen, »Wolfskinder« genannt.

So ging es ab 1944 auch vielen tausenden Kindern aus Königsberg und Ostpreußen, die nach dem grausamen Verlust ihrer Eltern versuchten, nach Litauen zu gelangen und in Wäldern hausten, um so zu überleben. Dort heulten nachts die Wölfe, während sich die Kinder frierend und hungernd aneinander kauerten, nicht nur aus Angst vor den Wölfen, auch aus Angst, von den sowjetischen Soldaten und deren Helfershelfern aufgegriffen zu werden. Viele verhungerten, erfroren oder starben durch Krankheit. Aber einige Tausende retteten die Litauer durch milde Gaben, Unterkunft und Verstecken.

Etwa 5.000 bis 8.000 (die Zahlen schwanken außerordentlich) wurden durch Aufgreifen durch sowjetische Soldaten und auch litauische Behörden interniert und 1948 bis 1953 in die ehemalige DDR verbracht und dort in Heimen untergebracht. Einige hunderte wurden in Litauen von Familien adoptiert oder als billige Arbeitskräfte missbraucht. Aber allen gemeinsam war, dass sie ihre ostpreußische Herkunft verleugnen mussten. Erst nach der Perestroika und der Deklaration der Freiheit des litauischen Volkes 1990 wagten sich einige ehemalige Wolfskinder aus der Deckung und gründeten den Verein Edelweiß.

Als ich als erster deutscher Abgeordneter des Deutschen Bundestages im März 1991 nach Litauen kam, wusste ich von diesen Schicksalen noch nichts. Ich habe im Anschluss mit Freunden aus allen Parteien des Deutschen Bundestages den Deutsch-Baltischen Parlamentarischen Freundeskreis gegründet, um die Freiheitsbestrebungen der drei baltischen Staaten zu unterstützen. Diese Aktion wurde von der Bundesregierung Kohl und Genscher ungern gesehen, weil auf deutschem Boden immerhin noch fast eine halbe Million sowjetischer Soldaten und Beamte standen.

Den Verein Edelweiß und die Wolfskinder lernte ich leider erst im Herbst 1992 kennen. Leider deshalb, weil alle Wolfskinder zu diesem Zeitpunkt bereits mit Freude die litauische Staatsangehörigkeit angenommen hatten, um die verhasste sowjetische loszuwerden. Damit hatten sie aber nach deutschem Recht ihre bis dahin immer noch geltende deutsche Staatsbürgerschaft verloren.

Wir konnten dann bei vielen mithelfen, die deutsche Staatsbürgerschaft wieder zu erlangen, und ein Großteil übersiedelte auch nach Deutschland. Etwa 120 der Wolfskinder wollten diesen Schritt nicht gehen, vor allem wegen verwandtschaftlicher Beziehungen in Litauen. Andere konnten ihn nicht gehen, weil sie aufgrund ihres Schicksals weder die deutsche Sprache beherrschten noch schreiben und lesen konnten und so die bürokratischen Hürden nicht überwinden konnten oder wollten.

Diesen Deutschen, die auch noch fünfzig Jahre später Verlierer des Krieges waren, konnten wir materiell helfen. Insbesondere unterstützten wir die noch Lebenden mit einer aus privaten Spendengeldern finanzierten Rente von zunächst 100 Litas (€ 35,00), dann 350 Litas (€ 100,00) und jetzt € 150,00 monatlich.

Derzeit leben nur noch 63 der zwischen 75 und 85 Jahre alten »Wolfskinder«.

Es gibt eine Reihe an Büchern über die Wolfskinder. Das Standardwerk stammt von Sonya Winterberg (Piper Verlag, 2012) mit dem Titel »Wir sind die Wolfskinder«, das die Schicksale ohne Pathos, aber unter die Haut gehend schildert.

Claudia Heinermann hat bereits dieses Buch mit Fotografien begleitet. Das Schicksal dieser Menschen ließ sie nicht los und so hat sie in jahrelanger Arbeit Bilder geschaffen, die oft besser als Worte das schwere Leben dieser Menschen widerspiegeln. Die beiden Autorinnen lernten sich 2011 bei einem Besuch der Wolfskinder aus Schloß Stetten kennen und beschlossen, künftig zusammenzuarbeiten.

Während im Buch »Wir sind die Wolfskinder« Claudia Heinermann das geschriebene Wort fotografisch begleitetete, begleitet nun Sonya Winterberg das Buch von Claudia Heinermann in der Zusammenfassung der Interviews mit den Zeitzeugen. Herausgekommen sind Lebensschicksale, festgehalten in Bildern. Danke für dieses Buch, Claudia Heinermann!

Nachwort zu »Mein Name ist Marytė« – Die Stauder Stiftung

Die ersten zwei Seiten des bemerkenswerten Buches »Mein Name ist Marytė« von Alvydas Šlepikas sagen alles, was nach 1945 in Ostpreußen und Litauen passierte.

Der letzte Satz: »Das ist Nachkriegspreußen, zertreten, vergewaltigt, erschossen«, zeigt die verzweifelte Situation dieser Menschen und der Kinder, die in Litauen »vokietukai«, die »kleinen Deutschen«, genannt wurden, während sich erst in den 1990er-Jahren der Begriff »Wolfskinder« verfestigte. Das Buch ist zwar ein Roman, kommt der Wirklichkeit aber sehr, sehr nahe.

Christopher Spatz, der seine Dissertation über »Ostpreußische Wolfskinder« 2015 schrieb, führt aus: »Der Vorsitzende der Deutsch-Baltischen Parlamentariergruppe, Wolfgang Frhr. v. Stetten, verwendete seit seinem ersten Kontakt mit Vertretern des Vereins Edelweiß im Jahre 1992 den Begriff in allen offiziellen Schreiben, sodass die Bezeichnung aus praktischen Gründen bald auch vom Bundesministerium des Inneren, dem Bundesverwaltungsamt und der Deutschen Botschaft in Vilnius übernommen wurde.«

Die erste Begegnung fand im Dezember 1992 in Kaunas statt, die der Signatar und Abgeordnete Antanas Racas organisiert hatte und zu der auch die Staatssekretärin im Innenministerium, Frau Gertrud Dempwolf, hinzukam. Das war ein einschneidendes Erlebnis und Wolfgang von Stetten beschloss, sich dieser vergessenen Deutschen, die Jahrzehnte ihre Identität verschweigen mussten und dadurch den Krieg 40 Jahre länger verloren hatten, anzunehmen.

Viele konnten kein Deutsch, weil ihnen strengstens verboten worden war, als Kinder deutsch zu sprechen, und einige konnten sogar weder lesen noch schreiben, weil sie keine Schule hatten besuchen dürfen.

Frau Hedwig Stauder hatte 1986 eine Stiftung gegründet und Wolfgang Stetten beschloss als Mitvorstand, mit ihr 1992 die ersten Geldspenden zu den Wolfskindern zu bringen und über die Stauder Stiftung dafür Spenden anzuwerben. Frau Stauder starb hochbegabt 1996 mit 94 Jahren. Doch nach wie vor werden sämtliche Spendenaktionen über diese Stiftung abgewickelt.

Auch wenn es zunächst nur 30, 50 oder 60 DM waren, es war fast eine zweite Rente zu dieser Zeit und eine große Hilfe. Schlimm – und für manche Wolfskinder zum Verzweifeln – war die deutsche Bürokratie. Sie hatten nach deutschen Gesetzen mit der Annahme der litauischen Staatsbürgerschaft 1991 ihre bis dahin geltende deutsche Staatsbürgerschaft verloren. Welch grausame Bürokratie. 40

Jahre lang mussten die Wolfskinder unter der sowjetischen Diktatur ihre deutsche Herkunft verleugnen und dann verloren sie nach der Wiedererlangung der Freiheit des litauischen Staates die deutsche Staatsbürgerschaft.

Die Kämpfe mit dem Innenministerium endeten mit einem faulen Kompromiss. Die Wolfskinder konnten unter erleichterten Umständen den Antrag auf Wiedereinbürgerung stellen. Eigentlich eine Zumutung für die 40 Jahre durch das besondere Schicksal gebeutelten wenigen hundert noch Überlebenden.

Oft halfen nur persönliche Interventionen durch Wolfgang von Stetten bei Landräten und Regierungspräsidenten, um die Verfahren zu beschleunigen.

2006 wollte er die Spendenaktion – über die etwa 800.000 DM geflossen waren – beenden. Bei einer geplanten Abschiedsveranstaltung in Šiauliai, an der etwa 120 Damen und Herren teilnahmen, sah er den immer noch erbärmlichen Zustand, denn er kannte von den meisten die einzelnen Schicksale.

Deshalb begann er mit einer neuen Aktion unter dem Motto: »150 Litas monatlich für die Wolfskinder« mit vielen hundert Spendenaufrufbriefen. Bei Vereinigungen wie den Rotariern, Johannitern, Chaîne des Rotisseurs, dem Umfeld von Schloß Stetten und persönlichen Freunden wurde er vorstellig. Es war bis heute erfolgreich und so wurden aus 100 Litas bald 300 Litas und schließlich 450 Litas – mit Einführung des Euros schließlich 150 Euro monatlich. Die Gelder flossen jeweils auf ein eigenes Konto, für viele das erste Konto in ihrem Leben.

Die Zahl der Empfänger ist inzwischen auf 49 gesunken. Sie haben in dieser Zeit rund 12.000 Euro erhalten und erhalten weiterhin jährlich circa 2.000 Euro.

Wolfgang von Stetten ist allen Spendern sehr dankbar, die oft jahrelang regelmäßig oder auch bei Erbschaften oder Geburtstagen an die Wolfskinder dachten. Es waren nicht nur Glücksmomente für die Empfänger, sondern auch für ihn als Organisator, Verwalter und Verteiler dieser Spenden, die alle eins zu eins weitergegeben wurden, ohne jeden Abzug für Verwaltung oder Reisekosten, und immer wieder aufgerundet wurden.

Die Dankbarkeit der Empfänger wurde an die Spender weitergeleitet. Frau Hedwig Stauder, als Namensgeberin der Stiftung, und Frau Christel Härle, mit einer Erbschaft als größte Spenderin, hätten ihre Freude an der Dankbarkeit.

Mit diesen monatlichen Zahlungen sollen ein klein wenig die Wunden der schrecklichen Jahre nach dem Krieg, aber auch die Verletzungen durch die deutsche Bürokratie gemildert werden. Sie soll denen, die viel gelitten, erduldet und ertragen haben, einen halbwegs würdigen Lebensabend ermöglichen.

Danke für dieses Buch!

Personenverzeichnis

In diesem Verzeichnis sind alle Personen aufgenommen, die im Haupttext und in Bildunterschriften erwähnt werden. Siehe darüber hinaus die Listen der weiteren Spender (S. 324f. und S. 326f.), die Gründerliste des Vereins Edelweiß (S. 335ff.) und die Mitglieder des Deutsch-Baltischen-Freundeskreises bzw. der Deutsch-Baltischen-Parlamentariergruppe (S. 343ff.).

Abishala, Alexander 103
Adamkus, Valdas 75, 107
Adenauer, Konrad 45, 46, 47, 78
Adomaitiene, Elena 136
Adomeitiene, Valeria. *Siehe Freund, Waltraud*
Albrecht, Gottfried 151
Aleksandraviciene, Jurate. *Siehe Sacksen, Angelika von*
Anastasia, Großfürstin von Russland 123
Angelika Pasenau. *Siehe Sacksen, Angelika von*
Annen, Hans-Peter 151
Antanaitis, Vaidotas 95, 151
Aule, Olgred 131
Balsys, Jonas 42, 113. *Siehe Pasenau, Olaf*
Baltioniene, Jolanda 243
Bartulis, Eugenijus 160, 162, 163, 167
Beckstein 180
Belauskiene, Jadwiga 164
Berenta (Begrendt), Bronius 230
Berenta (Gerlach), Elena 230
Berg, Detlof von 151
Berner, Albert 241
Beutler, Marianne 39
Bok, Wolfgang 95, 210
Bonifatius 54
Brähmig, Klaus 120, 121
Brandes, Bernd 222, 223
Brazauskas, Algirdas 52, 76 103, 154
Brentano, Heinrich von 46
Bröl, Helga 38
Bulganin, Nikolai 46, 47
Buntis, Petras 230
Bush, George H. W. 83
Butkus, Mindaugas 151, 291
Causevic, Jasna 119
Chruschtschow, Nikita Sergejewitsch 46
Churchill, Winston 103, 104
Dabuleviciene (Schneider), Ona Stanislava 230
Damm, Karl 216
Dapkus, Bronius 230, 249
Dejok, Liesbeth 31
Dempwolf, Gertrud 170, 201, 230, 283, 289
Deske, Ruth 35, 127, 134, 136, 178
Deskus, Antanas 136
Dewes, Richard 180
Doll, Eva 38
Dorn, Ursula 291, 295
Ellemann-Jensen, Uffe 96
Erler, Gernot 69
Faust, Elisabeth 224
Faust, Renate 224
Fechner, Eberhard 37
Feldmeyer, Karl 107
Feye, Insa (Fölfter) 207
Fischer, Christel 38, 124, 140
Fischer, Konrad 182, 184, 185, 190, 191, 230
Freund, Waltraud 35
Gailing, Bernhard 239
Galinatia (Fischer), Kostas 230
Gärthe, Wolfgang 160, 161
Gaulle, Charles de 103, 104
Gegelevicius, Valdas 292
Geil, Rudolf 180
Gelpernas, Dimitrijus 210, 211
Genscher, Hans-Dietrich 78, 95, 96, 97, 98, 169

Geralavičius, Vaidievutis 76, 151
Gesper, Kurt 18, 19
Gisch, Elisabeth 319, 320
Gladstein, Alfred 29
Gladstein, Hans 29
Glogowski, Gerhard 180
Golz, Otto 29
Gorbatschow, Michail Sergejewitsch 52, 63, 64, 81, 82, 87, 90, 93, 96, 148
Goriene, Birute. *Siehe Deske, Ruth*
Goriene, Christel 127, 134, 136, 178
Gottberg, Wilhelm von 225
Graume, Lars 276
Griciene (Weichel), Ursulsa 230
Grigoleit, Ernst 230
Gronau, Siegfried 31
Gucaite, Elena (Ella Gutrait) 283
Haak, Erika 298
Haak, Ursula 298
Hallstein, Walter 46
Hardrath, Klaus 180
Härpfer, Winfrid 163
Hedwig von Anjou, Königin von Polen 55
Heinermann, Claudia 117, 144, 257, 258, 259, 268, 269
Heinsberg, Volker 151
Hensen, Jürgen 178
Herzog, Roman 76, 217, 218
Hiller, Reinhold 85, 105
Hitler, Adolf 48, 51, 57, 199
Hohenlohe-Waldenburg, Felix Fürst zu 55
Hornhues, Karlheinz 105
Ignatavičius, Evaldas 151, 241
Jacob, Ingeborg 140
Jakobsen, Christine 114
Jelzin, Boris Nikolajewitsch 82, 87, 93
Jenninger, Philipp 51, 216
Jodaitis, Jonas. *Siehe Swars, Hans-Manfred*
Johannes Paul II., Papst 162
Jokisch, Gisela 220
July, Bischof 163
Jurkans, Janis 96, 97
Juršėnas, Česlovas 240, 241
Kabeck, Gertrud 135
Kaminskaita (Kösling), Jadvyga 230
Kanther, Manfred 104
Karosas, Justinas 76, 240, 241
Karys, Mindaugas 162, 163
Kašauskas, Stasys 167
Kasperowski, Erna 224
Kazukauskiene, Luise 129, 130, 131, 134, 135, 136, 207, 228, 230, 238, 264, 289, 290, 309
Keil, Rolf-Dietrich 46
Keppner, Agate 322
Keppner, Werner 322
Keusling, Bernhard 230
Kibelka, Ruth 38, 109, 112, 113, 115, 116, 261
Kilius, Dolmetscher 70, 76, 345
Kinkel, Klaus 170
Klas, Lothar 31
Kleiner, Silke 212, 219, 221
Kniola, Franz-Josef 180
Knispel, Ingrid 25, 28, 33, 42, 44, 114, 115, 116, 136, 140, 144, 230, 305, 306, 308, 309, 312, 313
Kobeckaitė, Halina 211
Koch, Hans Joachim 230
Kock, Lisabeth 320
Kohl, Helmut 96, 97, 173, 178
Kondrotenkiene (Dejok), Elzbieta 230
Koschyk, Hartmut 118, 120
Krafft, Ruth 322
Kraft, Johannes Philipp 238
Kraft-Kierspel, Klara 238, 239, 252, 253, 254
Kraus, Reinhard 104, 151, 281
Kubilius, Andrius 164, 165
Kuzmickas, Bronius 77, 80
Lallier, James 284
Landsbergis, Vytautas 49, 63, 69, 70, 71, 76, 78, 82, 87, 90, 91, 92, 98, 99, 103, 149, 155, 156, 167, 211, 240, 243, 285, 291
Lapenas, Saulus 241
Laumann, Karl-Josef 211
Leimonas, Jonas. *Siehe Fischer, Konrad*

Leiserowitz, Ruth 261, 263
Levits, Egils 95
Lober, Gottlob 151, 154
Löbner, Wolfram 252
Lohlit-Spideriene, Käthe 229
Löwisch, Sigrun 284
Maciuliene (Rehberg), Morta 230
Macke, Helga 323
Macke, Heinrich 323
Maizière, Thomas de 119, 120
Malkevicius, Stasius 300, 304
Mandt, Monika 64, 73, 86, 152, 165, 212, 216, 218
Markevičius, Osvaldas 87, 167, 216
Matimaitiene (Macik), Ella Karin 230
Matissek, Elfriede 219, 221
Matsulevits, Tiit 95, 96
Matulionis, Deividas 151, 271
Mayworm Brigitte 323
Mayworm, Rolf 323
Mazinkas, Branas 136
Meri, Lennart 49, 96, 97
Merkel, Angela 121
Mikaviciene (Schulz), Elena 230
Miliauskiene (Horn), Hilde 182, 230
Mindaugas I., König von Litauen 55
Minnt, Waltraud 144, 145, 230, 284, 290
Mogilmijs, Ivo 292
Moldt, Emil 193
Motzkus, Anita 223, 224
Mülmenstädt, Matthias 151, 263
Nachtwei, Winfried 105
Namavičius, Andrius 68, 151
Nauck, Ruth 23, 321
Nauck, Karl-Heinz 321
Nausėda, Gitanas 242, 244
Navickas (Britsch), Jonas 223, 228, 230
Nesselmann, Georg Heinrich Ferdinand 54
Neu, Richard L. 27, 128
Neumann, Wolfgang 230
Nideris, Jonas 230
Niehörster, Hans 128
Nikolaus II., Kaiser von Russland 123
Nitsch, Johannes 284
Ortlepp, Rainer 201
Ostermann, Rick 276, 277, 278
Otto, Liesabeth 140
Pasenau, Angelika. *Siehe Sacksen, Angelika von*
Pasenau, Ingeborg 123
Pasenau, Olaf 35, 42, 109, 110, 112, 117, 118, 123, 124, 135, 136, 190, 201, 281
Paulauskas, Artūras 105, 107
Peters, Lisa 207
Petersen, Peter 216
Petraitiene (Kakschies), Irena 230
Pleckis, Lionus 114
Posse, Joachim 30
Potaschkina, Eva 30
Praputhniene, Elma-Anna 191
Pusche, Hans 152
Pusche, Irene 152, 154
Quitsch (Kažukauskienė), Luise 42, 124, 129, 264
Račas, Antanas 17, 44, 66, 69, 70, 114, 143, 144, 148, 149, 150, 151, 154, 160, 161, 162, 164, 165, 166, 167, 212, 217, 240, 241, 281, 291, 301, 309, 345
Račas, Jadvwiga 164
Radtke (Viliokeitis), Horst 181, 230
Ramanavicius, Arunas 99, 102
Ramoškienė, Ingrid. *Siehe Knispel, Ingrid*
Rekis, Kurt 230
Riemer, Elfriede 30
Rieß, Erika 29
Rimkiene (Rutkus), Elena 230
Roduner, Markus 264
Roepschläger, Bruno 122
Rom, Alexander von 151
Rosengarten, Ulrich 151, 178
Rudminas (Rieck), Augustus 230
Rühe, Volker 105
Sacksen, Angelika von 35, 42, 109, 110, 111, 112, 113, 114, 115, 116, 117, 122, 123, 124, 136, 169, 197, 199, 201, 246, 252, 283

Saudargas, Algirdas 96, 97, 98, 103
Sayn-Wittgenstein-Hohenstein, Botho Prinz zu 170, 201
Schäuble, Thomas 180
Schmid, Carlo 45, 47
Schmidt, Christian 121
Schmidt, Eberhard 321
Schmidt, Renate 321
Schmitz, Jutta 151
Schulz, Franziska 124
Schwarz, Erich 138, 139, 140
Schweig, Hubert 39
Schweinehagen, Manfred 222, 223
Sciukiene, Elfriede 32
Sedbariene (Ranglack), Ona 230
Seiters, Rudolf 104, 170
Semaška, Darius 151
Siewers, Hildegard 223
Sigloch, Helmut 76
Šlepikas, Alvydas 23, 248, 262, 263, 264
Sonn, Matthias Peter 151, 244
Spatz, Christoph 30, 36, 37, 38, 40, 41, 139, 253, 261, 262, 263, 264
Sperling, Dietrich 69
Spillner, Karl 239
Spiridoniene (Lohleit), Keite 230
Springer, Edeltraut (Ramute) 27, 128
Springer, Gertrud 128
Stabokas, Darius 301
Stalin, Josef 45, 46, 48, 51, 199
Stankevicius, Jonas 125
Stauder, Hedwig 160, 193, 194, 195, 196, 206, 220, 233, 236, 238, 252, 253, 264, 265
Steinbach, Erika 289, 291
Steinbacher, Fritz 322
Steiner, Rudolf 194
Stercken, Hans 77
Stetten, Christian von 111, 241, 314
Stetten, Franziska von 76, 292, 314, 320
Stetten, Richard von 292, 314
Stetten, Silvia von 76, 99, 314
Straub, Peter 76
Surviliene (Auktun), Erika 230
Süssmuth, Rita 77, 94, 98, 99
Swars, Hans-Manfred 35
Tamelyte, Skirmante 182
Teichmann, Cornelia von 81, 102
Telšiai, Bischof 164
Terechow, Wladislaw Petrowitsch 83
Teufel, Erwin 71, 78
Tiesenhausen, Waltraud von 319, 320
Tiesenhausen, Wolter von 319, 320
Trennepohl, Brigitte 225
Uliene (Nitch), Elli 230
Urach, Inigo Fürst von 55
Urach, Wilhelm Herzog von (Mindaugas II.) 55, 57
Urbilis, A. 163
Urdze, Andrejs 95, 96
Vabalas, Vaidotas 216, 253, 301
Vagnorius, Gediminas 90
Valionytė, Birutė 167
Verenkotte, Christoph 121
Viets, Angelika 151
Virginius, Pfarrer 252, 253
Vitautas, Pfarrer 244, 252, 253
Vollmer, Kurt 321
Vollmer, Zita 321
Waffenschmidt, Horst 201
Weisskirchen, Gert 81, 207
Wenderoth, Andreas 236
Wienholtz, Ekkehard 180
Winterberg, Sonya 117, 129, 136, 144, 257, 258, 259, 261, 263, 264, 268, 269
Wistinghausen, Henning von 64
Władysław II. Jagiełło, Großfürst von Litauen 55
Wulff, Christian 289
Ziegmantiene (Scheffler), Aldona 230
Ziehl, Alwin 180
Zingeris, Emanuel 67, 164, 211
Zober, Walter 180
Zülch, Tilman 118